Occident Literati

品 西 方 文 人 ❷

刘小川 著

天地出版社 | TIANDI PRESS

图书在版编目（CIP）数据

品西方文人. 2 / 刘小川著. -- 成都：天地出版社，2020.5

ISBN 978-7-5455-5518-9

Ⅰ.①品… Ⅱ.①刘… Ⅲ.①文人—列传—西方国家 Ⅳ.①K815.4

中国版本图书馆CIP数据核字（2020）第028481号

PIN XIFANG WENREN 2

品西方文人2

出 品 人	杨　政
著　　者	刘小川
责任编辑	孙学良
封面设计	古涧千溪
内文排版	四川胜翔数码印务设计有限公司
责任印制	王学锋

出版发行	天地出版社 （成都市槐树街2号 邮政编码：610014） （北京市方庄芳群园3区3号 邮政编码：100078）
网　　址	http://www.tiandiph.com
电子邮箱	tianditg@163.com
经　　销	新华文轩出版传媒股份有限公司

印　　刷	北京文昌阁彩色印刷有限责任公司
版　　次	2020年5月第1版
印　　次	2020年5月第1次印刷
开　　本	710mm×1000mm 1/16
印　　张	18.75
字　　数	286千字
定　　价	52.00元
书　　号	ISBN 978-7-5455-5518-9

版权所有◆违者必究

咨询电话：（028）87734639（总编室）
购书热线：（010）67693207（营销中心）

本版图书凡印刷、装订错误，可及时向我社营销中心调换

| 目录 |

自　序 /001

莎士比亚 /001
永远的戏剧之王

雨　果 /047
西方浪漫主义的巅峰人物

契诃夫 /147
小说巨匠，戏剧大师

凡·高与高更 /201
两团朝着永恒滚动的烈焰

主要参考文献 /291
后　记 /292

| 自序 |

多年来我致力于三个打通：打通中西，打通古今，打通雅俗。这当然是一个可望而不可即的高远目标，但持续的努力获得了明确的方向感。2006年开始写《品中国文人》系列，去年底，完成了这套《品西方文人》的1、2卷。

写人物，因写作对象的不同，而文章的风格自然而然产生变化，这可能吗？"清水出芙蓉，天然去雕饰。"

写作与意志力无关。意志不可去染指感觉的原初性。写杜甫，自然就沉郁了；写苏东坡，自然就豪放、旷达了。这是一种无意识状态下的写作追求吗？

这些年我意识到，必须对写作的激情保持足够的警惕。

西方大师们的价值自不待言，一个莎士比亚就让英国人获得了数百年的文化自信。普希金、托尔斯泰、契诃夫对俄罗斯民族的贡献，任何计算机都不能测量。维克多·雨果去世，法国两百多万人自发地给他送葬，巴黎先贤祠的门楣上，因雨果而刻下了一行字："伟大的人物，祖国向你们致敬。"

凡·高、贝多芬、毕加索对世界艺术的影响，恐怕不止几个世纪。

大哲学家们的影响力则通常是以千年计的。

一个巨大的文化符号要管一万年。

就个体而言，西方人的张力比较大，生存的固化相对要少些。捕捉西方文人的"生命冲动"（柏格森），乃是本书的发力点。展开各个环节的生存阐释，从整体上把握人物的生活，宏观与微观并重，理性与感性交融，始终是笔者孜孜以求的写作境域。

是的，这个很难，难才有意思。爬山永远爬不到山顶，但是长期努力的结果，是对开阔度和细腻度有了实实在在的感觉。

一切回望之思都是朝着未来的。所有的追问都围绕着一个古老的字眼：爱。

荷尔德林说："思想最深刻者，热爱生机盎然。"

刘小川

2020年春于眉山之忘言斋

莎士比亚
SHAKESPEARE

永远的戏剧之王

爱是一颗星,一切迷途的船只都靠它引路……

——莎士比亚

威廉·莎士比亚生于1564年4月23日，死于1616年4月23日，这个特殊的日子恰好是现在的世界读书日。这仅仅是巧合吗？

雨果的传记作品《威廉·莎士比亚》："最崇高的艺术领域是属于那些能力大体相当的天才，他们的杰作旗鼓相当。当水达到一百摄氏度就不能再增加热量，也不能进一步上升，人的思想上升到一定高度也就达到顶峰。"

雨果开列了一个包括莎士比亚在内的名单，荷马、但丁、米开朗琪罗、贝多芬等，十来个。他们是一百摄氏度的天才。"人类的精神领域有一个顶峰，这顶峰便是理想之巅。上帝从这顶峰走下来，而人类要走上去。"这个比喻很妙。

"每个世纪仅有三四位天才人物才能进行这样的攀登，世人只在低处向他们仰望追踪。"

《论语》中颜回形容孔子："仰之弥高，钻之弥坚。瞻之在前，忽焉在后。"

天才们在山峰之上，而普通人在山脚下或是山谷中。这是人类的宿命。精神境界的差距大于亿万富豪与街头乞儿的差距。然而这个差距，通常并不在人们的视野中显现。这种不显现会带来诸多麻烦。

雨果说："这些冒险者在山上行走，没入云端，消失而后又再现；他们沿着深渊前进，绝不停步；人们窥探他们、观察他们，若有人走错一步，某些观察者就会暗自窃喜。他们走得远，攀得高，人们只能看见远处几个小的黑点。人群中有人道：'多么渺小！'"

渺小者通常希望别人也渺小，渺小者摩拳擦掌，要把巨人们拆成碎片。这个现象古今同。李白困于渺小者的围攻，杜甫叹曰："世人皆欲杀，吾意独怜才。"南宋的洪迈说："神龙困于蝼蚁，可胜叹哉！"

而在嘈杂喧嚣、起哄多于沉思的互联网时代，可能更不乐观。

雨果描述山峰上行进的那些人："他们愈走愈艰难，周围的深渊增多。一些人跌落，另一些人停步，向山下退去。阴郁懒散的情绪在蔓延，然而大勇者仍在坚持，带着使命的人毫不妥协。"

雨果的这本著名小书写于盖纳西海岛，当时他六十多岁。能量十足的、冲击力极强的句子像雨果本人。"步步有壁垒，处处有陷阱，他们必须自筑阶梯，破除冰块。风雪狂卷，空气已无法呼吸，但这些'疯子'并不气馁。"

渺小者与利益纠缠者一旦成气候，巨人们将被歪曲，嘲弄，拆解。利欲汹汹，巨人消隐，但历史循环的推力又把他们的身影亮出来。

雨果相信有精神的巅峰，也许他望见了巅峰。19世纪的人们乐于相信正义会战胜邪恶。价值理性握在康德、歌德、马克思等旷代巨人的手中。19世纪精神闪耀出三个字：真、善、美。托尔斯泰想要永久性地消除战争。普希金和契诃夫也相信终有一天会实现永久和平，各国不再需要常备军，人们公正、和睦、幸福地相处。可是，20世纪的战争规模却远远超过了19世纪，亿万人丧命，数亿人失去家园。

眼下，美国人的军费占全球一半。利益取代正义，却还要打着正义的旗号。为什么？强势者占据话语权，需要这类幌子。话语铺天盖地。而弱肉强食的丛林法则，凭借技术的优势愈演愈烈。

历史像一台巨型搅拌机……

莎士比亚的生平资料少，四百年来，学者们意见分歧大。有些事争议小，庶几为定论。他的故乡是英国中部的一个小镇，他家世代务农，这个姓氏却兼含挥舞长枪和情欲旺盛。其父约翰·莎士比亚是小镇大庄园的佃户，又在皮货作坊当过七年学徒，学得一手做皮手套的好手艺。约翰靠着勤劳的手、读过几本书的脑袋以及家族式浪漫手段，靠近了庄园主的小女儿玛丽。穷小子娶了贵族小姐，生下一堆子女。玛丽拥有六十英亩田地，这是很可观的财产。约翰由佃户一跃而为地主和皮货店的店主，再一跃成了市镇议员，走上仕途。一说他当上镇长。

这位约翰先生跻身上层，连走路的姿势都变了，操着官员腔，迈着议员步，在两千多居民的斯特拉福小镇上，俨然呼风唤雨的大人物。可是他的生意荒废了，手艺又捡不起来。他沿着农、工、商、官的路线图往上爬，却从高处掉下来。

契诃夫的父亲有类似的路线图，由奴而商，由商而官，结果跌得惨。更具代表性的是曹雪芹家族。

契诃夫十六岁落入贫穷。曹雪芹被抄家的时候，还要小两三岁。莎士比亚同样年纪轻轻背井离乡。

生存落差前来照面了，这对艺术天才们来说必不可少。

斯特拉福小镇距离伦敦不足一百英里，离其他几个城市更近。四通八达，手工业兴旺，各种各样的人，一代又一代上演着生活的悲喜剧。莎士比亚降生在散发着鞣皮臭味儿的家中么？小镇是作坊的天下，木工、石匠、织工、染工、花匠、画匠、裁缝、杂货商、棺材匠……莎士比亚从小熟悉三教九流，闻着自然与社会的气息长大，这对作家而言是决定性的。单是凭借气味，就能捕捉生活。

家里有一些书，这是另一种决定性的东西。约翰识字看书尝到了甜头，否则他不可能在众多的穷小子当中脱颖而出。务农、做工之外，还能谈谈文化，这是玛丽小姐从青睐他到嫁给他的主要原因。

约翰的父亲教导说：看书没用。

莎士比亚的父亲约翰教导说：看书有用。

莎士比亚的母亲含笑点头，一面不停地做着针线活……

常有戏班子来小镇演出，小孩子追逐戏班子，从戏台追到拉道具的马车，追到化妆棚和演员群居地。胆大的小孩儿追到伦敦看戏去。好玩儿，热闹，台上的滑稽戏连着台下的恶作剧。小时候的莎士比亚名堂多，脑瓜子灵活。他念过几年文法学校，十几岁就辍学了，因为他要结婚。据英国作家安东尼《莎士比亚传》记载，他是被迫结婚。

安东尼写道："莎士比亚习惯于注目凝视，因而能够明察自然界的细枝末节和人类面庞上的感情流露。他无疑是个好读书的人，当其他孩子自找麻烦时，他可能在读书。"

又是一个沉默的孩子。后来他让他笔下的人物在舞台上滔滔不绝。沉默寡言与滔滔不绝，显然有内在联系，而这种联系尚待人们去考察。"思想需要细心。"沉默的人获得内心纵深，或者说，拓展出纵深来。说一句是一句。而伶牙俐齿的儿童容易滑向废话连篇。伶牙俐齿要警惕。《论语》："巧言令色，鲜矣仁。"

小镇上的沉默少年莎士比亚，读书广，感悟多，活动半径大，自然会拿目光去探究这个，探究那个。一切内向都是外向。一切向内的意识都是向外的。自闭倾向倒是由于内心纵深的拓展受阻。

莎士比亚在文法学校念的几年书，记载寥寥。也许这段经历并不重要。家里有书，外祖父的庄园有不少书，镇上还有个图书馆。他看书的样子父亲很喜欢，一面干着割兽皮的活，一面津津有味地读。他把书卷夹在两腿之间。小孩儿看书入迷了，小刀割破手指头，父亲给他包扎伤口。他看书看得手舞足蹈，伤口裂开了，父亲再次给他包扎好，顺便拍拍他的脑袋。不用多说半句。莎士比亚把借来的书又转借别的学生，导致一些纠纷，为几页残卷争吵。他在镇上朝夕疯玩，难免与同龄人打架。他挥舞一根号称长枪的树枝，脑子里浮现出曾经荣耀过、却难以追溯的祖先。

文法学校的课程，没有数学、物理、化学等。

我一直怀疑这些学科是生活边缘的东西，学一些基础知识可也，有天赋和兴趣的少数人向深度进军，没必要让大多数学生十年八年去陪读，然后，一年忘个精光。学生想要忘记知识的那股心劲有多大呢？这一层要细察。

知识不用于生活就不是知识。培根说："知识就是力量。"这话说大了，说偏了。英国哲学家伯特兰·罗素批评培根的人品[①]。知识丰富的培根何以人品差？他告密，被罚四万英镑，并关进伦敦塔监狱。

另外，学子拿知识去做敲门砖，这块一味敲门的砖头就叫青春年华。

青春年华宝贵吗？这已经是个问题。儿童天真活泼吗？这已经是另一个问题。越堆越多的知识乃是压迫人的知识，消耗生命的知识。

常识丢掉了，知识涌来了。从各个方向压过来的知识让生命窒息。

知识越沉重，生命的分量就越轻。小孩儿驮着沉重的大书包，一驮十几年。人们早已习惯了。学校门前人潮车潮，学区房价水涨船高。小孩儿的亲人们抹掉那一点最初的疑惑，纷纷做起了看客。而在做看客的过程中，心里还是有一些不忍。毕竟是亲骨肉。

这叫隐忍的麻木，随波逐流式麻木，身心不由己的看客式麻木。

连最心疼孩子的父母都麻木了，小孩子怎么办？

安东尼说："认为高深的艺术必须有高深的知识，这是无稽之谈。任何一个农民都可以自学写作，并且可以写得很出色。培根学派及其邪说，误以为艺术作品与学术著作有关系：这部剧本显示了一点法律知识，因此作者一定学过法律。那部剧本的背景是某个地方，因此作者必定到过那里。"

培根式的愚蠢却延续到今天。知识越堆越高，把人一层层压在下面，倒是压断了学生对知识的渴求。但愿不要阻断小孩子的呼吸。

生活中有的是数学，有的是物理、化学和生物现象。庄子、屈原或是莎士比亚不懂自然科学吗？田地里劳作的老农缺少自然知识吗？老农对四季的细微洞察，大学教授们能比吗？严格意义上的水稻专家是跑田埂跑出来的，他的科学实验室首先是在田野。

让我们以生活乃至生命的名义发问吧。

几十年问下去，把几千年的常识问回来。

---

① 见于罗素《西方哲学史》。

沉默的孩子莎士比亚却不是乖孩子，更不是为所欲为的阔少。家境一度向好，母亲是贵族，外祖父家有大庄园，但家里还是穷，孩子太多，店铺的生意在下降。莎士比亚放学回家要干活，要带弟弟妹妹。学拉丁文，学割皮、鞣皮都需要下功夫。他既是娴熟的手工业者，又是一名少年推销商，他从小就学会了跟商人打交道，深谙英国商人的各类花招。后来写《威尼斯商人》得心应手。

在初夏的田野，莎士比亚跟一个叫安的女子有了苟且之事，后者比他大几岁，似乎存心勾引他。安东尼写道："找婆家的办法之一就是先与一个男子暗结珠胎，使他做下不体面的事情，然后在他耳边稍加威胁，或是在他背后抵一支枪。"

莎士比亚并不爱这个安，他喜欢小镇上的另一个安，她叫安·韦特利。他想娶镇上的安，却跟村子里的安走进了无边的麦浪。"安"在英文中兼含有办法的意思。村姑安有办法，多半受她父亲的指点。莎士比亚毕竟是老板和镇议员的儿子，安的父母巴望这桩婚事。男女有点意思了，那就赶紧把生米煮成熟饭。莎士比亚不是议员的儿子吗？正好，议员会考虑选票，会珍惜他的名声。

村姑安春心激荡，她有足够的理由嫁给莎士比亚，而后者钟情于小镇姑娘安。两个名叫安的女子发生了竞争，虽然她们并未见过面。村姑安二十多岁了，她有嫁出去的紧迫感，父母积极支持她。积极是说：给女儿支招儿，替女儿想办法。

镇上的那位安小姐羞涩，村里的这个安姑娘大胆。

5月的麦田不仅掀起了麦浪，它还激发了莎士比亚的欲浪。

从5月到8月，莎士比亚情不自禁朝村子跑。爱和欲发生了冲突。据考证，这一年的莎士比亚十八岁，初尝禁果又想尝。他很爱镇上妩媚的安，而且两家人门当户对。他抱怨自己受不了田野的诱惑，主要是麦田，其次是油菜田。太阳叫作艳阳，月光像一首轻柔的抒情诗。村姑安善于唱情歌。当莎士比亚自关禁闭的时候，村姑安的优美歌声穿透了厚厚的门墙。小伙子半夜跳墙……

研究莎士比亚的学者斯蒂芬一语双关地说："谁想占有威廉，安都自有办法。"这包括安的欲望技巧。村姑安把5月的麦田变成了她的婚床,她蛮有把握要走进她的洞房。安就是有办法,她志在必得,她不是一朵温柔的花,她是铿锵玫瑰!莎士比亚落入她的粉色陷阱。这个陷阱设在麦田深处,所以又叫金色陷阱。

换言之:村姑安精心设计的金色陷阱。

莎士比亚的灵与肉发生剧烈冲突。爱一个又奔向另一个,上帝不允许,道德要谴责。16世纪80年代的英国戏剧,道德剧仍占主流。伊丽莎白女王上台已二十年,但国家尚未强大,所以需要强有力的道德约束。莎士比亚是看着乏味的道德剧长大的。他后来的剧作却把道德讲得精辟而生动。天才从克服乏味开始。

安撩起的欲望折腾着年轻的莎士比亚,他写道:"把精力消耗在耻辱的沙漠里,色欲在行动。"沙漠是吸取与蒸发的同义语。村子里自有避孕的方法,然而,村姑安有意嫁给莎士比亚,情况就发生了变化。8月她怀孕,11月底,她喜洋洋成功出嫁。她的嫁奁只有六英镑十三先令。

村姑安的父母逼婚之初,莎士比亚头大了,想逃跑,却哪里逃得掉。一群膀大腰圆的庄稼汉闹上门来,挥舞着拳头和锄头。议员先生目瞪口呆。没啥好讲的,姑娘的肚子正在变大。镇上的安·韦特利小姐和她父亲匆匆赶来。妩媚而羞涩的安小姐哭了,她父亲愤怒至极,不顾体面人的体面当街大骂,可怜的议员夫妇无地自容。

爱情剧。闹剧。悲剧。喜剧。滑稽剧……

五年后的莎士比亚已经是四个孩子的父亲,其中有一对双胞胎。五年中上演的家庭闹剧真是一言难尽。家里人丁多了,要吃要喝要吵闹。房子越来越小,大房子卖掉了。父亲的脸色从"报应儿子"结婚那天起就不曾好过。尊贵的议员身份丢了,皮手套生意每况愈下。有些商人借钱不还,谎称做生意亏得血本无归,暗里却放高利贷,利滚利,悄悄地……议员约翰栽跟斗栽回了原点,又回到佃户约翰的表情,"破帽遮颜过闹市"。

二十三岁的莎士比亚依然在抱怨"耻辱的沙漠"。他那个健硕的妻子却

莎士比亚手稿

乐此不疲。安的办法,不仅限于诱婚,她还要她的丈夫把旺盛的精力消耗在她身上。她有想法,有意志,于是她总能够心想事成。莎士比亚不是名堂多脑子灵吗?她这个村里长大的老婆名堂也不少。村妇们向来不缺收拾丈夫的智慧。何况议员先生的家,早已风光不再,拥挤的小房子就是证据。从农村嫁到镇上的女人安,在婆婆面前不需要低眉顺眼。全家十几口人,倒是不识字的安主意多,说话的嗓门大。

莎士比亚埋头写诗,写剧本,这是他最大的发力点。沉默寡言的丈夫谋求表达。干劲大。他不能驾驭老婆,事实上老婆驾驭了他。他没钱,没本事,没人脉,老是写呀写呀有啥用呢?换来了一块面包还是半块肉?

公元1079年,苏轼卷入乌台诗案,他的妻子王闰之骂道:"是好著书,著书有何用?"这位敢动手的眉州乡村妇女,把苏轼珍藏的文稿几乎烧光。

16世纪英国的安,理直气壮,指手画脚。安叫莎士比亚吹灯上床,莎士比亚就必须吹。先吹灯后上床,必须厉行节约。未来的剧作家生活在一连串的"必须"当中。安还善于唠叨,动不动就鸡毛蒜皮,一扯一大堆。婆娘不唠叨真是枉称婆娘。唠叨是安的一件家传利器,同时对付丈夫和婆婆,还有那位过气的议员公公。她叉腰数落,她梳头呵斥,她一下子蹦起来骂,能把屁股坐热的凳子甩出三米远。而夜里她的美臀又换了温柔"表情"。她扭来扭去自称水蛇腰。

莎翁剧作《错误的喜剧》,且看唠叨婆娘如何修理丈夫:"在床上,他被我说得不能睡觉;吃饭,我说得他失去胃口。当着众人面我指桑骂槐教训他,哼!敢惹老娘我!"

莎翁万分感慨:"妒妇的长舌比疯狗的牙齿更毒!"

他在小镇上跟另一个安说了几句话,老婆闻讯奔了去,一跳八丈高……

苦日子如何是个头?不过,血统中的那个威廉·莎士比亚起来造反了,"挥舞的长矛"要对抗"有办法"。诗歌要反对唠叨,五年备受压迫的丈夫要打翻身仗。可这仗怎么打呢?讲理是讲不通的。打架吗?具有骑士风度的莎士比亚从来不跟娘们儿动手,何况安是他的老婆,是生下四个孩子的有功之母。

逃。惹不起就跑吧,这一次叫离家出走,把旺盛的精力用到他想用的地方去。年幼的孩子们却让他难舍难分,还有亲爱的弟弟妹妹和上了年纪的父母。牵肠挂肚,走也难不走也难,一团乱麻。泪眼迷离,心如刀绞。生活中的各种滋味交袭莎士比亚。

从十八岁到二十三岁,有些人是在大学里度过的。如果莎士比亚念了大学还有莎士比亚吗?凡·高、毕加索、海明威进了大学还能成为大师吗?

英国作家安东尼把培根学派斥为"邪说",看来是有道理的。

应当承认,村姑安在无意中成就了莎士比亚。诱情,下套,逼婚,夜夜把丈夫逼上床,唠唠叨叨把丈夫逼向角落,挤向两块木板搭的小书桌,是16世纪这个名叫安的英国女人谱写的交响曲。她无意逼丈夫走,只想迫使他就范,按照她指点的各种妙招过日子,享受拮据而不乏美好的生活。

十几张嘴的一个家,每日酸甜苦辣,闹哄哄的晨与昏。两千人的小镇,充斥各色人等。这是生活给莎士比亚搭建的舞台,应有尽有的舞台。

莎士比亚的生存密度大,他的一秒钟不是寻常人的一秒钟。生命的张力从何而来？血液，历练，阅读，三者合铸杰出的人物。

　　莎士比亚喜欢打猎，长枪、弓箭与短刀是安送给他的生日礼物，如果他打回家的猎物多，他就可以经常出门去。于是他的箭法、刀法日益精妙，扛回家的野物又变成餐桌上的美味：猎手也是一名烹调好手。丛林中的时光既属于猎手也属于诗人。他躺在地上冥思自然，又从风中捕捉到獐子或鹿子的气味。他一跃而起。他安静下来。他在高高的山峰上眺望伦敦，他一次又一次仰观宇宙。

　　幸好有一支猎枪，猎枪连接着无边的旷野，血腥属于枪，而诗意召唤一支鹅毛笔。

　　旷野里的莎士比亚丰富得难以言说，回家却只想捂住耳朵睡觉。快满三十岁的安不停地翻动嘴唇，展示她的压倒性优势，俨然伊丽莎白女王。莎士比亚干这干那，很累了，夜里却还有一桩苦差事在等他。他剩余的精力必须交给沙漠……

　　1587年的仲夏，莎士比亚在一个贵族的庄园偷猎被抓，他力敌数人，摆脱凶悍的庄丁逃回家。在逃跑的路上他心生一计，做出了重大决定：借这个偷猎事件离开斯特拉福镇，只身前往伦敦。他对老婆安如此这般地描述了一番，安半信半疑，但丈夫身上的伤痕却是真的。他必须连夜逃走。这可是最后一个"必须"。

　　安哭了。夫妻吻别。仲夏夜的这一吻，真是胜过麦田初吻。莎士比亚告别父母、弟妹，半夜出逃，又踟蹰折返，逐一亲吻熟睡中的四个孩子，尤其不忍离开他最爱的乖乖女苏珊娜·莎士比亚。

　　五内翻腾的仲夏之夜。

　　安给他的盘缠，他悄悄塞到他和她的枕头底下。这一走猴年马月，这一别遥遥无期。好男儿志在四方，好男儿也潸然泪下。莎士比亚步行一百英里（近三百里）雄赳赳走伦敦，背一个小行囊，提一杆长矛。饿了吃干粮，渴了喝井水或是溪水，困了席地而睡，紧紧抱着他的家族姓氏的标志。

16世纪的伦敦还算不上世界名城,它不如巴黎、莫斯科和马德里。伊丽莎白女王倒是艳名远播,女王比伦敦的名气大。美艳妖娆却是这位著名女王的权力符号。玩美色就是玩权术。伊丽莎白把朝廷大臣们玩于股掌之中。为了让英国强大,她必须这么干。作为权力顶端的风骚而睿智的女人,伊丽莎白女王一直是莎士比亚用想象力加以研究的对象。

"1587年,人人都认为战争将起。"英国海军将与西班牙的无敌舰队一决雌雄。

打仗归打仗,生活却要继续,就像泰晤士河,日日夜夜流淌不息。伦敦像个大村庄,泰晤士河是它的交通要道,人们乘小船摆渡到河东、河西。女王的臣民们刚刚建起了伦敦桥。这座城市的街道铺着鹅卵石,马车的轮子碾过石头。乡村的气息飘入城市。雾都弥天大雾。伦敦人劳作之余喜欢喝酒、唱歌,"谁都不喝白水,茶也尚未传入英国。麦酒是标准的饮料,并且酒味甚浓"。伦敦人的习惯是早、中、晚都要喝几盅。贵族男人喝葡萄酒,坐高轩车,穿燕尾服。

人们靠着麦酒兴奋。艺术尚未成为生活中不可或缺的兴奋剂。

莎士比亚到伦敦,徘徊于伦敦桥上,"独立市桥人不识","万人如海一身藏"。

干啥好呢?他找到了一个戏班子,自告奋勇当演员。他朗诵诗歌和台词,展示文法学问与演艺技巧,班主收留了这个机灵青年,但没有薪水。莎士比亚跑龙套,抄剧本,干杂活,渐渐受到赏识。班主给他的犒赏通常是一张戏票。当时的伦敦只有三家戏院,坐落在远离繁华闹市的城郊。莎士比亚没钱坐车就跑着去看戏,赶时间就"吊马车"。他的身材偏瘦,双臂有力,吊在马车上观赏街景。伦敦有无数的小巷,每一条巷子又有数不清的生活故事,跟豪门发生的故事并无本质上的不同:都是人性故事。一晃几年过去了,伦敦的故事增加了许多,而戏院还是那三家,其中,莎士比亚去得最多的是玫瑰戏院。

"伦敦的议员们并不信任戏院,把戏院视为传播瘟疫、麇集不轨之徒、嘲弄宗教以及伤风败俗的地方。"戏院在贵族眼中跟马戏场没啥两样。

1592年，玫瑰剧场修葺一新。几台好戏吸引了潮水般的观众，只嫌剧场小，座位少。民间的需求击败了议员的偏见。这一年似乎可以称作戏剧史上的一个转折，戏剧兴旺的一个预兆。多种力导致了这个好兆头。格林的喜剧、马洛的悲剧给玫瑰剧场带来新气象，一些上流人士和大学教授走进了剧场，有些人还带着家眷。戏院是下等人打堆的场所吗？包厢出现了。贵族与草根阶层一同看戏。平民知识分子在报刊上发表文章。这些元素跟戏台发生了互动，相互促进。大气候在生成。

剧作家马洛毕业于剑桥大学。格林更是拥有牛津和剑桥两所大学的文学硕士学位。他们放弃了通常意义上的好前景，宁愿混迹于底层。生活不是由简单的逻辑来推动的，跻身于上层一定有好日子过吗？未必。西方的经典作家们往往给出相反的答案。

庄子六十年混迹于陋巷，与百工相善，发现并揭示了生机勃勃的生活。苏东坡说："吾上可陪玉皇大帝，下可以陪卑田院乞儿。"这话是说：生存之灵动者不需要身份标签。作家是什么人？作家是穿越社会各阶层的人。柳永一辈子长足于道路，盘桓于章台妓馆，他的生活质量低于宰相词人晏殊吗？

底层也是危机四伏的底层，马洛和格林的命运都不佳。格林在1592年即将死于穷困潦倒，"他已沦为格拉布街（现为弥尔顿街）有史以来最潦倒的打杂文人，不时炮制一些关于伦敦泼皮、赌棍、鸨儿的小册子"。格林变得纵饮无度，谁来逼债他就动刀子。这一年9月，伦敦暴发了鼠疫，玫瑰剧团被迫到外地巡演，浑身浮肿的剧作家孤零零留在污秽的住所中。为了糊口，他仍需要写作。剧团老板派人来索要剧本。"他为他们写了剧本，他们靠他的剧本赚了钱，如今又骑马去外地赚大钱，把他单独一人撇下，使他孤苦伶仃，终日与虱蚤为伍。"

这一场持续到来年春天的瘟疫，"最猖獗时一周夺走一千人的生命"。人们腋下的淋巴结在肿大，街上的运尸车昼夜跑个不停。鼠疫在患者体内有十天左右的潜伏期，"百分之七十的患者一般在发病三四天之内死亡，死时全身脓血"。

法国作家加缪写于第二次世界大战期间的小说《鼠疫》，堪称经典。

格林在伦敦的烂兄烂弟，是另一个潦倒才子纳什，二人经常对饮，喝得酩酊大醉。鼠疫来了，纳什跑了。跑不动的格林垂死挣扎，口诵纳什的一首诗："美貌只是一朵花，额上皱纹吞噬它。人间光明从天落，王后红颜也命薄。海伦眸子被土阖；我病了，无法再活。"

格林留下一封未发表的公开信，这封信被莎士比亚的研究专家们视为珍宝。它提供了有关莎士比亚在伦敦的重要线索。信是写给玫瑰剧院的一些演员的，格林的满腔怒火喷向一个人："切莫相信他们，因为他们中间有一只暴发户似的乌鸦，借我们的羽毛装点自己，'用演员的皮，包藏起虎狼之心'；以为装腔作势地写几句无韵诗，就可以与你们之中的佼佼者媲美；他十足是个打杂的、却自命为举国唯一震撼舞台的人物。"

格林骂这个人"乱胡子""乱缺德"，整封公开信是一顿臭骂。"它暗示那只乡下乌鸦从未穿过大学生的毕业礼服，却在前辈礼服的硕士垂布上挑挑拣拣，啄取上面的羽毛装点自己。"

格林攻击的这个打杂的、却自命唯一震撼了舞台的人就是莎士比亚。

五年来，莎士比亚没闲着。他是戏院门口替达官贵人看马的马童，是台上走过场的群众演员，是幕后的"喊叫"，是路人甲、路人乙。深夜他写剧本，写诗歌。灵感和蜡烛点亮他的无数夜晚。

乡下佬想要一鸣惊人，挑战前辈作家格林的权威，挑战大学才子派。

莎士比亚从草台班子进入玫瑰剧院，跟大演员交朋友，偷偷学艺，并且让演员们朗诵他的活页剧本。这个一脸乱胡子的外地青年不安分，不讲规矩，不拜码头，不尊重前辈权威。真是缺德啊！真是口出狂言，声称唯有他写的剧本才能够震撼英国的舞台。

小学生兼乡巴佬会有大作品吗？

一些大演员却已经很佩服这个小学生了，他们试图说服剧院老板，上莎士比亚的戏。这使格林更生气。他染上鼠疫快要死了，却冒出一个莎士比亚，要夺走他的身后名。据说这衣冠不整的土包子写的是历史剧！剧名叫《亨利六世》。乡巴佬把他的廉价劣笔伸进了富丽堂皇的宫廷。他懂国王和王后吗？他知道大臣们穿什么样的礼服、吃什么样的晚餐吗？他知道公爵夫人每天早晨几点钟起床吗？写历史剧，谈何容易！一个写历史剧的作家，既要有宏阔的历史感，也要掌握丰富的历史知识。知识，知识！不知大学为何物的小镇小子知多少？识几何？狂妄的小子读一读剑桥大学历史学教授的书才好，才知道什么叫天高地厚。

奄奄一息的格林叫人传话，去问莎士比亚：公爵夫人几时起床？

传话的人回来了，说：那个威廉·莎……

格林打断传话者：那个缺德玩意儿，那个乱胡子。

传话者：是的，先生，他的胡子是有点乱。

格林问：他如何回答？

传话者：他……

格林哑然失笑：撞大运的臭小子，想吃天鹅肉的癞蛤蟆。他会说，高贵的公爵夫人每天睡得舒舒服服，要睡到日上三竿，才让侍女伺候着起床，洗漱，更衣，梳妆，用早点。这就是莎士比亚想象的富贵生活。错，错！

传话者：先生，我不能在您面前撒谎，我必须道出实情。莎士比亚亲口对我说，几乎所有的公爵夫人都是每天早晨六点起床。

格林愣了。

传话者：那个乱胡子还说，公爵夫人午餐吃一斤肥肉，喝一壶啤酒。即使是亲王们的妻妾也要劳作，她们用最常见的红色粗毛线编织无指手套，并互相赠送。公爵夫人得自己照料鸡窝，并卷起裤腿在后院喂鸭子。

回光返照的格林喃喃道：那个打杂小子……也许不是乱胡子。

传话者：莎士比亚还对我说，贵族生活俭朴，是因为年轻的伊丽莎白女王在宫中带了头。我们的国家还不够强大，必须勒紧裤腰带过日子，节约每一个便士，建设一支无坚不摧的海军，击败西班牙的无敌舰队，动摇西班牙的海上霸权。

格林忍不住赞叹：讲得真好！有大视野，有小细节啊。

这位剑桥才子艰难地翻转浮肿的身子，幽幽地说：小学生能干大事，威廉·莎士比亚，我记住了这个名字！我要把这个名字带到天堂上去，我要问一问宙斯，奥林匹斯山的艺术之神名叫莎士比亚吗？可惜我没有见过他，不能向宙斯描绘他的尊容。

说话间，有人敲门。传话者把门打开，一个裹着风衣的、身材瘦削的年轻人走进来。来者正是莎士比亚。

年轻人向病床上的垂死者鞠了一躬，并作了自我介绍。他说，格林先生一直是他的偶像，到伦敦之前就背诵了先生的诗歌和剧本。接着，他大段大段地背诵格林的代表作《培根修士与本吉修士》……

格林流泪了。没想到莎士比亚冒着被鼠疫传染的风险来看他；没想到这个"打杂的"显得英姿勃勃，尤其当他投入剧情的时候，一双眼睛简直是闪着神灵的光芒；没想到是这个竞争者用他的作品为他送终。

格林拼尽最后的力气喊道：莎士比亚，愿上帝保佑你！

不久，另一位影响了莎士比亚的戏剧家马洛，死于跟同行的斗殴。

1593年，莎士比亚的历史剧《亨利六世》引起轰动。此后一发不可收，《麦克白》《驯悍记》《威尼斯商人》……好剧接二连三，剧作家从玫瑰剧团进入顶级的环球剧团。莎士比亚成了环球剧团的股东之一。他衣锦荣归，回家乡待了一段时间又重返伦敦。小镇上他备受尊敬，女王陛下看过他的戏！父母因他而骄傲。妻子安养育子女有功，她和孩子们各有礼物。夜里她发誓：往后一定对公公婆婆更好！

安悄悄问：《驯悍记》中的小镇悍妇凯瑟琳娜，有我的影子么？

莎士比亚笑道：那当然啦。

徐娘半老的老婆嗔怪说：你在伦敦写的十四行诗流传好广！我虽不懂，却知道你写过我！你说："我的精力消耗在耻辱的沙漠里。"亲爱的，你老婆是沙漠吗？

莎士比亚拍拍她还算光洁的脸：我在伦敦思念着沙漠。以后我一有空就回

莎士比亚一家

沙漠。

安搂住丈夫的脖子：沙漠长出了几棵幼苗呢，其中一棵叫苏姗娜·莎士比亚，她已经9岁了。

莎士比亚说：光荣的沙漠，肥沃的沙漠，生长力旺盛的沙漠，妙不可言的沙漠啊。现在我有钱了，沙漠还能长新树吗，我亲爱的老婆安？

安越发搂得紧了，拿脸蛋儿贴紧他的胡子，磨蹭着发愿：我长，我长，你的沙漠老婆才三十几岁呢。可是你要经常回家，快马加鞭奔向你的沙漠老婆。

据维克多·雨果讲，成名后的莎士比亚常回斯特拉福镇。他骑马驰骋，半天就到家了。他买了一栋带花园的像样的房子，取名"新地居"，重现了父亲当议员时的家族风采。他和老婆安努力再生孩子。可是她真成了一块沙漠了。她不再是三月绿油油、五月金灿灿的麦田。

可怜的安，颗粒无收。

雨果在《威廉·莎士比亚》中提到另一个女人："莎士比亚回家乡，一般也会路过牛津，在那里的一家名为'皇冠旅店'的旅馆小住几日。女店主聪明又漂亮，被称为达夫南夫人。1606年，达夫南夫人生了一名叫威廉的男孩。1644年，这个长大的孩子写信给罗切斯特勋爵：'我是莎士比亚的儿子，这是我妈妈的荣幸！'"

我手头另外几本莎士比亚传,也提到这位美貌的达夫南夫人。

莎士比亚二十八岁左右在伦敦出名,此后的某一年他回家乡买房子,开始了双城生活。路途中盘桓几日,比如牛津的皇冠旅店,跟漂亮的店主谈情说爱。他一生去过的地方寥寥无几,他写作的英文单词不超过三千个。这说明什么呢?说明心理半径和物理半径不是一回事,说明词汇量和表现力也不是一回事。

我在《品中国文人·圣贤传》中写道:"一方春水池塘,大于五湖四海。"

早在孩提时代,莎士比亚就经历了很多,而阅读大大提升了他的感受力。父亲靠几本羊皮书尝到甜头,儿子在这条路上走得更远。事实上不用读太多的书,几十年精读百余本足矣。读,写,思,三位一体。写作强化感觉,延伸思绪。艺术家的生存乃是加强型生存。"唯有失而复得的乐园才是真实的乐园。"(普鲁斯特)作家在写作中重构了时光。经历了某一天就能拥有那一天吗?回答是否定的。不回思,那些经历过的东西与没经历区别不大。

剧作家做什么?雨果说:戏台就是讲台。

雨果在他的海岛上的小书中写道:"上帝首先是通过宇宙的生命向我们显现,其次是通过人的思维,这两者同样神圣。前者名为大自然,后者称为艺术,那么就会有这样的推论:诗人即神父。"

雨果诗云:"天才就是世俗的教皇,艺术就是大自然的第二根枝丫,艺术与大自然同样怡然生发,那我们给上帝也下一个定义:在有生命的境界,广袤的无垠转化为潜在的自我,这就是上帝。"

雨果写道:"上帝是明显存在的'不可见之物'。浓缩的天地,是上帝;上帝的扩张,就是整个世界。我们不相信上帝以外的任何东西。上帝通过人创造艺术,他没有别的工具,他的工具就是人的头脑,而这头脑是创造艺术的人自己铸就的。英国有一本小册子竟然说莎士比亚会魔术,认为魔术是他的祖传技艺,并且认为,他的剧本里许多精彩之处全赖'鬼魂'开口。"

"人的一生是处于诞生与死亡之间的谜语般的插曲中的，生命往返于其中，从睁开双眼到闭目归去一直如此。人的一生就是秘密，莎士比亚观察、研究它。在莎士比亚的作品中，百鸟在歌唱，灌木在抽叶，人们心心相印，息息相通；云在飘，天气变化，晨钟暮鼓，朝发夕至，森林窃窃私语……千变万化的事物、各种行动与思想、人与人类、活着的人及其生活、大小城镇、钻石珍珠、粪土垃圾、熙来攘往的人群……一切都在他心中。"

"但丁体现了完全的超自然主义，莎士比亚展现了全部的大自然。"

雨果的儿子弗郎索瓦在小岛上翻译莎士比亚全集，雨果写序言，即是《威廉·莎士比亚》。此间，雨果本人处于艺术创造的巅峰状态。不可思议的是，雨果的巅峰期长达三十余年，他构成了人类个体生存的顶级谜团。他探究人生的秘密，他自己就是秘密。莎士比亚是另一个秘密。

盖西纳岛上的维克多·雨果，年逾七旬犹豪壮。他是大力神般的人物，而莎士比亚的外形趋于清瘦和精悍。二人相同的是：家族遗传的强烈欲望。雨果高视阔步，莎士比亚款款而行。雨果激情充沛，莎士比亚含蓄内敛。雨果所向披靡，莎士比亚单刀直入。雨果二十岁在巴黎崭露头角，莎士比亚不到三十岁驰誉伦敦。

莎士比亚骑马回家乡路过牛津，常常在牛津城小住几日，却未闻与牛津大学有关的故事。大学才子派给他提供了某些基础性的东西，但是他完成了决定性的向上一跃。旅店和戏班一样，是接触各类人的好场所。剧作家自幼熟悉那些江湖艺人，那些到处流浪的卑微男女。伦敦玫瑰剧院的演员们跟社会的接触面很大，莎士比亚稍后去的环球剧场，更是受到女王的关注。

双城生活的妙处是人在旅途中，景物与人物纷至沓来。骑马是最佳的出行方式。道路的有限畅通维系着生活意蕴的无限生成。如果莎士比亚坐火车，那没有莎士比亚了。飞快的速度让感觉大打折扣。

隔山不同音，过桥不同俗。古人近人写下了那么多经典作品，为什么？因为他们最大限度地感受了异质性的生活。李太白满世界窜，对山川人物的惊奇没完没了，他生命中的每一秒钟都处于兴奋状态，酒气、剑气、文气、仙气，鬼气，这是合金钢一般的生命体。

寸寸贴近山河大地，这个太重要了。苏东坡一生"半中国"，马行舟行几万里。单是第一次陆路出川，"沿途阅县三十六"，有趣的地方就住个三五天，探古寻幽访名胜，眼睛比星星还亮。如果苏东坡坐飞机，那就没有苏东坡了。

今之学者应该掂量古道上的诗人们。

牛津皇冠旅店的女店主达夫南夫人，为莎士比亚生下了一个男孩儿么？雨果、安东尼都记下了这件事。女店主笑迎南来北往客，她为莎士比亚开启了一扇新的窗口。她是生活中的一个好演员吗？"摆开八仙桌，招待十六方……相逢开口笑，过后不思量。"①达夫南夫人邂逅莎士比亚，过后双双要思量。

演员们都是艺术的痴迷者，"台下风都吹得倒，台上狗都撵不跑"②。莎士比亚喜欢他们。这些痴迷者，这些深度生存者，这些勇往直前者。为了演好一个角色，演员们要下多大的功夫。经典剧目，千锤百炼。

现代京剧《红灯记》，任何一个细节都经得住最挑剔的眼光。电影《红色娘子军》的剧组到海南体验生活，一住大半年，一竿子扎进海岛生活，挑水要像挑水的样子，切菜、烧火、上灶、下田、赶牛车，跟当地人无异。八七版电视剧《红楼梦》拍了四年，王立平先生为该剧作曲熬了三年……

为什么要说这些事？票房正在毁掉经典。

曹雪芹写《红楼梦》，"字字看来皆是血，十年辛苦不寻常"。

人在经典艺术面前不过是匆匆过客。《离骚》两千三百多年了。"屈平辞赋悬日月，楚王台榭空山丘。"《诗经》更早。

契诃夫曾经警告莫斯科的一些名演员："不要被收入惯坏了。"

艺术搞钱，艺术找死。

当票房的算计挑战艺术规律的时候，意味着万千人众将被裹挟。

---

① 现代京剧《沙家浜》台词。
② 眉山川剧团流行语。

海德格尔："算计型思维在它最不应该出现的地方统治得最为顽固。"

何谓经典？经典严格对应人的深度生存。

何谓速死艺术？这种所谓的艺术对应人的浅表性生存，快餐式生存，嬉皮笑脸式生存，概言之：轻佻生存。"闹哄哄你方唱罢我登场。"

"上帝要你灭亡，必先让你疯狂。"

16世纪末，莎士比亚在伦敦钟情于一个黑女郎，为黑女郎写下几首珍贵的十四行诗。"黑是美的本质，一切缺少你的颜色都是丑。"

大师热恋黑女郎，写下诸多名篇，这在西方文学史上绝无仅有。

恋到什么程度呢？

莎士比亚写道："我情人的眼睛一点都不像太阳，珊瑚比她的嘴唇还红得多。雪若算白，她的胸就暗褐无光；发若是铁丝，她头上铁丝婆娑。我见过红白的玫瑰，轻纱一般；她颊上却找不到这样的玫瑰；有许多芳香非常逗引人喜欢，我情人的呼吸并没有这香味。我爱听她谈话，可是我很清楚，音乐的悦耳远胜于她的嗓子；我承认从没见过女神走路，我情人走路时却脚踏实地。可是，我敢指天发誓，我的爱侣，胜似任何被捧作天仙的美人。"

安东尼《莎士比亚传》："这是一首实话实说的诗，倘若莎士比亚的情人能够欣赏这种坦率的态度（甚至说她头发像铁丝，呼吸没有香味有臭味），她的幽默感必定不同凡响。"

情人步态一般，情人的肤色令人惆怅，跟红白玫瑰的鲜艳相去甚远。情人的头发硬得像铁丝，铁丝还搅成一团团。情人的嗓子不好听，既不像动人的音乐，更不如婉转的夜莺。情人的胸部一片暗淡，情人的嘴唇仿佛跟鲜红有仇。更让人烦恼的是：情人绝不会吐气如兰，时不时还有异味儿，也许她的牙齿长得参差，也许她的牙床闪露峥嵘，也许她的脾胃有毛病……情人几乎是美丽与清新的反义词，可是，莎士比亚指天发誓："我的爱侣，胜似任何被捧作天仙的美人。"

情人眼里出西施吗？非也。诗人的眼睛可谓明亮，啥都看得见。诗人的嗅觉也够灵敏。诗人的感官很正常，不会把兰花当作萧艾去闻。

可是她活泼呀，她苗条，她灵动，她坦率，她温柔，她善解人意。牙齿不好看，她还笑得那么开心。嗓子不动听，却讲出许多有趣的事情。她像一阵风似的刮来刮去，像一片云似的飘来飘去，像一只小鸟似的跳来跳去，像一条鱼似的游来游去。她是可爱的热爱生活的黑女郎呀，活力就是魅力。

这首译遍全球的十四行诗，诠释它的文章数以万计。本文道说一点：这首诗表明我们的莎士比亚燃点低。而燃点低是强大者的特征。黑女郎就黑女郎吧，红唇、酥胸、皓齿、秀发之类，诗人也欣赏，却并不想据为己有。贪心的人常常落得个一贫如洗，像他的由商而官的父亲。他爱得舒服，细胞的舒畅呈报实打实的爱情。这很好，这就够了。在命运的层面上爱着对方，将她囫囵儿接下，照单全收。爱她的牙齿吧，嗅她的气味儿吧，听她的嗓音吧。

爽也爽也，妙哉妙哉。

双双持久愉悦，低沸点的愉悦。男人和女人毫不张扬地幸福着。

海德格尔："人类不可失掉与简朴事物打交道的能力。"

海德格尔与阿伦特的爱情五十年不变，爱到坟墓里去。雨果与朱丽叶、萨特与波伏娃也是相爱了半个世纪。萨特去世，波伏娃在心爱者的遗体旁躺了八个小时，直到护士们把死者抬走……大师们的恒爱有阐释的空间。不变心是一种能力。男女的自我更新应该是不变心的前提。一味地活旧我，索然无味。动作、念头都固化了，开口总是那些话，十年一个腔调。哪有什么生活品质可言！钱再多也不行。

反固化乃是两情相悦、长相厮守的唯一秘诀。

欲望有个相关系统，调动了一点会牵扯其他。色欲，物欲，很容易被过度调动。大面积的贪欲调动将导致战争：人对人的战争和人对自然的战争。

兴奋点不推高，或者说，不轻易推高，这是人类生活的紧要处。

如何不推高呢？拿什么去平衡一旦点燃就会迅速蔓延的欲望之火？简朴的事物具有上帝赋予的价值吗？答曰：是的。

打个比方：上帝只给了人五十个兴奋点，如果迅速推高这些兴奋点，那么，人就陷入无聊的深渊。鲁迅说："因为无聊是从自己生发的，所以，不大有药可治。"互联网的声光刺激甚至作用于人的婴儿期，它抛出的瘾头让生命收缩。小孩儿两三岁就被瘾头抓住，瘾头反复纠缠，一辈子都难以摆脱。

教育斗不过瘾头。

兴奋点迅速推高的人，一定是麻木不仁的人。漠然于自然，漠然于艺术，漠然于日常生活，漠然于亲情、友情乃至爱情。

莎士比亚的黑女郎啊，她自有诸般可爱处，她的灵魂散发着芳香，于是，她的身体随之美妙。莎士比亚能闻到灵魂的气味儿。他也深知人性的可能走向。

红唇与黑嘴唇有区别吗？恋爱中的莎士比亚会含笑自问。彻骨的温柔抹去了色泽的差异。她那铁丝般的头发挺美的，她说话的声音越来越好听。她的步态就是好看！久居伦敦的莎士比亚富有，体面，出入宫廷，参加酒会和假面舞会，他接触白种漂亮女人的机会多得不像机会，然而资料显示，他为之神魂颠倒的，恰好是这位姿色一般的黑女郎。

他出版了十四行诗集，向世人宣布了他的爱情。

《十四行诗集》第九十一首："人们各有夸耀：夸出身，夸技巧，夸身体强壮，或者夸福寿康宁；也有人夸新装，虽然样式并不好；夸自己有骏马，或者有猎狗、猎鹰；各别的生活有着各别的悦乐，各在其中找到各别的独有的欢喜；个别的享受却不是我的准则，我可进步了：把一切纳入总体。对于我，你的爱远胜过高门显爵，远胜过万贯家产、锦衣千柜，比猎鹰和骏马给人更多的喜悦。我只要有了你啊，就笑傲全人类。只要失去你，我就会一切都落空。你带走一切，会叫我比任谁都穷。"

译笔优美，凝练，朴实，出自诗人屠岸先生之手。

朱生豪先生翻译莎翁全集，尝自言："夫以译莎工作之艰巨，十年之功，不可云久，然毕生精力，殆已尽注于兹矣。"

雨果的《海上劳工》由罗玉君先生翻译，堪称信、达、雅之典范。雨果的

《巴黎圣母院》是陈敬容先生翻译的。萧乾夫妇翻译《尤利西斯》用了十年。汝龙翻译契诃夫的小说，鹿金翻译海明威的小说，俱是字字斟酌。例子多。而20世纪90年代中期，日本作家大江健三郎获诺贝尔文学奖，我兴冲冲买到他的译作，却大感沮丧，从译笔到装帧设计都是抢速度的产物。这不是好兆头。此后我屡屡上当，从不甘心到灰心，到死心，终于再也不看新近翻译的小说。

好作品一定是慢工出细活，而抢速度，争市场，拼利润，置经典于死地。

《十四行诗集》第二十九首："我一旦失去了幸福，又遭人白眼，就独自哭泣，怨人家把我抛弃，白白地用哭喊来麻烦聋耳的苍天。又看看自己，只痛恨时运不济，愿自己像人家一样：或前程远大，或一表人才，或胜友如云广交谊，想有这人的权威，那人的才华，于自己平素最得意的，倒最不满意；在这几乎是看轻自己的思想里，我偶尔遇到了你呀，我的心怀顿时像破晓的云雀从阴郁的大地冲上了天门，歌唱起赞美诗来；我记着你的爱，就是珍宝，教我不屑把处境跟帝王对调。"

诗人在伦敦，情绪曾有大起伏，导致严重的不自信。谁抛弃他叫他如此哭泣，那个少年伯爵吗？伯爵的周围不缺赞美者。低迷之时，诗人偶然遇到了黑女郎，坠入情网，但细节不详。

安东尼说，黑女郎可能是一个名叫玛尔·菲滕的侍奉女王的宫女。

宫女玛尔十六七岁，诗人三十多岁。二人缠绵了几年光景，但莎士比亚的一个好朋友爱上她，使诗人陷入友情与爱情的两难。这令人联想雨果夹在好友圣佩韦与妻子阿黛尔之间，痛苦不堪。

第一百一十六首，诗人哀叹："不呵，爱是永远固定的标志，它正视风暴，永远也不会动摇；爱是一颗星，一切迷途的船只都靠它引路，把它当无价之宝。爱不是时间的玩偶，虽然红颜到头来总不被时间的镰刀遗漏；爱决不跟随短促的韶光改变，就是到灭亡的边缘也不低头。假如我这话错了，真不可信赖，算我没写过，算爱从来不存在！"

诗人有贵族血统，有骄傲的族徽，有功成名就的外在条件，却对一卑微的宫女恋恋不舍。他只需轻轻地一转身，就能落入鲜艳婀娜的群落，姹紫嫣红照眼，可他把他和她的爱当作无价之宝。亲不够的是她那很难吐气如兰的嘴，亲不够的是她那难称性感的唇。莎士比亚的固爱，恒爱，令人费猜想。这股子心劲为何如此之大？

诗人嫉妒黑女郎弹奏的琴键："孟浪的键盘竟如此幸福？行，把手指给键盘，把嘴唇交给我来亲吻！"

莎士比亚和黑女郎的爱情经过了一些周折，又和好如初。黑女郎是个不谙世事的宫中小姑娘，一度受莎士比亚的朋友的诱惑，时间不长。她迷途知返，回到他不变的怀抱。诗集出版于1609年，其时莎士比亚四十六岁。

诗人在一个更大的背景中审视他的爱，当时就流传甚广的第六十六首：

"对这些都倦了，我召唤安息的死亡，譬如，见到天才注定了做乞丐，空虚的草包穿戴得富丽堂皇，纯洁的盟誓受到了恶意的破坏，高贵的荣誉被可耻地放错了地位，强横的暴徒糟蹋了贞洁的姑娘，邪恶，不法地侮辱了正义的完美，拐腿的权势损伤了民间的健壮，文化，被当局统治得哑口无言，愚蠢（俨如博士）控制着聪明，单纯的真理被唤作头脑简单，被俘的善良伺候着罪恶将军；对这些都倦了，我要离开这人间，只是，我死了，要使我的爱人孤单。"

莎士比亚一直目注社会，从小镇到牛津，到首都伦敦。邪恶统治生活，无耻宣称高尚，善良的人们为了活下去，还得伺候罪恶累累的将军。诗人愤怒，诗人出离愤怒，接下来他厌倦了。邪恶发自人性深处，魔鬼比上帝更原始吗？

可爱的黑女郎是茫茫沙漠中的一点绿，是汪洋大海中的一条船，是狂风暴雨袭来时的一间小屋，是冰天雪地里的一团神火，是月黑风高的天幕上的一颗星。

在莎士比亚的戏剧里不难发现，他对人性恶的掂量是划时代的。就像后来的波德莱尔、陀思妥耶夫斯基、卡夫卡、萨特、加缪、福克纳、艾略特、川端康成……这是一个很长的大师名单，有时候令人沮丧的大师名单。

"对这些都倦了，我要离开这人间……"

艾略特《荒原》："四月是一个残忍的季节，原野上开满了丁香花。"

福克纳《喧哗与骚动》："人生如痴人说梦，充满了喧哗与骚动，却没有任何意义。"

莎翁《王子复仇记》①："活着，或者死亡，这是一个问题。"

邪恶层层围困，莎士比亚想到了死亡，这倒不是说他自己想去死。撼不动的邪恶、穿不透的黑暗让他先行到死，却在死神的地盘上看见了依恋他的黑女郎。原来她在这儿呢，这是多么巨大的慰藉。两个人就是全世界。

成名早、养尊处优的莎士比亚却能洞察邪恶的广大，这说明什么呢？说明一个作家建立了不可撼动的文化自觉。"追问乃是思之虔诚。"（海德格尔）

生活赏心悦目，不避忧思深广。

艺术家是什么人？是自寻烦恼的人，是自找苦吃的人。

伸手不见五指的漆黑夜，莎翁叹息，垂下高贵的头。他在环球剧院的戏台上独自徘徊，像个幽灵或亡灵。他的黑女郎闪闪发光。

黑女郎化解他的无边痛苦，抚慰他的无限惆怅……

温柔的怀抱永远温柔，就像紧紧抱着罗密欧的朱丽叶，就像挺身而出为雨果挡子弹的朱丽叶，就像梁山伯与祝英台。

关于黑女郎，学者有争议。本文把争议抛开。

扫桑顿是伦敦的一名贵族少年，十八九岁，"有女性的脸儿"，据说他是莎士比亚的庇护人，恩主。二人有同性恋么？作家安东尼作此猜度。莎士比亚献诗，赞美这个扫桑顿伯爵，随他出游欧洲诸国。少年伯爵也是剧作家通往宫廷生活的一座桥。不过，莎翁戏剧中罕有同性恋者的身影。

福柯的同性恋是要讲的，波伏娃的同性恋要写在书上，而莎翁塑造了数以百计的戏剧人物，其中家喻户晓的男主角罗密欧、哈姆雷特、泰门、奥赛罗等，谁是同性恋呢？次一等的角色也未见谁在鼓吹同性恋。

---

① 《王子复仇记》通常的译名是《哈姆雷特》。本文用前者，是由于怀念孙道临先生。

《红楼梦》中的贾宝玉跟伶人蒋玉涵互换汗巾子,又写薛蟠痴迷柳二郎。贾宝玉有一点同性恋,但读者忽略不计。为什么?贾宝玉对林黛玉的痴情以及对大观园群芳诸艳"昵而敬之","爱博而心劳",让人们忘却他那条汗巾子。莎士比亚的同性恋大约类似于曹雪芹。他还不断劝他的贵族朋友结婚生子。

莎翁诗云:"你掌握了一切风姿,迷住了男儿眼,同时震撼了女儿魂。本来造化要把你造成个姑娘,不想在造你的途中发了昏,这老糊涂,拿一样东西胡乱加在你身上,倒霉,这东西对我一点儿没用处。"

莎翁的同性恋是柏拉图式的吗?多半是吧。

屠岸认为,《十四行诗集》中那些据说是献给少年郎的诗篇,也有可能是称颂女性的。

第二十七首:"劳动使我疲倦了,我急忙上床,来好好安顿我旅途劳顿的四肢;但是,脑子的旅行又随即开场,劳力刚刚完毕,劳心又开始;这时候,我的思念就不辞遥远,从我这儿热烈地飞到你身畔,又使我睁开沉重欲垂的眼帘,凝视着盲人也能看见的黑暗:终于,我的心使你的幻象,鲜明地印上我眼前的一片乌青,好像宝石在可怕的夜空放光,黑夜的古旧面貌也焕然一新。看,我白天劳力,夜里劳心。为了你呀,我自己不得安宁。"

这首名诗是写给某个少年郎的吗?不大像。我初读此诗十七八岁,直觉中呈现的是女性形象。

莎士比亚一百五十余首十四行诗,给人留下的总印象是游刃有余,诗人跟自己的激情保持了审美距离。他深入,他又能够时时跳出来,仿佛有分身法:身在其中又置身局外。莎士比亚有两双眼睛么?一双在水中,另一双在岸上;一双在运动场,另一双在裁判席;一双脉脉含情,另一双冷静多思。写剧本,转换于各种角色,有助于这种幽默的、看似轻快的诗风么?

莎士比亚激情,然后他驾驭激情。他驾驭一团团滚动的火。他吃过激情的苦头吗?若干年栖身于对黑女郎的爱,不去追逐那些鲜花般的伦敦姑娘。三十岁以后,他的诗歌艺术已入佳境,如果伦敦有过黑女郎之外的炽热恋情,他的诗笔不会放过。诗笔放过了老婆安，因为他在家里受压迫，是个可怜巴巴的"必须"；诗笔也放过了为他生下男孩的达夫南夫人。

莎士比亚对白种女人的兴趣是否有限？恐怕不是。安东尼说："莎士比亚是一个极为需要异性的男人。"莎翁笔下的女性五彩缤纷，他的灵感触角会伸向四面八方。有趣的倒是他的固爱，丘比特的神箭只射向黑女郎。或者说，莎士比亚就是丘比特，爱神的心灵直接是眼睛，所以，爱神不需要眼睛。见十个他只爱一个。看来，莎士比亚的奋斗目标明确：首先是写作。其次，通过写作光宗耀祖。他回家乡买大房子，表明他对家里失掉大房子耿耿于怀。童年印象太深，日后要发芽。

抓住莎士比亚的首先是词语，是艺术，这是他全部精力的主战场，虽然他"极为需要异性"，但是一个黑女郎足以快慰平生。换言之：莎士比亚不放纵，修改了悠久的家族传统。

本文阐释莎士比亚的生存，或许能获得一些源头性的东西，开拓出一两块未被开垦的处女地。

1601年，对三十七岁的戏剧家莎士比亚来说，是颇具戏剧性的一年。伦敦法学会成员约翰·曼宁汉，有一则写于1601年3月的日记，说大演员伯比奇扮演理查三世，受到伦敦人的喜爱，"市内一女子对他异常垂青，散场时邀他化名理查三世前往相会。莎士比亚无意中听到他们的决定，于伯比奇之先赶去赴约"。

莎士比亚捷足先登，那个市内女子迅速把她"异常垂青"的名演员抛到九霄云外。"仆人来报理查三世在门外求见。莎士比亚随即吩咐仆人回话：征服者威廉，乃在理查三世之先也。"

黑女郎是否在这一年被他人诱惑，我们不清楚。莎士比亚二十三岁闯伦敦，直到1611年回家乡隐居，其间二十余年，会有一些琐碎的男女事。他的诗歌和戏剧都表明，他异常敏感。他的念头会自动跑出去，拐弯抹角追随黑女郎的念头。她长到二十岁了，她还是他的小姑娘。小姑娘近乎本能地装怪，以显示她稀世珍宝般的价值（对莎士比亚而言）。"近之则不逊，远之则怨。"（孔子）不逊：类似装怪。尽管黑女郎还不算跳来跳去的女人。莎翁为她郁闷，写诗难解难排，一气之下，去抢了与名演员约会的伦敦贵妇。贵妇的名字不详。

1601年，莎士比亚的恩主扫桑顿伯爵，因参与谋反，并让一个宫女怀孕，被伊丽莎白女王关进了伦敦塔监狱。剧作家的后台垮了，好在他在伦敦戏剧界已站稳脚跟。在短短几年间声誉鹊起，他成为环球剧院的股东之一，他的新戏常常被剧院优先排练，他的名字出现在宫廷、进入女王的耳朵，这些好事当与扫桑顿伯爵有关。扫桑顿的豪华府第是莎士比亚常去的地方。

恩主忽然身陷囹圄，诗人神伤。

安东尼《莎士比亚传》："那年，莎士比亚大部分时间都没有握笔。到了秋季，他写了一部古往今来世人最为不可或缺的剧本。"

莎士比亚西风肥马回老家，解辔牛津城的皇冠旅店，寡妇达夫南夫人劝他多留几日。她请他喝法国葡萄酒，和他一起远足西风，倾听他的新剧本构思。她第一次听到哈姆雷特这个名字，听到丹麦王弑兄夺嫂的骇人故事。而在伦敦和牛津，她看过《罗密欧与朱丽叶》，她能背诵朱丽叶的全部台词。她在壁炉旁即兴表演朱丽叶，状若美少女……据雨果讲，达夫南夫人天生丽质，又天资聪颖。

诗人喝着酒，望着她白里透红的面孔，她的金发与红唇。

1601年，牛津城那些深秋的夜晚，炉火中闪出活泼可爱的黑女郎。酥胸半露的达夫南夫人浅笑着，端着红酒杯款款走过来，她的手搭在他的肩上。他一动不动。此刻，她是他的全部忧伤。

《十四行诗集》第一百三十一首："有些人，因为美了就冷酷骄横，你这副模样，却也同样横暴。因为你知道，我对你一往情深，把你当作最贵重、最美丽的珍宝。不过，真的，有人见过你，他们说，你的脸不具备使爱叹息的力量；我不敢大胆地断定他们说错，虽然我暗自发誓说，他们在瞎讲。而且，我赌咒，我这决不是骗人。当我只念着你的容貌的时刻，千百个叹息联袂而来作见证，都说你的黑在我看来是绝色。"

莎士比亚恒爱他的黑女郎,这首诗再次佐证。旁人都说她不美,而莎士比亚视她为绝色。他对她说:"你这副模样……"

她在伦敦,他在牛津。黑女郎是否和他一样忧伤?

莎士比亚在皇冠旅店写剧本。达夫南夫人伺候周详。

他要走了,拉着他的枣红色骏马。达夫南夫人在秋阳中向他仰起脸儿。俏丽的面容是准备献给他吗?含着几许忧伤的期待,使她的面孔更生动。莎士比亚上马告辞。途中他喃喃自语:肤如凝脂,说的就是达夫南夫人。

他答应了她,返回伦敦时再到皇冠旅店。

奥菲莉亚、朱丽叶、伊默贞公主、仙女海伦娜……莎士比亚塑造了一系列不同风格的美貌女子,她们楚楚动人。"美是差异",可见他对生活中的艳姿向来敏感。他欣赏,关注,对她们昵而敬之。"美是无利害的愉悦。"(康德)伦敦粉色如土,他研究艳姿背后的命运,包括《王子复仇记》中貌若天仙的丹麦王后。

审美这个词意味着:保持审美间距。

曹雪芹有这个间距,于是才有千红一哭的《红楼梦》。

行文至此,我们庶几可以进入莎士比亚的内心了。

诗歌是直抒胸臆,它比剧本更贴近莎翁本人。

莎士比亚在新地居写剧本,老婆安殷勤服侍。家里有仆人,可是安要亲自动手,白天送美味,夜里添红烛。她珍惜丈夫居家的每一刻,她给自己规定了若干"必须"。他们的麦田结晶、美丽的大女儿苏珊娜十九岁了,正在谈婚论嫁。父亲患病,母亲依然操劳。母亲笑着说:公爵夫人喂了鸡才有鸡肉吃哩。

安挽起裤腿,弄起鸡窝和鸭棚子,安的动作越来越麻利。小镇上的官员们几乎是排着队,各怀心思,来探望老议员约翰先生。莎士比亚逐一笑迎,来者都是客嘛。他观察,他倾听,他走神,他微笑……

作家写作之余侍弄大花园,萧索的秋风中护着秋兰,阳光下细看秋海棠。

"抛书人对一枝秋。"他修剪石南与冬青。园子里的活儿再多,也没人来帮他一把,他要独自弄。这早已是新地居不成文的规矩。动手是动脑的延续。

司马光写《资治通鉴》,在洛阳侍弄他的五亩园,跟仆人吕直一起弄。有些历史灵感仿佛是从泥土中冒出来。对这类人而言,劳力是劳心的同义语。

园子里的莎士比亚,心思飘得远。雨果注意到这个,盖因他有相似的体验。雨果是干手工活的好手,是漆匠,染匠,花匠,木匠。莎士比亚是皮匠。莱布尼茨是钟表匠……而眼下网络一代动手的能力急剧下降,享受生活的能力堪忧。

青少年的主动性丢了,惰性来了,纷纷坐着活,站起来总不如坐下去,拒户外于千里之外,年复一年滋生心理顽疾。中年人去赶时髦,争先恐后做网虫。

花木小径上优哉游哉的莎士比亚,却孕育着风暴。

他在书房念台词,听上去像喊叫。老婆安在窗下侧耳听。

《王子复仇记》故事简单,丹麦王子哈姆雷特,发现杀死父亲的,竟然是自己的亲叔叔。父亲的亡灵半夜来找他,要他拿起复仇之剑。他善良而美丽的母后,竟然在父王尸骨未寒之际嫁给了叔叔。于是,愤怒暴发了。这是交织起来的愤怒。剧中若干人物的情绪推向极端化。母后饮毒酒而亡,哈姆雷特一剑刺死叔叔。深爱着王子的奥菲莉亚在绝望中自沉于溪水,爱与美俱亡。

莎士比亚戏剧中的父子关系是好的,这与他本人的好父亲分不开。

人性的极端表演是莎翁的拿手戏,四大悲剧,莫不如此。

安东尼说:"英国戏剧舞台在不足十年之内,由尖声尖叫的传奇剧发展成为一种充满智慧的戏剧,其深邃与精微,鲜为后代戏剧家所及,莫说是超过了。"

《王子复仇记》在伦敦首演获巨大成功。扮演哈姆雷特的明星正是伯比奇,"伯比奇当之无愧地博得了最多的喝彩"。狂热的、潮水般的观众寻找莎士比亚时,莎翁在新地居除草剪枝。伯比奇带领剧组和一批戏迷赶到了小镇,莎翁却在牛津的皇冠旅店跟达夫南夫人对饮……

伯比奇是雨果提到过的很少几个演员之一。有趣的是，戏剧明星头上的光环逊于莎士比亚。

惊心动魄的剧情，回味无穷的台词。

剧中人物吐出的每个词皆成经典，全球各大剧院二百年来奉为戏剧之王者，唯一的皇冠。冲突。绝望。死亡。都死了，却没有血腥之感，这跟后来好莱坞电影拿血腥场面刺激观众，完全不可同日而语。

优雅含蓄的莎士比亚，与狂风暴雨的莎士比亚是同一个人。

作家既是城堡上空的鬼魂、弑兄的丹麦王、欲火与良心交战的王后，又是可怜的奥菲莉亚、饶舌的大臣、忠心的侍卫，当然，作家更与哈姆雷特王子幻化为同体。演员伯比奇是哈姆雷特吗？非也，全世界的人都认为哈姆雷特直接是莎士比亚的灵魂。如同贾宝玉几乎就是曹雪芹。

我很想大段引用莎翁台词，奈何篇幅不允许。去看孙道临配音的《王子复仇记》吧，那是英国人1941年拍的电影经典。

《奥赛罗》写黑人的悲剧，莎翁倾注了大量心血和感情。由于黑女郎，他关注黑人的悲惨命运。

《麦克白》展示人性恶。形形色色的邪恶有伪装，所以需要作家洞察，指认。这个道理古今一焉。

《雅典的泰门》"使我们无须怀疑莎士比亚自己的真实身份：他就是泰门本人。莎士比亚已经是一个引人敲诈勒索的阔佬。乐善好施引来忘恩负义；借钱给朋友，往往连钱和朋友一齐失掉；爱的行为是通向疾病的大门……"

泰门爱这个世界。世界却足以把他逼疯。最后把他逼进了森林，永久性告别人类。

雨果说："富裕的莎士比亚从不借钱。"

莎翁应该是吃过不少亏，借钱出去打了水漂。当初他父亲也一样。他痛恨一切形式的钱生钱。这是旷世伟人莎士比亚不变的价值观。

"黄黄的、发光的、宝贵的金子！这东西，只这一点点，就可以使黑的变成白的,丑的变成美的,错的变成对的。"①

泰门对盗贼们说:"快去!各人互相偷窃。再拿一些金子去吧,放开胆子去杀人!你们所碰到的人没有一个不是贼!"

日本作家小泉八云《莎士比亚评传》:"此剧是莎士比亚透过戏剧,对人性的阴暗面做最深沉的探讨。"

莎翁喜剧《温莎与她的风流娘儿们》,写了一个不择手段弄钱的约翰爵士。

马克思写道:"莎士比亚极其出色地描绘了货币的本质。"

康德说:"人是目的,永远不可把人用作手段。"

然而钱生钱是个诱惑的黑洞,莎士比亚洞察了这个黑洞。他自己不借钱给别人,不拿钱去生利息。也许初衷是为了保住自己的财产,但作家一眼瞥见了小病毒的大能量。钱生钱,利滚利,直接挑战的是劳动者,动摇人类数千年来的核心价值,制造空前的不平等。

莎士比亚成了被人敲诈勒索的阔佬,相关的细节未能披露。泰门乐善好施,人们却打他的主意,弄光他的财产一哄而散。雨果学聪明了,在盖西纳岛跟他儿子讨论莎士比亚,避开了形形色色的骗子,直接救济穷孩子。版税收入巨万的雨果,把他财产的三分之一用于帮助穷人。他留下遗嘱:躺在穷人的柩车上进坟墓。

巴尔扎克、佐拉、狄更斯、凡·高、福克纳等一大批艺术家审视着金钱。

伟大的马克思写下《资本论》,写下《论犹太人问题》。

胡塞尔首创的生活世界现象学,则是针对科技造成的贫乏的生活局面。

巨人们在斗争。

《威尼斯商人》中的犹太商人夏洛克,放高利贷,大肆剥削。借贷人还不上,夏洛克要割他身上的一磅肉。这是凌迟。奸商的手终于可以像暴君一样发力。小泉八云写道:"莎翁笔下的夏洛克是个令人憎恨的典型商人,与

---

① 《雅典的泰门》台词。

现代奸商有许多相同的特质。剧中对犹太民族与基督教之间的敌对，也表露无遗……"

霍金担忧：人类最难克服的是人性中的贪婪。

鲁迅："悲剧是把有价值的东西毁灭给人看。"

莎士比亚的喜剧同样充满了悲剧元素。泰门，麦克白，夏洛克，都是喜剧中的人物。

希望何在？美与善。

美到极致的《仲夏夜之梦》，乃是戏剧与童话的完美结合。一群仙女降临在英格兰的田野，仲夏夜时分，她们与乡村少年互相嬉戏，歌舞不休，"全剧弥漫在充满田园景色的森林中，营造出无比美丽的视觉效果"。

《皆大欢喜》是莎翁的田园喜剧，"这出戏让人沉醉在梦境般的田园中，有甜蜜浪漫的情节，炽热的爱情故事"。

《第十二夜》写双重的恋爱故事，"是莎翁极其成功的作品"。

《终成眷属》"是莎翁众多剧本中最富讥讽的故事，且在故事中不断探讨道德的矛盾与人性的挣扎"。

莎士比亚是个能爱，固爱，他在人性中发现了最美的东西。在这里，美与善合而为一。它们的价值高于真。不仅是男女之爱，四海之内皆兄弟。"爱人者，人恒爱之；敬人者，人恒敬之。"（孟子）孟子显然发现了爱的绝对意义，然而他又发现了"人之所以异于禽兽者几希"。

人坏起来无边无际，任何毒蛇猛兽不能比。21世纪，华尔街仅一个麦道夫，靠庞氏骗局就诈骗了七千亿美元，贪婪与恶毒登峰造极。这是夏洛克们想做而做不到的。金融巨鳄一张口，成吨的小鱼就吸进去了。这种奇观，莎士比亚那个年代还看不到。但杰出艺术家凭直觉看见了小病毒的强劲势头。

莎士比亚发现了绝对的美与善，于是他就浪漫。他想把爱的种子撒向全世界。这种生命冲动是一切浪漫主义的源头。"知其不可而为之"，它的悲剧性已在其中。千百年来的优秀艺术品提升了人性善吗？或者，至多跟它的对立面战成平手？

爱是什么？

爱是阳光灿烂。

爱是爱的死亡通知书。

功利社会，这种爱的死亡通知书贴在数不清的家庭。

《论语》："子罕言利，与命与仁。"

孔子为何罕言利？利字含刀。利益万古纠缠，圣人亮出仁义。利是本源性冲动，义是价值规范。可是太难了，仁义之难，难于上青天。孔子暮年叹曰："吾道衰也。"

行文至此，我们已能窥见孔子的内心，莎士比亚的内心。

如果上帝按他自己的模样塑造人，那么上帝本身就是善恶同体。

人在做，天在看。天是谁呢？

文艺复兴把人从中世纪的宗教束缚中解放出来。他不必过于谦卑，他可以正视自己的欲望。但是这个摆脱了谦卑的人迅速膨胀，在人对人、人对自然的两个方向持续扩张。越界的理性要拿走生活中的灵性。物欲压倒美感。自私挑战道义。技术促逼自然。金钱扼杀情感。而莎士比亚亮出浪漫主义的旗帜，启示卢梭、伏尔泰、歌德、席勒、费希特、普希金、雨果、拜伦、尼采、弗洛伊德、柏格森……

浪漫是说，人不能受制于他所创造的东西，尤其是货币。灵性的人不能活向灵性的反面。无论他是在豪宅还是在陋巷。浪漫是生存固化的天敌。

活得人五人六，倒是固化多多。一张脸上堆了几张脸，连他自己都不知道哪一张脸是真脸。迫于形势，他不要真脸。他跟自己捉迷藏，结果把自己丢了。

几百年前的哲人们已经闻到现代性的味道。歌德为此忧心忡忡。古希腊全面发展的人到哪儿去了？形形色色的异化将要大规模上演吗？

伦敦却有个浪漫过头的人叫本·琼森，性格剧的倡导者，他写的戏很卖座,《西班牙悲剧》长演不衰,《人人脾气不好》,人人都爱看。琼森认为四种体液决定了人的多种脾性。体液的比例是个谜,性格的配方可能握在上帝手中。配方之谜从16世纪延续到21世纪,破解这个谜还属于科学家们的雄心壮志,例如建基于生理学的实验心理学。

大才子琼森恃才无度,打架,酗酒,有受人广泛诟病的恋童癖。他吃肉凶,大鱼大肉是家常菜,一斤重的夹肉面包几乎一口吞。他肠肥,而脑子依旧好使,各大剧院把他当成摇钱树。他大腹便便走在伦敦桥上,接受戏迷们的礼赞。

伦敦市民说:一个瘦子和一个胖子,主宰了英国的戏台。

中年莎士比亚并不瘦,只是看上去跟琼森反差大。两个人出现在宫廷、剧场和街头。莎翁谢顶早,熬夜熬多了。他酒量大,但从不放开酒量狂饮。节制是他打开生活之门的一把金钥匙,也许老婆安做过他的反面教员。

莎翁在何处放纵?在书房。

可是琼森有办法让莎士比亚离开书房,例如,诡称黑女郎在美人鱼饭馆等候情郎。莎士比亚放下了鹅毛笔,进饭馆却只看见几条烹制好的美人鱼,一大桶啤酒。琼森的大肚子贴着啤酒桶。"琼森与莎士比亚在三大桶酒店喝麦酒时,就他们的艺术手法争论不休。人们说,争论时琼森恰似一条西班牙大帆船一样笨重,莎士比亚则宛如一艘英国战舰那样敏捷。"

美人鱼饭馆,三大桶酒店,是莎士比亚、琼森等名流经常光顾的场所。从后者的店名看,17世纪伦敦商人的文化修养,尚属引车卖浆者流,而北宋汴京城的酒楼三千家,店名颇讲究。①《水浒传》中的乡野酒肆"快活林""三碗不过冈",也比伦敦的三大桶酒店强多了。

莎士比亚在多大程度上提升了英国人的文化自觉和文化自信呢?

格林,马洛,琼森,伦敦三大戏剧才子都过着混乱的生活。格林死于鼠疫,马洛死于同行的短剑,琼森则用短剑刺死了他的同行斯宾塞。琼森是贵

---

① 参见尹水文《北宋市民生活》。

族，女王赦免他，才让他逃过了断头台。莎士比亚的生活方式与他们三位大相径庭，二十年自强不息，二十年严格自律。是什么支撑了他的严格自律？严格是说，伦敦诱惑太多，何况是在伦敦的戏剧圈：剧团常流动，伶人多烂浪。群居的帐篷生活是堕落与疾病的温床，其中性病甚多。议员们长期鄙视演员生活是有原因的。伦敦闹鼠疫，市民纷纷指斥剧院藏污纳垢，是传播瘟疫的地方，有些戏迷愤怒地宣布永远不看戏。

莎士比亚始终头脑清醒。他痛苦地意识到：一部烂戏会把人身上固有的坏东西引发出来。一群烂戏子会带坏一个城邦的风气！

格林、马洛等戏剧"大腕儿"，混江湖久矣，早就把理想抛开，吃喝玩乐，自以为是社会精英，他们不想、也没有能力提升观众。他们更多的是迎合，是取悦，是媚俗。等而下之的剧作家，是对伦敦市民的恶趣推波助澜。

莎士比亚目注这一切。

伦敦的大学才子派未能自律，倒是乡下来的野小子把握了分寸。饮酒不过量，吃肉不贪嘴，好色不乱来。莎士比亚长期奉行他的"三不主义"。

演艺圈花天酒地，污浊不堪，作家在他的朴素寓所埋头写作，下笔飞快。手稿密密麻麻，浓密的头发日益稀疏。学者称：莎士比亚三十来岁就秃顶了。

词语引领莎士比亚。莎士比亚引领英国人。

《仲夏夜之梦》中，仙女海伦娜有一段台词："一切卑劣的弱点，在恋爱中都成为无足轻重，而变成美满和庄严。爱情是不用眼睛而用心灵看着的，因此生着翅膀的丘比特被描绘成盲目。"

恋爱中的莎士比亚不用眼睛？事实上，爱意充盈了他的目光。爱意也使他爱的对象产生变化。他笔下的男女大都由于爱情而变得美好。

心灵受到高度关注，至少在英国是始于莎士比亚。

《奥赛罗》中男主人公台词："可爱的女人！要是我不爱你，愿我的灵魂永堕地狱！当我不爱你的时候，世界也要复归于混沌了。"

莎翁去世后，他的作品沉寂了一百多年，法国人发现了莎士比亚，先有伏尔泰，后有雨果。马克思、歌德、贝多芬也先于英国人发现莎士比亚。

这些证据表明，莎士比亚在他生活的国度和年代昙花一现。

莎士比亚最爱读的是法国作家蒙田。蒙田的散文以优雅著称。

卡莱尔称："吾人宁失百印度，不愿失一莎士比亚。"这是典型的帝国语气。

伊丽莎白女王在位四十五年，大大提升了英国的综合国力。莎士比亚戏剧每年多次进宫演出，并进入牛津、剑桥两座大学城。但莎翁作品为何沉寂了那么长时间？雨果解释："伊丽莎白驾崩时莎士比亚三十九岁，但她从未注意过这位剧作家。莎士比亚一死，就作为芸芸众生中的无名之辈没入历史的尘埃。"

18世纪，伏尔泰发现莎士比亚的过程也耐人寻味，雨果说："正是伏尔泰对其作品无休止的冷嘲热讽，使得莎士比亚在英国有一定程度的复兴。"

苏联作家莫洛佐夫《莎士比亚传》："泰晤士大街的西边是商业区，到处是高利贷者的店铺、货物仓库和窒闷、阴暗、肮脏的办公室。这些办公室把经营的触须伸往世界各地，有时一笔生意就能净赚几千英镑。"

"1568年，伦敦交易所建立了。16世纪下半叶成立了许多进行海外贸易的商业公司：1556年成立了'俄罗斯公司'，1600年成立了'东印度公司'。这一时期还成立了好几个'非洲公司'……这些公司赢利极多。从英国输出的主要是毛织品。大地主们圈地牧羊，把农民赶走。全国各地到处是无家可归的、受冻挨饿的流浪汉。"这就是英国历史上臭名昭著的圈地运动。

英国海盗德雷克在16世纪70年代完成了环球航行，夺取"新的土地和宝藏"。伊丽莎白女王封德雷克为骑士，向全国的海盗发出明确的信号：杀人越货的行当是光荣的行当。海盗与商人合力。血腥跟算计联手。凭借着这些力量，赤裸裸的罪恶得以远航。东印度公司向中国人源源不断输送鸦片，让海量的白银流出中国，并且妄图让数亿中国人沦为东亚病夫。20世纪初的鲁迅痛心疾首，把中国诊断为"沙聚之邦"。先生希望："沙聚之邦，转为人国。"

雨果写道："英国是一个自私的岛国。它埋头于自己的国事，引起别国人民的不满。它欠缺一种伟大而无私的精神。"

英国人的贪婪触须伸得太长了。莎士比亚看得太久了。

严格说来,无私的莎士比亚并不属于英国,更不属于伊丽莎白时代。女王本人的浑浊气息倒是跟她的时代相投,英国作家安东尼形容这个老女人:"朝三暮四、变化莫测、狐疑不决、喜怒无常、恩威并施……她毕竟是个老妪,瘦削的长脸,残缺不全的大板黄牙,红色发套下掩盖着灰白稀疏的头发。"

莎士比亚热烈歌颂黑女郎,终其一生,不为伊丽莎白写半句诗。而当时无数的诗人为女王献殷勤。

雨果断言:"任何社会只要理想消退,就会难逃历史的窠臼,在虚假的繁荣下堕落消亡……这种将人类变成兽类的过程,实在可悲。"

"人变成了酒囊饭袋,欲望淹没了正常的思维……连无耻都谈不上,只有空虚和愚昧。没有尊严,没有羞耻,没有道德,甚至没有灵魂;仅有野兽式的完全的卑劣。"

1603年1月,伊丽莎白女王在寒风中出席一个仪式,身穿单薄的时装,傲视那些轻裘裹身的宫女。她脸上半厘米厚的脂粉使她看上去像个假人,表情是没有的,帝王不能有表情。她不喜欢漂亮的贵妇,讨厌青春活泼的宫女。想当年她妖娆,妖艳,香风和妖风一起刮,用权杖控制青睐她和白眼她的男人。现在她垂垂老矣,皮肤像蛇皮。宫女们不敢议论她包在时装下面的皮肤。伦敦市井传言,她是个老处女。凡是知道这个秘密的人都难逃一死,包括奉命抚摸过她的那些男人。魔鬼是她的宫廷卫队,流氓是她的密探,海盗是她的远征军。她杀了这个,她杀了那个。王座的四周布满血腥。

1603年,当春天来临的时候她不想活了。春花一朵朵叫她难受。权力斗不过时间。她恨不得毁掉全世界所有的花。她本人一生都开不成一朵花。她躺在病床上,大睁着一双"鱼目"①,似乎希望病床直接变成灵床。

安东尼写道:"她不想康复,也拒绝服药。"

---

① 鱼目,恒不闭者也。

伊丽莎白的暮年心境值得深描。她玩弄权力，权力反掌玩弄她。

女王去世。继位的苏格兰王詹姆斯是个同性恋者。

英格兰作家德克出版《神奇年代》，证实了民间的传言："她毕生守身如玉：始为童身女子，终为童身女子。"全国舆论哗然。

处于巅峰创作期的莎士比亚一字未写。

大胖子琼森来找莎士比亚，讨论戏剧风格，也讲他的恋童癖，讲詹姆斯王的同性恋。莎士比亚躲着这个变态狂与酒鬼。三大桶酒店他不去了。不过，琼森总有办法找到他。琼森的才华跟其肥胖一样真实，莎士比亚尊重这个老朋友。他小饮，琼森照例滥饮。有一天在美人鱼饭馆，琼森说：看在我们十年友谊的分上，尊敬的莎士比亚先生，今日能否开怀畅饮？

莎士比亚耸耸肩膀。

琼森抓起酒坛子倒灌，莎士比亚含笑旁观。

琼森拔出短刀要喝自己的血酒，莎士比亚劈手夺了他的短刀。

胖子剧作家当众哭起来了，众酒徒劝不住。莎士比亚一言不发。

琼森仰起大嘴巴再灌酒，耍酒疯砸了酒坛子。莎士比亚替他拾碎片。

酒鬼扑上去拥抱好朋友，莎士比亚闪身躲开。

酒鬼说：你躲避你大哥吗？

莎士比亚微微一笑：男人们的气息有玫瑰花的香味儿吗？

琼森狂叫：威尔[①]，总有一天我要让你酩酊大醉！

莎士比亚笑道：总会大醉一次，但不是今天。我要去苏格兰，写《麦克白》。

琼森摇晃着，扶住一只酒桶稳住身子，说：《麦克白》是个好借口，剧中那个妖妇像咱们的那位女王。威尔，你有种！《麦克白》之后呢？

莎士比亚说：《雅典的泰门》《暴风雨》。

---

① 威尔是威廉·莎士比亚的简称或昵称。

这是莎翁的最后两部戏。

莎士比亚不纵酒，纵马乡野却是赏心乐事。达夫南夫人一纸书信相邀，他去了牛津。皇冠旅店珍藏的法国葡萄酒，他总是乐于品尝。安东尼记载："这位夫人是个非常漂亮的女人，谈吐优雅，聪敏过人。"

莎士比亚和达夫南夫人也是老朋友了，虽然她不到三十岁。"莎士比亚每年都要回牛津一次。"传记中的这句话是说：莎士比亚回皇冠旅店就像回家。他有她亲手给的两把钥匙：一把开家门，一把开心扉。

大约在1605年前后，有些酝酿已久的事发生了，比如达夫南夫人与莎士比亚同去苏格兰。她优雅的谈吐、她的见多识广与细心周到，使她成为作家的好旅伴，当然还有她的美貌，她的肤如凝脂，她的亭亭玉立，她俯身纵马的英姿……

连骑辽阔的原野，并辔起伏的山丘。有时候二人同骑一匹千里马。途经海浪扑打的古城堡，他们踏上高耸兀立的城堡之巅，莎士比亚的红披风裹住肤如凝脂的达夫南夫人。这是莎翁戏剧电影中人们熟悉的一幕。海风扬起她的满头金发。

上帝赐予莎士比亚黑女郎、白女郎。

而在已发现的资料中，那个扫桑顿伯爵厚厚的日记本，只字未提莎士比亚。

雨果写莎士比亚，写得洋洋洒洒，酣畅淋漓，书中不见扫桑顿。

很可能，莎士比亚只是把扫桑顿视为恩主。他由衷地感恩，于是写诗献给伯爵。这在当时很寻常，类似中国唐代的才子们写诗献赋，干谒豪门，李白杜甫白居易未能免。"朝叩富儿门，暮随肥马尘。残杯与冷炙，处处潜酸辛。"（杜甫）

莎士比亚单纯，一根筋，一条路走到黑，一竿子插到底，否则他不可能如此丰富。单纯者发力强劲，特别是在艺术领域。优秀艺术家找不到一个花花肠子，伟大的艺术家能葆有孩子般的单纯与明亮。

雨果评论:"诗人的简单即是伟大。诗人给每一件事物以合适的空间,不多也不少,这就是简单,就是恰到好处。表达趣味的全部规则尽在其中,对每件事物都保持内在的平衡、维护某种神秘的比例。无论何种事物,不论在风格上还是总体上,都可以化为简单。"

"不管如何富足,如何经纬交织、千头万绪,以至于不可分解,总而言之,所有真实的东西都很简单,就像植物的根茎一样简单。这是一种深刻的简单,唯一被艺术认可的简单……莎士比亚的简单是一种伟大的简单,他之所以忘情于此,是因为他对于渺小的简单全都不知道。"

老子认为,大道至简。

此言却意味着:中道复复杂杂,小道一团乱麻。

《道德经》:"道可道,非常道。"

这话是说:常道是常态。

透过纷乱的时代直抵简单,置身于名利场、伶人圈而保持了单纯,深入人性与历史的邪恶而始终向善向美,这就是莎士比亚。

雨果说:"他是上帝有意不加管束的天才之一,勇往直前地进入无垠之境。人类历史因为有这样的天才出现,才使得艺术、科学、哲学乃至整个社会焕然一新。他们对人类的发展有巨大的推动作用。"

维克多·雨果作为法兰西精神的引领者,他持久的影响力高于国王或总统。

文学艺术的天才们无一例外,都是正人君子。中国历代大文豪都是正人君子,为什么?文气通正气,歪风邪气写不出传世文章。《品中国文人》思及这一层。而坏人写好字的例子颇不少,像赵佶、蔡京、董其昌。何以如此?书画风雅事,于生命冲动之诉求稍逊焉。

春秋战国五百多年,权力人物与财富人物成千上万,却有几个青史留名?历史轻轻地一挥手,让平庸者与邪恶者永坠虚无。老、庄、孔、孟、墨等圣贤万古流芳。圣贤何以称圣贤?他们提升了人之为人的境界。

一个贝多芬,要抵多少福布斯财富榜上的人物?

据说一辆大巴上的富豪财富超过四十亿人财产的总和,这个数字难道与人类道德无关吗?莎士比亚们,雨果们,托尔斯泰们,罗素们,他们将作何感想?

重温李白:"屈平辞赋悬日月,楚王台榭空山丘。"

但愿吧,但愿历史的循环推力让日月之光击败黑暗。

牧歌般的苏格兰,风铃,牛羊,风车,磨坊……莎翁的马蹄转个大圈子,回到牛津城。幸福与酒杯一样满盈。这是1605年。如花似玉的苔丝狄蒙娜在身边吗?她的美貌、端庄与智慧吸引了众多意大利贵族青年。她是海伦娜吗?她是朱丽叶、奥菲莉亚?或者是那位国色天香而良知未泯的丹麦王后?

马背上的莎士比亚陷入沉思状,忽然扭头,看见满面春光的她。

莎翁仰天自语:哦,苔丝狄蒙娜……

她笑了:威尔这是叫我吗?

莎翁说:朱丽叶毕竟只有十四岁。

她说:我十四岁看《罗密欧与朱丽叶》。二十岁看《奥赛罗》。二十一岁背诵威尔的十四行诗。二十一岁在旅店认识威尔……

莎翁含笑打断她:那一年威尔认识了苔丝狄蒙娜。

二人下马步行。原野上春花照眼。停云。远山。野草。

诗人无语。

她问:想什么呢?

诗人一声轻叹。

她说:雅典的泰门……

莎士比亚笑了:泰门那个森林小木屋,应该有一位达夫南夫人。

她的面孔更红了:愿闻其详。

莎士比亚轻轻揽过她的细腰:其实不说你也知道。

她转向他,金发靠近他的光亮额头,吐气如兰:那就不说吧。我们不说。

莎士比亚说:让泰门对邪恶的诅咒与他对人类的祝福共存吧。

她深以为然，却又露出一副调皮相：还是说了，我的威尔还是说了。

莎士比亚吻她灵动的杏眼：词语还是有些用处。台词啊，表演啊，还有台后的喊叫……

他们驻足，举头看云。

"语言是存在的家，犹如云是天上的云。"（海德格尔）

1606年，达夫南夫人生下了一个男孩儿。三十年以后，这个男孩儿成了伦敦的一名剧作家。

苔丝狄蒙娜是《奥赛罗》中的女主人公，奥赛罗将军的妻子。

莎士比亚长居新地居，那是斯特拉福镇上名气最大的房子。艾汶河畔，人们看见莎士比亚独自散步。下雨了，他的夫人安小跑着送来雨具。必须的，她很乐意做个"必须"，不叫仆人代劳。年逾半百的安依然健硕，如同少妇。有时候她回娘家去，看看那一块带给她好运的麦田。五月的熏风中她来了疯劲，喊道：麦田麦田麦田……

1613年，环球剧院毁于一场火。莎士比亚几乎不再去伦敦了。

他在花园里，在河边上，在去牛津的路上。

他有了外孙，大女儿苏姗娜几年前嫁给镇上的一个医生，生儿育女。

生活挺好的，一家子乐融融。他有田产。那些剧本仍然给他带来收入。打马看田庄是一桩蛮有意思的事。自然与庄稼都在手边。云近，人远，但远道而来的客人叫人高兴。"有朋自远方来……"

达夫南夫人是他儿子的母亲。在牛津，人们管她叫莎士比亚夫人。

他栽了一株黑牡丹，又栽了一棵白玉兰。

"落花人独立，微雨燕双飞。"（晏几道）

莎翁思念着他的黑女郎。天长水阔忆佳丽，亦是男儿大情绪。

莎翁看书。"枕上诗书闲处好，门前风景雨来佳。"（李清照）

莎翁盘腿坐在河边看书，河面上的微波折射暮春暖阳。

忽一日，大胖子琼森驾马车来了，一起来到小镇的还有大酒坛子。莎士比亚迎着琼森，安有些不安。两个男人要一醉方休。说过的话不能像吹过的风。春花烂漫饮美酒，言语流淌夜与昼。说不完道不尽的戏剧艺术，激烈争论的样子像是要挥拳打架；忆不够的戏台生涯，可爱的玫瑰剧院呀，多少个日日夜夜，难忘，难忘！环球剧院却是可怜焦土。动了感情了，大胖子脸通红，掩面而泣。人啊，怎能不动感情？

安进屋，感觉不对头，可她犹豫了一下，掀帘子出去了。

琼森斟满了两个酒杯。

莎士比亚一饮而尽。这是他喝的最后一杯酒。

诸多传记陈述了相同的事：莎士比亚死于饮酒过量。

时在1616年4月23日。

雨 果
VICTOR HUGO

西方浪漫主义的巅峰人物

我与自由一同流亡。自由回去,我才回去。

——雨 果

维克多·雨果的大胡子照片，初看像海明威。托尔斯泰的照片也是蓄着大胡子。凡·高留着火焰般的红胡子，毕加索、海德格尔必须每天刮胡子……生命冲动当然与雄性激素有关，而艺术强化这种生理激素，呼啸的思想推进这种生理激素。

海明威说，决不会在公园的长椅上打发晚年的时光。

遗传基因，童年感受，连同二者共同形成的意识与潜意识，这三种东西对人的影响究竟有多大，目前尚属未知，确切的知识少得可怜。人类反观自身的道路迷雾重重，群体如此，个体亦然。人要完全把握住自己几乎是一件不可能的事。"吾日三省吾身"，差强人意而已。孔夫子能洞察他的性苦闷，以及由此衍生的奇怪而糟糕的观念吗？孔夫子每日十省也不行。这造成了中国两千年封建史的人性遮蔽。

维克多·雨果是法兰西自由精神的奠基人，是西方浪漫主义的巅峰人物。雨果八十岁生日，六十万巴黎人从他二楼的窗下缓缓走过，从凌晨走到夜晚，向祖国伟人致以最崇高的敬礼，雨果站了十几个钟头，不曾坐下一次。伟人去世，两百多万法国人自发为他送葬，这在人类数千年历史上至少是罕见的，近现代的西方则绝无仅有：任何皇帝、国王、总统、首相，无此殊荣。民间的力量排山倒海。

如此杰出的人物，看上去像全知全能的主。雨果巨大的生命冲动代表了19世纪的价值理性，19世纪的真与善、真与美吗？答案是肯定的。不过，雨果依然是迷雾中摸索路径的雨果。理性与非理性都会显现它们的盲区。生活中的雨果由于太强大，会让他身边的一些人受不了，受委屈甚或吃苦头。雨果像另一

雨　果

个大胡子托尔斯泰。中年托尔斯泰写下《忏悔录》。

　　本文的主要参考书是莫洛阿《雨果传》。作者本人就是大作家，法兰西学院的院士。我手头的《雨果传》七百多页，由托翁的朋友撰写的《托尔斯泰传》一千多页，《普希金传》六百多页……这些书在可以预见的未来都不会重版了。这个星球上的巅峰人物的许多珍贵细节，正在工具理性泛滥的背景下丢失。

　　雨果生于1802年2月，他父亲约瑟夫·雨果先是上尉、营长助理，后来升为要塞司令，人称"雨果将军"；母亲索菲·特雷布歇是布列塔尼人。布列塔尼地区的女子以奔放热烈著称，索菲小姐"又具有西班牙人的性格"。法兰西加西班牙会加出什么呢？何况还有个布列塔尼。《维克多·雨果的母亲》一书记录："她皮肤白皙，精力充沛，性格活泼，既有某种优雅的风度，也显露出某种粗野气质。"

　　《雨果传》描述："这个身材苗条，神情可爱，长着一双褐色大眼，精神饱满的脸蛋上略带点高傲，鼻梁挺直的年轻女子，宛如一尊古希腊的雕像。"

　　索菲小姐是一位船长的女儿，雨果上尉则有显赫的家族背景。两个人在马背上相遇，彼此都感到好奇，勒住自己的马头对视了几秒钟。刹那间的原子裂变将点燃未来的法兰西。上尉能背诵伏尔泰的诗篇，还能写情诗。"他随时准备战斗，也随时准备歌唱。"浪漫与浪漫相遇，野性跟野性邂逅，修养和修养照面，连二人的坐骑都一反常态显得友好，马头碰碰马头。

上尉跟其他军官一样带着随军妓女，"一个胸脯上的打扮比脑子里的东西多得多的女人"，花枝招展的妓女自称上尉之妻，而索菲小姐不以为意。她打听了上尉的战场故事，"她爱上了这位解救过妇女、儿童和人质的年轻军官"。

要结婚，人品还是第一位的，心地善良比什么都重要。

他们在巴黎结婚，次年生一子：阿贝尔。不久，索菲又怀孕了，她生下第二个男孩儿欧仁。她丈夫已升为吕内维尔的城防司令。1801年暮春，索菲到了丈夫的司令部，"他们有一次到山上走走，第三个孩子雨果就在这次散步时怀上了"。

漫山遍野的青草，无论看上去还是躺上去，都比地毯更舒服，山花烂漫，春阳照眼。司令官和他的妻子几个月未见面了，而司令部人声嘈杂。山里多清静，体内的喧嚣应和着欲说还休的暮春天气，弯曲的小路宛如索菲的曲线。人们叫她雨果夫人。她保持了体态的轻盈和脸蛋的鲜艳。夫妻二人朝山顶走，越往上话越少。海明威《丧钟为谁而鸣》中，罗伯特与玛丽亚在山道上行走的那一段，显示了作家特殊的体验：西班牙的石头、草坡、野花，似乎合力让他们身心缠绕，"让大地晃动了三次"。游击队战士、爆破手罗伯特，像塑造他的作家一样少言寡语。玛丽亚姑娘跟年轻的雨果夫人一般充满活力。

莫洛阿写道："那是在孚日山脉最高的道农巅峰，在云山雾海的深处怀上的。"

这个细节的证据是：雨果将军亲口告诉他的儿子维克多·雨果。

最高峰怀上了法兰西最出色的男孩儿。

莫洛阿却在《雨果传》中两次提到，雨果将军过于强烈的欲望让他妻子受不了。后来，类似的情形又发生在雨果和他娇柔的妻子之间。

隐秘的家族力量深不可测。

雨果的童年可以追溯到五岁左右，在巴黎克里希大街的一座宅院，"院中有一眼井，井边一道食槽，一棵柳树。母亲送他去勃朗峰大街的学校读书。每天早上，人们把他送到校长的女儿罗茜小姐房中。罗茜小姐躺在床上，让维克多靠近她坐在床沿上。每次当她起床时，他看着她穿袜子……最初的情欲冲动给维克多留下了深刻的印象。他一生中，总是在试图再次感受当初那种激情。他总是想着'赤脚的纯朴爱情'"。

小孩子雨果瞅着少女的脚，一个早晨又一个早晨，出太阳天或是阴雨天，园子里的花香或是潮湿的味道，这些东西氤氲在一双白皙赤脚的周围，连同她穿袜子的动作、她起身时的笑容、她随意拍他脸蛋或脑袋的手。少女温润的纤手牵着他走出房间……所有的感觉以赤脚为中心辐射开去，投射到他漫长的一生。有趣的是，雨果本人抓住了这个点，就像普鲁斯特抓住那一小块玛兰德点心，小点心散发的气味让整个贡布雷浮现出来。

可是且慢。作家主动去抓遥远的记忆中的场景么？记忆的呈现方式不是这样的。记忆袭来，记忆闪现，由于某种气味、光线、声响或是物件。雨果一生都在试图回到五六岁时的特殊感受，已有追溯童年印象的自觉。西方的作家们大都擅长这个，弄清自己的愿望持久而强烈。反观自身的深入目光也会投射到世界。

拿破仑的军队征服了意大利的那不勒斯公国，雨果将军战功赫赫，被委任为占领国一个省的总督。全家人穿过法国前往那不勒斯，一路上触目惊心，吊死的男人，路边的尸体，正在被送上绞架的被占领国的军官、士兵。

马车上的小雨果瞪大了眼睛。

作为总督的儿子，雨果三兄弟住进有大理石墙面的宫殿。

总督写信给朋友说："维克多，那最年幼的孩子，学力很大，他和他大哥阿贝尔一样稳重，很谨慎，他话不多，从不乱说。他的思考能力有好几次让我拍案称奇。"五岁的男孩儿从不乱说，思考力让他见多识广的父亲惊奇不已。

这是天才儿童的特征吗？小雨果蹲墙角想事情，盯天空发愣，瞅着爬行的小虫子悄悄跟过去……各种各样的事物蜂拥之际，沉默小孩儿的接受度显然更高。沉默意味着上心。有限的表达让词语保持它的力度。善于行动的小孩儿几乎都具备沉默的能力。儿童口齿伶俐，多半不是件好事。"讷于言而敏于行"，这话不妨理解为：敏于行者讷于言。另外，需要指出的是：思考本身就是行动，行动本身也是思考。

宫殿的大花园里有弯曲流淌的小河，水中鱼虾多，还有隐藏在水草中的水蛇，两旁耸立着百年核桃树，枝叶参差错落。园子里，冬天也有几种鲜花盛开，春夏当然更妙，各色鸟儿在头顶上乱飞。

"不用上学，无拘无束，这种滋味，雨果终身回味无穷。"

三兄弟够淘气了，又来了父执富歇先生的儿子和女儿，女儿叫阿黛尔，四岁。邻居小孩儿翻墙跳进园子，女孩儿也能纵身跳墙。这些外来客受到园子里几位小主人的一致欢迎。雨果夫人给每一个小孩分大小相同的点心。雨果将军偶尔出现，笔挺的军服和威武的佩刀，让所有男孩子无限钦佩。于是，林中玩打仗，树枝棍棒都是锋利的军刀。外来的男孩儿打败了阿贝尔，将军含笑观看一声不吭。次子欧仁踌躇着不敢上。维克多冲上去了，跟那个比他大、高他半个头的男孩儿厮打起来。维克多打架胜多败少，有一次打出了鼻血，他勇敢地走向二十米开外的小溪，捧起冰冷刺骨的溪水，洗干净血迹，并且蛮有经验地仰着面孔止血。

在巴黎斐扬底纳胡同，孩子们又有了一个大宅子，庭院，树林，空旷的平地，栗树林中开出一条幽深的小径，还有一眼古井，两个秋千，三堵古墙。

雨果写道："我又看到了我的小时候，还是个天真烂漫的学生，和哥哥们在一起，在花园里绿草如茵的小径上奔跑，玩耍，欢笑……在蜀葵上抓住蜜蜂，或者一下把花朵捏合！"

孩子们集体认为：更好玩的东西，是那个还没有出现的东西。于是他们想象出一个叫"苏尔"的怪物，黑不溜秋的，满身是毛，善于神出鬼没。维克多常常对二哥欧仁说：我们去找苏尔吧。

欧仁胆子小，总是跟在弟弟的身后，胆怯地越过吓人的小溪。根据讨论，怪物苏尔可能藏在螃蟹的洞穴。阿贝尔放学回家，第一个动作是扔书包，第二个动作是拉着弟弟去找苏尔。苏尔没找到，却找到了一窝鸟蛋。吃掉鸟蛋吗？三个小孩儿举手通过。栗树林子里煮鸟蛋，维克多又捉来了一条红鱼。红鱼吃不吃呢？当然要吃。吃欢了，吃笑了，房子那边传来母亲朗诵伏尔泰诗篇的声音。如果传来钢琴弹奏的《月光奏鸣曲》，那就说明戎马倥偬的将军父亲回家啦，孩子们就会扔掉手中任何好玩的东西奔向父亲……

雨果将军被皇帝拿破仑任命为西班牙的三省总督，于是再次举家迁徙。雨果夫人带着三个孩子，乘坐超豪华马车，在法国骑兵的护送下前往马德里，六匹马，四个车轮巨大，风光极了，连公爵夫人的马车也要让道！经过一座座城市，孩子们兴奋不已。有趣的地方就停下来，住个十天半月。这一次历时数十天的长途旅行，小雨果在马车上不曾睡过一秒钟。"他的眼光如此锐利，记忆力如此强，尽管只是匆匆一瞥，却能在二十年后，描绘出古莱姆大教堂那两座壮丽的钟楼。"

天才儿童，显然跟那个蹲墙角不说话的小男孩儿是同一个人。

"人们说，雨果将军把一些西班牙反叛者从窗口扔出去，摔死在地。"

西班牙游击队埋伏在山间，随时可能袭击总督夫人的马车。一路上的风景伴随着血腥的传闻和恐惧的想象。西班牙的山脉染上了别样色彩。维克多爱上了粗犷低沉的西班牙语，这种语言令人不由自主地联想到色彩和爱情，联想到宏伟的雕塑、强烈的激情。西班牙简直是火焰的代名词。

《雨果传》："西班牙总是吸引着法国人，因为它保持着原始状态的情感。而在我国，这种情感早已被社会生活削弱。"

在马德里，雨果将军的家眷们住进王宫。迷宫一般的房间一间比一间奢华，到处都是锦缎、中国花瓶、威尼斯吊灯、波希米亚玻璃杯……有一条肖像画长廊诉说着王宫的昔日荣耀。"作为征服者的儿子，维克多跑遍了每一个房间。"

可是，人们经常看见小雨果独自一个人坐在角落。小家伙想什么呢？儿童的沉思状态非常珍贵，却常常被大人们忽略不计。事实上，很多东西在沉思中萌芽。维克多在想拿破仑，在想一个叫巴比塔的贵族少女，她每天都到王宫来……

雨果兄弟就读的马德里贵族学校，几乎所有同学都希望拿破仑战败。于是打架难免，维克多要捍卫法国。二哥欧仁也干起来了！兄弟俩为拿破仑而战！可是，在内心深处，他们又痛恨这个给美丽的西班牙带来苦难的暴君。

拿破仑代表法兰西吗？这是一个问题。拿破仑的铁军横扫欧罗巴就意味着无上荣光吗？这是另一个问题。人类相爱又相杀，上帝如何看待？……

沉思状态下的八岁儿童，追问无禁区。

这个儿童的情思，从校长女儿的一双秀脚，转移到伯爵女儿巴比塔的头发，他写诗献给她，塞到她手里转身就跑，跑到远处的拐角才停下来，望着金发少女巴比塔，倾听自己的心跳和诗歌节奏：

"在她金色的头发里，快乐与火焰迸射光芒。"

从五岁到八岁，维克多的情思已经走了一段长路。小诗人写道："这疏懒女子的绒袖下，悬系着我的心。在她房间里我战战兢兢，犹如雏鸟看见隼鹰。"

女子的疏懒情态，小孩子能捉到手吗？"懒起画蛾眉，弄妆梳洗迟。"

不久，这个绮思细腻的小男孩儿，又移情到另一位西班牙小姑娘，"朱唇、粉颈的少女名叫贝巴"。

几个月的西班牙之行，使维克多的兴奋度明显提升了。

《雨果传》："雨果一生的思想完全被最初的印象左右了。"

最初的印象，最初的心之涟漪，最初的隐秘激情，这些东西在任何人的生命中是如此重要，犹如将要开花结果的种子。可惜一般人无力回望，遑论持续回思。

潜意识的深海潜不下去，这使人对现在与未来的把握构成障碍，难以察觉的障碍。严格意义上的自我把握难于上青天。

这是人类永久的宿命吗？这是上帝轻描淡写设下的一个禁区吗？

基因、童年、潜意识,三大盲区又搅得万般复杂,如何进得去?如何看得清?

哲学、文学和艺术大师们接力挺进,获得了一些成果,赢得了一些有价值的问题,拓展了某些有益于人类的视野。

我们为什么要靠近大师?这个不言而喻。

雨果三兄弟回到巴黎的斐扬底纳胡同,花园,烤肉,拉丁文……"欧仁和维克多趴在草地上,发现了卢梭、伏尔泰、狄德罗。"他们的母亲拒绝了拿破仑公学校长的请求,不让孩子去学校。小孩子自由自在好,有利于释放天性,有利于培养身心之灵动,有利于打下生命中最宝贵的主动性之基础。雨果夫人优雅而又粗野,她凭嗅觉就知道这个,似乎不需要动用她的脑力。小孩子跳来跳去多好啊,这叫本性。背离本性好吗?不好,肯定不好。

小孩子在学校打架,在花园撒欢,在街头捣乱,雨果夫人听而不闻、视而不见吗?其实她一直在观察,隔着宽大的玻璃窗。小孩儿成长的故事中,她不会轻易涂写几笔。她明白,什么事情她不能做。

但凡优秀的母亲,都凭借知识或直觉懂得:母爱有盲点,有母爱为了母爱而铸就的盲区。伟大的母爱完全无私吗?这是一个问题,在东方民族中显得更突出的问题。

过度的父母之爱造成的悲剧已经太多。

身心有它自己的节奏,跑累了疯够了,别样的窗口会悄然打开。文字早就潜入皮下。经典读物早在两三岁就摆在伸手可触之处。西方的拼音文字门槛不高,学他国的语言也比较容易。俄罗斯经典、德意志经典、法兰西经典……互通不难。

"雨果三兄弟都在写诗。"

词语抓住转眼即逝的印象,抓住飘忽不定的感觉。词语的抽象功能规定着一切具象。人之为人,首先是因为语言。海德格尔在《艺术作品的起源》中指出:"语言是原诗。"儿童天生是诗人,因为他处于感觉、印象、念头的混成态。一棵树如何是一棵树呢？一湾水如何是一湾水？根本没有给定的现成答案。

原初印象是什么？树的形状、气味、颜色、位置，连同树的传说与联想，一同前来照面。于是树的丰富性就建立起来了。这种丰富性将惠及未来的几十年。

爱这个世界，怎么爱？

维克多在栗子树林里制作了一架秋千，把小他一岁的阿黛尔高高地推上去。绳子牢靠吗？秋千荡得高，小女孩儿吓得惊叫，又恐惧又喜欢的模样。欧仁示范给她看，表明绳子相当结实。不过，推她后背的位置却让弟弟维克多霸占了，每次都是当仁不让，仿佛他已经拥有某种特权。有时他还用肩膀挤开哥哥。

欧仁郁闷了，走开去写诗。耳边却是秋千那边的欢声笑语，"多情却被无情恼"（苏东坡）。

绑在栗子树上的秋千晃荡着整个春天，这棵树就更丰富了。"黄昏疏雨湿秋千。"（李清照）树，花，水，风，鸟，虫，草，光，云，星……所有这一切的丰富性取决于它的氤氲，它的魂牵梦萦。如何是氤氲？年年戏水于大江小河，水就氤氲了，入梦了，亲近水的欲望就浑身弥漫了。想一江水一条河呀，想得心尖子疼。想当初，川西坝子（成都平原）的男孩子，过了春节就跃跃欲试，就扔掉棉袄往河里跳，那个欢腾，那个扑腾，那个爬上河岸蹦蹦跳，那个冷飕飕又笑嘻嘻，嗨，概而言之：水呀水呀水呀，真是爱不够。

缠绕一棵树就是爱上一棵树，扑腾一湾水就是爱上所有的水。

老爬树的小孩儿最懂树了，懂它爱它折腾它。由树或水的氤氲延伸到世界的氤氲，爱这个世界就扎扎实实。自然这个词太大了，童真自足的小孩子根本不需要这个词，无论法国还是中国。这个词使用的频率越高，自然的危机就越严峻，人与自然的距离就越遥远。

氤氲，眷恋，二者是有紧密联系的。活蹦乱跳释放了天性的孩子，再是遇挫折也不会做出极端的事来。

圣佩韦在《当代人物肖像》中指出："严厉的、有保留的温情……既不让孩子们放任自流，也不让孩子们事事不知，经常进行一些严肃的富有教育意义的谈话，这便是那种深沉、专注、细心的母爱的主要特征。"

19世纪法国的知识分子，对母爱的研究已经很深入。

圣佩韦是雨果的至友，他的这段话是针对雨果母亲讲的。

经常进行一些富有意义的谈话，前提有两点：一是父母有引导孩子的能力；二是尽可能平等对话，朋友式交流。雨果夫人博览群书，她亲自到图书馆为孩子们办了阅读卡。有人告诉她，她家的三个男孩儿偷偷看"少儿不宜"读物，她一笑置之。让伏尔泰去跟少儿不宜斗争吧！维克多趴在草地上读伏尔泰，这可不是她的主意。伏尔泰启蒙了她和她的丈夫，她在家里朗诵伏尔泰……

家里另有一种怪怪的气氛。孩子们听说，他们的将军父亲在意大利和西班牙的总督府，跟一个叫托马斯的姑娘住在一起。那个据说是美貌动人的年轻女郎，宣称自己是雨果夫人。真正的雨果夫人对此事绝口不提。这位布列塔尼女子，马背上的女战士，如今是三个孩子的母亲，她老了吗？雨果将军很少回巴黎。

男孩子悄悄说几句，富歇家的男孩儿加入谈话：他总是掌握一些新情况……

让小雨果们吃惊的是，母亲勇敢地爱上了他们的教父拉里奥将军。拉里奥反对皇帝，被抓进了监狱。索菲女士公开去探监！整个巴黎都知道了她的爱。她从监狱回到家，孩子们不敢看母亲的那双眼睛。拉里奥将军被砍头，索菲女士冒着株连的危险把将军的遗体送往墓地。勇敢的爱情再一次轰动巴黎。

布列塔尼加西班牙式的激情，再加伟大的伏尔泰，伟大的卢梭，启蒙主义和浪漫主义融入她的血液和她的家。而雨果将军同样是伏尔泰的崇拜者。

维克多·雨果在成长中。不仅是花园、城堡、异国情调、绵绵绮思，还有野心勃勃的拿破仑、战乱不休的欧罗巴，还有父母的故事和拉里奥将军。

将军曾经对维克多意味深长地说:"孩子,自由高于一切。"

遗传基因,文化基因,时代氛围,交袭少年维克多。

1813年,雨果一家迁居另一条大街,跟富歇家做了邻居,两家人共用一个大花园,至少五个小孩一块儿玩耍、读书、弹钢琴。追逐和奔跑随时都在发生。阿黛尔即将出落成美少女,欧仁一见她就有些哆嗦,迅速低下头,掩饰某些东西。

关于秋千的记忆分袭三个人:欧仁、维克多和阿黛尔。"维克多在她蓝色的大眼睛和金褐色的皮肤上,重又见到了马德里的贝比塔。"

后来,作家雨果写道:"她眼中闪过一个孩子的念头,于是贝巴又变成了贝比塔。她对我说一声:'跑吧!'就在我面前跑起来。她腰肢纤细如同黄蜂,小小的腿向前抬,把裙子掀到膝盖上部。我在后面追,她在前面跑。风不时掀起她的黑披肩,于是我看见了她褐色的嫩润的背。"

小雨果同时追逐着三个少女吗?贝巴、贝比塔和眼前的阿黛尔。感觉中是这样的。风掀起阿黛尔的裙子,小男孩儿的眼睛直追过去。哪个季节的风不清楚。他故意追不上么?她叫他追她,显然不止一次。她把欧仁抛开,把三个人变成两个人。奔跑中的兴奋度瞬间提升,这里有少女身体的诡计,虽然未必形成了念头。朦胧状态下的奔跑,欢笑,喘息,回头,玉齿大开。

维克多不提速,有着相似的身体诡计。

少男少女的爱是雾状的东西,弥天大雾最好。

而电视广告隐含的色情刺激,电子游戏赤裸裸的欲望撩拨,正在驱散千百年的美妙之雾……

还是回到19世纪雨果的描述吧:"我激动不已,我抓住了她的腰带,以胜利者的权利,迫使她坐在草地中的一条凳上,她没有反抗。她笑吟吟直喘粗气,我则神情严肃,透过她乌黑的睫毛,盯着她那两颗黑眸子。'坐下吧,'她对我说,'天还早,我们谈点什么吧。你有书吗?'"

跑,坐,谈,一起阅读,呈现了清晰的递进关系。维克多随身带着书,于是坐在青草中的小凳上读了起来。"我们头靠着头,头发杂成一团。突然,我们的嘴唇贴在一起。当我们想再读下去时,天空已经布满星斗。"

销魂初吻,一吻就是几个钟头,从下午阅读的时光缠绵到满天星斗,可见少男少女的心劲有多大。雨果可能十三岁。他主导了这一场非凡的缠绵吗?从他后来的表现来看,几乎可以肯定。阿黛尔昂着的头,却把持续的温柔高潮交给维克多的嘴唇。

"'啊,妈妈,妈妈!'她进屋时叫道,'你知道我们跑了多远啊!'我则保持缄默。'你不说话吗?'我母亲问我,'你看来不痛快。'我心中像吃了蜜一般甜。这是我终生不忘的一个夜晚。"

少年雨果的享受式沉默,如歌如酒。

在《我的童年》中,雨果回忆:"还在年幼时,我就幻想自己成了大人物。"

《雨果传》:"他不由自主地歆羡父亲和皇帝的名声。但作为他们无意识的对手,他也希望自己拥有支配人类的想象力。"

雨果兄弟进了寄宿学校,上数学课却在写诗。维克多的数学成绩很好,后来他像歌德一样对自然科学感兴趣。学校人人都在写诗,校长也不例外。无数写满诗歌的小本子在校园传递。维克多写了一部献给母亲的诗体歌剧《伊尔塔麦娜》:"啊,妈妈!请屈尊和悦地看一眼,这微不足道的习作;妈妈,请以母亲的微笑,欢迎你儿子的孩子!这不是拉辛装点天宴的不谢之花;这些花朴素、自然,一如我心。妈妈,谨将其中一束献给您。"

他在学校写了几千行诗,却在诗歌小本子上留下一行字:"我走上社会前写的废话。"

少年诗人说:"我年已十五了,诗却写得糟糕。"

他和二哥欧仁一起去路易大帝公学听课,夜里在冰冷的小阁楼点蜡烛写诗。生活费下降了,他每天只有两个苏的零花钱。父亲向母亲争夺孩子的抚养权,未能如意,就实施经济制裁。据说那个美貌的托马斯从中挑唆。雨果三兄弟痛恨这个女妖精,维克多认为托马斯一点都不美,因为她的脸上毫无母性的光辉。为了保持身材、容貌和魅惑力,她实际占据了城堡夫人的位置,却一直不生孩子。

经济制裁持续了两年之久,维克多开销打紧。吃穿用度再简单不过了。将军的儿子过紧日子,将军本人认为:这对儿子有好处。什么好处呢?适当的物质匮乏有利于培养意志力,为精神的强劲生长腾出空间来。富家子弟纨绔多。寒门少年常进取。饱食终日无所用心,这个道理古今中外相同。雨果将军对自己的天才儿子有洞察吗?将军挥舞战刀,但从未停止写诗。他在遥远的要塞司令部关注维克多。

维克多十六岁了,父亲决定每年给他和欧仁八百法郎。紧日子结束了,朴素的生活习惯却养成了。写诗的小本子写得密密麻麻,半页纸也珍惜。不同的季节穿同一件衣服,对同学们诧异的目光毫无知觉,这一类证据表明:天才儿童成功地过渡到天才少年。

意志力起来了,重要的是:感觉不到意志力。

雨果两兄弟都报了容易挣钱的法律专业,但从未去上课。父母不干涉。父母早就分居了,对儿子的教育却是目标一致。

雨果夫人相信维克多会成为大作家。十六岁的维克多在学校写了那么多,回家继续埋头写,写什么都行。既不考虑律师的前景,也不选择做官吏。这等于把将军的人脉与交往平台搁在一边。母亲和三个儿子迁到小奥古斯汀路十八号,没有仆人和花园,很多杂事得自己动手。她亲自下厨房,维克多做帮手。她洗衣服,儿子清衣服、晾衣服、收衣服……在学校他以能干著称,床铺收拾得干干净净。运动场上他又是好手,飞奔、弹跳胜人一筹。朝气蓬勃的小伙子名叫维克多。

诗歌在小本上,爱情在方寸间。

借宿学校的两年多,维克多和阿黛尔只匆匆见过两三次面。她家花园里的那次长吻之后再无下文,长吻成追忆,这使小伙子养成了咂嘴的习惯。春天秋天都在想她娇美的面容,灵动白皙的小腿。她也在想他吗?小伙子不清楚……

雨果夫人带着两个儿子造访富歇先生，维克多和阿黛尔目光相遇了，继而闪闪烁烁地胶着，嘴唇不由自主地在动。二八姑娘家，盈盈如荷花。维克多重新品尝那种蜜糖的感觉，欧仁垂下头来。唉，弟弟的甜就是哥哥的苦……

有一天，维克多跟阿黛尔走到花园中高大的栗子树下。

她说："你一定有些秘密吧。难道你没有最大的秘密吗？"

他承认他有。她又说："如果你告诉我你最大的秘密，我也把最大的秘密告诉你。"

不等他开口，她盯着他的眼睛说："我最大的秘密就是爱你！"

当初的小女孩儿先动念头，现在十六岁的姑娘家先开口。这句话她说了两遍。

唇舌的三种用途：吃饭、说话和接吻。这一天都用上了。缠绵长吻有如吞吃，转眼已是黄昏，平生最甜蜜的黄昏。栗子树下的沉醉与沉醉。她用语言拉开爱的序幕，他以绵绵无尽的唇舌运动充当了主角。两三年来，期待太多。

她娇柔地说疼，原来小伙子忘了刮胡子。

妈妈在喊她，可是她忙着呢，她走不掉。滚烫的嘴唇分开半秒钟又迅速合拢了，碰了细齿也不在乎……

诗人维克多再一次享受了满天星斗。这是诗人有意留下记忆吗？

接下来的婚姻问题却麻烦，先是雨果夫人不同意，相应地，保持自尊的、美丽而优雅的富歇夫人也不同意。情侣悄悄幽会，维克多写情诗《最初的叹息》："为这些诗，你青春的爱情，答应给我亲吻；而你羞怯的纯洁却将我拒绝……"

阿黛尔答应给他十二个吻，却只给予四个吻。维克多写信："你让我多幸福啊！再见，我会思念着你，度过非常甜蜜的一夜。愿你也睡得香甜，让你的丈夫得到你允诺的十二个吻吧。"

一吻星星满天，十二个吻将吻到什么时候？斗转星移十二回吗？

再者，他必须记住刮胡子，他那些硬戳戳的胡子，早晨刮了，夜里冒出来。她娇嫩的脸蛋简直要被胡须刺破！

嗬,她的这个连未婚夫都不是的"丈夫"。可见维克多的自信心非同寻常,他想干的事情都能干成。这位"丈夫"写信给阿黛尔,宣布:"现在,你已经是雨果将军的儿媳妇了!"

然而,富歇夫人宣布:女儿和雨果家的男孩儿相爱,使她"极不高兴"。

维克多得到消息后连夜写信,这是1820年2月29日。他嘱咐恋人:"以后在大庭广众相会时,我们应该保持最大的克制。经过长时间的斗争,我才下决心嘱咐你冷漠地对待我,对待你丈夫……还有,我必须禁止自己和你在一起。在此,我谨请求你,可怜我不幸的嫉妒心,避开任何男人,就像避开我一样。我的阿黛尔,我爱你爱到何种程度!我不能看见另一个男人靠近你,而不惶恐不安、嫉妒得发抖。我的肌肉绷得铁紧,胸脯胀得鼓鼓的……"

看来,嫉妒具有强烈的产气功能,还能把肌肉绷得铁紧。少年雨果之烦恼,迎头碰上嫉妒心。天天都想在一起,却是几十天、几百个钟头不能见面。煎熬啊。大庭广众偶相遇、遥相望、徒相思而已。忍不住要想很多。静夜里他翻墙,跳进图卢兹公馆,看见她倚在窗前凝望月亮,不禁把自己幻化成凝望朱丽叶的罗密欧:"我愿是你手上的白手套,紧紧地托住你的香腮。"

歌德的少年维特、莎士比亚的罗密欧,与热恋中的维克多合而为一。莎士比亚、歌德有过类似的烦恼吗?

陶渊明《闲情赋》:"愿在衣而为领,承华首之余芳……愿在裳而为带,束窈窕之纤身……愿在丝而为履,附素足以周旋……愿在夜而为烛,照玉容于两楹……"

五柳先生恨不得变成美人脚上的绢丝鞋,跟随她优美的素足东走西走。这种迷狂似的爱意表达,东晋比较多,唐宋比较少,元明清几乎看不见。

礼教拿掉了身体。纯粹的爱情势必催生人性追问,对封建统治颇不利,所以,理学要拿走所有的男欢女爱。民间的爱情一旦自主了,激情四射了,男女引颈高歌了,封建统治者就不自信。自足自主的爱是对礼教的强大冲击波。

维克多与阿黛尔恋爱受阻,受不了。偷偷约会吧。维克多的小本子有记录:"龙街约会。松糕街约会。老鸽棚街约会。卢森堡公园再……"

省略了什么呢？阿黛尔有"羞怯的纯洁"，不愿意看见记录下来的销魂时刻。语言有如符咒。语言要生出一双翅膀。她家附近的流言蜚语令她难受，"所有的多嘴婆都嘲笑我，即使这些话不把我毁了，也会使我受到很大损害。另一方面，我对妈妈的态度也不是无可指责，我爱她，啊，亲爱的维克多，我真是罪人"！

1820年4月26日，这对恋人互表爱情的纪念日，富歇夫妇到雨果家来了，要求与将军夫人谈一谈。维克多吓坏了。他太知道母亲的态度："只要她还活着，这桩婚姻就别想成功。"

雨果夫人毫不掩饰的矜持、骄傲，伤了富歇夫妇的自尊。他们带着怨气走了。婚姻与爱情都完蛋了。

"我母亲见我一脸煞白，沉默不语，变得比任何时候都亲切。她试图安慰我，我跑了出来。当我独自一人时，我辛酸地哭了很久。"

爱情受挫，诗人伤心。"艺术是欲望的升华。"伤心的诗人佳作频出。一年多以来，维克多写了一百五十篇文章和诗歌。巴黎的卫戍司令贝里公爵遭暗杀，维克多写悼亡诗，把国王路易十八感动得泪流满面。国王赐给维克多五百法郎！这使诗人的作品名噪一时。出版商们开始关注他。

年底，维克多与阿黛尔获准在法兰西剧院一起看戏，两家人以此示和，修复传统友谊。本来维克多的座位并未挨着阿黛尔，可他一下子就坐过去了，远看像是弹过去。两位夫人同时微笑：她们当众也不好说什么。剧院是个社交场所。

台上是《王子复仇记》，台下却是罗密欧与朱丽叶。

诗人日后写信给她："你还记得吗，你对我说，女人比男人更多情？你还记得吗，演出自始至终，你的手臂一直压在我的手臂上面？"

阿黛尔的手一直在抖？纯洁的羞怯暗中伸出去……

接下来，照样是禁闭。有情人不可能成眷属。富歇夫人奋起保卫自尊，她漂亮的女儿受到更严厉的管束。幽会不可能了。情书从窗口扔下楼么？或是压在栗子树旁的石头底下？或是塞进木板随着小水沟流到围墙外去？

诗人已经是少年维特之化身："难道不能娶了她做一夜丈夫，第二天就自杀？"

维特式的维克多写道："谁也不能指责你，你将是我的孀妇……一天的幸福抵得上一生的不幸！"

浪漫到极致，要在想象中自杀。浪漫的极致乃是先行到死。

不娶她，毋宁死。事实上两个热恋的情侣都不想死。生活多美好啊！

爱的持久战已经打响，那就战斗到底吧。

迫于双方家庭的压力，爱情与亲情对峙、纠缠，受到持续挤压的恋爱渐渐变形，"恩怨相尔汝"，埋怨，起疑心，彼此指责、奚落，极尽嘲讽之能事，比拼谁先把话顶满说绝。恋人们的较劲，花样之多，常常胜过仇人。罗兰·巴特的《恋人絮语》乃是法国现代经典。这部难懂的书，法国人却拍成了电影……

维克多悲哀："我差点为你跳下悬崖，你却只伸出冷冰冰的手。"

阿黛尔赌气："我唯愿妈妈撞见我与你说话，她会把我送进修道院，那我会非常幸福！"一辈子做修女幸福吗？

维克多发誓："永别了，我再不给你写信，再不和你讲话，再不和你见面！你满意了吧？"

阿黛尔气得撕掉所有的信纸。熬吧，斗吧，冷战吧，蓄积着唇枪舌剑吧，你刻薄我更刻薄，你不想见我难道我想见你吗？别以为你了不起，你是将军的儿子，你受到国王的奖赏，你将是你那位母亲骄傲的大作家，哼！除了你维克多·雨果，天下就没有出色的男子了吗？哼！难道你是优秀中的最优秀吗？哼，我可不大相信，巴黎好大好大，法兰西更大……

恋人絮语，犹如流不尽的淙淙小溪。有石头和弯道，小溪才会叮咚响。

二十四小时过去了，阿黛尔未见他的信。又过一天一夜，还是没有。她有点慌了，但是要稳住阵脚。要稳住啊，万一嫁给了他，可不能让他做了丈夫就翘尾巴。阿黛尔朝思暮想茶饭不香，信使啊信使啊。上午还是没有，中午……头顶上的太阳能带来好运气吗？哦，可爱的绿衣信使终于来了，十七岁的俏姑娘欢快地奔过去。

维克多："万一你还有什么事情要让我知道，你可以通过邮局写信给我，用这些地址：百花诗赛学会；巴黎，将军办公室……"

阿黛尔的信就飞过去了。她一天两封信。

次年4月26日，情侣幸福与失望的双重纪念日，维克多绝望地写道："第二个倒霉的年头又开始了，我能活到第三年吗？再见吧，阿黛尔！你不会想到有一只发夹，每天晚上，你丈夫临睡前，都要把它虔诚地压在嘴唇上吧？"

阿黛尔："我只能匆匆写上只言片语，因为杜维达一家都在监视我。"

情路堵死了。将军夫人不可能改变。作家雨果后来写道："从一位坚强的母亲那儿，我知道了人们可以支配事件。"

换言之，将军夫人掌控着大局，尤其为了她的三个儿子中尤为出色的维克多。她坚信老三会成为大作家。她对阿黛尔有某种不便明说的预感吗？娇柔的美人，是否并不适合将军家族的野性传统？布列塔尼的索菲，骑马纵横的索菲，敢于向死囚表达爱情的索菲，尚且难以承受……可惜她不说的事情，永远说不出口了。

这一年仲夏，将军夫人猝发重病。

此间，她搬进阿贝尔租的带小花园的房子，每天忙于收拾，干体力活。她把儿子们训练成木匠、漆匠、染匠和地毯工。春天是栽种的季节，花园里忙着翻土、植树、嫁枝、铲草……她总是自己带头干，无论劳心还是劳力。身子不舒服的时候，她悄悄咬牙挺过去。随时随地以身示范。孩子们跟她干，养成习惯了。她是既能看清儿子的未来，又能重视他们的眼下。身心俱灵动，才叫优秀。当维克多醉心于伏尔泰时，她递给儿子一把锄头。递锄头的动作让维克多一生难忘。

然而，这位法兰西好母亲，这个出了名的有主见的烈性女人，犯了忽视身体的毛病。她历来是强者，于是落入强者的遮蔽：恃强。强者示弱的智慧尚未抵达她。这可是要命的遮蔽。她很累很累了，还撑着，说是季节不等人。她在雨中干了三个小时，孩子们倒是干得欢，这场盼来的春雨却要了她的命。

雨果夫人4月病倒，6月就去世了。她在孩子们的怀中瞑目。

维克多一夜间孤苦伶仃。二哥欧仁更惨，他爱阿黛尔爱到发狂，以致无端指责维克多，否定弟弟的才华。母亲突然去世，导致欧仁精神病发作。

家里祸不单行。花园里盛开着那些花，那些花。花溅泪兮鸟惊心……

"为了重生希望，维克多冒雨去图卢兹公馆。"

他的"妻子"却正在跟一个陌生男子跳舞，她身穿素白长裙，甜美的旋律中，那浑身轻盈的曲线随着舞姿起伏，乌发上斜插一枝鲜花，男子的彬彬有礼与她的满面春风，看上去完全融为一体。时在夜晚，她家的大客厅灯火通明。

"丈夫"雨果在雨中抹去脸上的水，泪水雨水分不清。悲，苦，嫉恨，绝望，几股负面情绪交袭。十九岁的小伙子凝固成一块石头。

平生几个印象，今夜印象最深。

雨果三大代表作之一的《海上劳工》，吉里亚特在德玉西特家的花园里，目睹他愿意为之去死的少女正在跟其他男子约会。小说的场景，应该来自图卢兹公馆的记忆，花园里的德玉西特则是阿黛尔的化身。另外，敢与大海搏斗的海上劳工，体魄、技能与胆量，都令人联想到雨果本人。

吉里亚特自沉于大海，而作家在想象中死过了。少年维克多屡屡经受极端情绪的冲击，这使他成长的密度大于普通人。

那个晚上，他在图卢兹公馆的树丛中待了多久，没记载。仲夏夜的瓢泼大雨中，失魂落魄的少年冲回家。第二天，阿黛尔在花下散步，看见脸色苍白的维克多匆匆走来，她急忙跑着迎上去："出了什么事？"

维克多："我母亲已经死了。昨天把她安葬了。"

阿黛尔："可我，我昨天却在跳舞！"

《雨果传》："他们一起哭起来。这便是他们的订婚。"

一个月以后，富歇夫妇带着儿女去巴黎郊外的德累小城度假，一家子坐马车去，而次日跟去的维克多步行八十公里，因为他掏不出二十五法郎的租车费。他在写给朋友的信中说："我顶着炎炎烈日，在没有一丝阴影的路上徒步旅行，我精疲力竭，但为双脚走了八十公里而感到自豪。我看一切车辆都很可怜。要是你在,你会看到一个从未见过的傲气十足的两腿生物。"

小伙子在朋友家住了一夜,跳进江水洗了个痛快澡。天蒙蒙亮他再上路,不知不觉心旷神怡。恋爱有希望,首先是由于两颗心。心劲决定腿劲,区区八十公里不在话下。不断后移的地平线让感觉持续充盈,他歌唱,他吟诵,沿途强烈的光与色直接是生命的表达。

法国人酷爱徒步旅行,常常是一个人飘在风中,走进雨中,卷入雪花中,踏上烈日下的寂静公路。恍兮惚兮,漫游的感觉真好,抬腿就是五六十公里,饱尝牧歌式的乡间情调。乏了饿了,吃任何东西都香喷喷,睡谷草房子一觉到天亮。

笔者重复:感觉的丰富性乃是一切生活质量的前提。

在德累小城,小伙子维克多装作偶遇富歇先生一家。阿黛尔又惊又喜。她的"丈夫"仿佛从天而降。这个称谓她早就接受了,她是他娇态可掬的小妻子,他的兰心惠性的女人,他的心肝宝贝,甚至同时是他的妈妈和他的乖乖女……哦,花园初吻星星满天,那几个钟头的销魂将要绽放几十年。

阿黛尔用铅笔写道:"我的朋友!你来这儿干什么?我真不相信我的眼睛。我偷偷给你写信……我永远是你的妻子!"

强壮的、充满自信的小伙子走在街上,跟富歇夫妇和阿黛尔迎面走过。双方都看见了,装作没看见。娇艳的阿黛尔惊喜不已,朴实的富歇先生颇诧异:老朋友的儿子维克多·雨果不仅健壮,而且雄心勃勃,改写了他以前的印象。小时候的维克多瘦小,性格内向,不爱说话,"似乎不愿意接受生活"。

未来法国首屈一指的大作家,身高约一米六八,在法国的男人中偏矮。然而维克多炯炯有神的眼睛像拿破仑。拿破仑的手杖上刻着一行字:"我能打败一切。"这个著名的小个头,带着他的铁血军队翻越一座高山时,挥鞭指着山峰说:"我比山高!"

维克多直接写信给富歇先生:"先生,今天我在这里,在德累城高兴地看见了您……这些日子,您可能以这种那种方式与我不期而遇,而我也可能在许多场合露面。因此我想,把我到来的事告诉您是合适的,光明正大的!"

富歇先生接见了维克多，并让夫人和女儿陪同。一场决定命运的谈话发生了，骄傲的小伙子决不倨傲，他说，他正在写长篇小说《冰岛的凶汉》，肯定是一部受欢迎的好作品。他的将军父亲支持他的文学道路和婚姻选择。更重要的是他爱阿黛尔，阿黛尔也爱他！两心相爱高于一切！

小伙子的激情表达与理性陈述，征服了富歇先生。随后举行了简单的订婚仪式。那一天，情侣双双无眠，各自抱着枕头到天明，心思被对方的音容笑貌填满。

维克多致富歇："我刚经受了一场巨大的不幸，看到命运又有问题，但我依然平静。或许，您的女儿找一位灵活、柔顺、迅速把手伸向财富的男人更为合适，然而，一位这样的男人会像她应该得到的那样去爱她？真有软弱无力的爱情？"

这话是说：柔顺的、重财富的、软弱无力的爱情乃是冒牌货，根本不配与炽热的情怀、鲜明的个性相提并论。政府官员富歇先生回复："一个柔顺的男人是家里极其可耻的客人。"

不仅是文学家艺术家，一般行业的人也抱着这种态度，柔顺的男人还叫男人吗？娘娘腔，小鲜肉，在法国人的审美传统中毫无价值。崇尚英雄的国度，好男儿必须是强有力的。法国人向往更野性的西班牙。

浪漫，何谓浪漫？浪漫最大的特点就是击碎平庸。

柔顺的、一味贪财的男人，是"家里极其可耻的客人"。

维克多·雨果二十岁了，他非常想结婚，却受到阿黛尔的哥哥、舅舅等一帮亲戚的阻挠。多嘴婆娘到处多嘴。诗人烦恼。他不清楚富歇夫妇是什么态度。好男儿不可一味重财富，但稳定的收入还是必要的。雨果将军对当年的少女负责，娶了三十七岁的托马斯姑娘，开销大，薪俸又减半，寄给儿子们的钱少了。而未来的富歇家的女婿必须挣钱养家。为何不当律师呢？为何拒绝做一名官吏？

雨果将军完全支持维克多的奋斗目标。可是，富歇先生会动摇吗？维克多心里没底。

又到了夏天度假的日子，富歇一家去了让锑里的别墅。维克多作为阿黛尔的未婚夫受到邀请。他迟几天去。他正在张罗第一本诗集《颂诗》的出版。

阿黛尔写信："你快来让锑里呀，我会因此而多么幸福！我们天天相会，天天交谈。"情郎奔向了让锑里。夜里，"阿黛尔悄悄登上楼顶来"，忙不迭的亲吻与抚摸，爱得心尖子疼，颤抖啊。娇小玲珑的阿黛尔，幼童般的娇柔发音：你是……我的。大姑娘自然而然的小女孩儿情态，最是"娇无那"。

维克多搂着她，学她的发音喃喃重复：你是……我的。

维克多回巴黎，复被多嘴婆的闲言碎语包围。他的窘境曝光，将军的天才儿子原来住在租来的破房子里，唯一的小衣柜也显得空空荡荡：维克多只有三件衣服。他勤洗衣服，衣服褪色了，旧了，打补丁了。然而这个富歇先生女儿的未婚夫，居然穿一身破旧礼服，走进富丽堂皇的法兰西剧院！丢人现眼啊。

阿黛尔的亲戚们乐于侦察并迅速传播。但事实上，富歇和他夫人从未劝维克多当律师或是官吏。

《颂诗》出版了，销售不错。作家雨果正式在巴黎文坛亮相，国王也在读他的诗。阿黛尔从让锑里寄来精心挑选的信封和信纸，信件折叠成心形："我为你的工作而高兴！"

雨果的第一本诗集题献给阿黛尔。哦，他十三岁就爱上了她……

好消息接踵而来：王室给予作家一千二百法郎的年度津贴。内政部给予相同数目的年度津贴。加上版税收入很可观了，养活一家数口不成问题。婚礼在即，可是雨果将军的答复迟迟未到。雨果和阿黛尔准备私奔。豁出去了。

将军的正式信函终于到了。1822年10月，雨果和阿黛尔完婚。

婚宴，舞会，嘉宾云集。新婚夫妇的幸福在婚礼上和接下来的几天，进入眩晕的状态，哪有白天和夜晚？爱得昏天黑地，须臾不可分离。吃饭的嘴退居次要了，缠吻是大事，唇舌运动绵绵无尽，仿佛要吻到地老天荒。初吻长达五个钟头吗？那么好吧，这个纪录应该打破。她咬，他疼，结实的双肩咬出爱之痕，青一块紫一块。她忽然又哭了，可是她甘露般的泪水瞬间被吮吃掉。好吃啊!

诗人、情人和巴黎的汉,在岳父家的洞房合铸成加强型激情,同时燃烧红烛与细胞。三年的恋爱,双双遵循了传统,有一件要紧事一直保持在蓄势待发的迷狂中,渴求中。不能要的,不能要。禁区乃是伊甸园,欲望的金苹果伸手可摘。一次次伸出去的手却又缩回来了,浑身发抖。爱得战栗或是心尖子疼。阿黛尔哭了又哭。作家在洞房,郑重发出肉体和灵魂的双重吁请。他跪请。为自己的心肝宝贝下跪,天堂上的妈妈不会摇头……

那几天,偌大的图卢兹公馆静悄悄,人们像影子一般移动,像蚊子似的交流。这也是法兰西的好传统,蜜月里,亲朋们呵护着新郎新娘关起门来的喧嚣与宁静。

怀孕了。当然会怀孕。

然而另一个小伙子正在挥刀大砍。"欧仁把自己的房间想象成一间洞房,拿着一把马刀大砍家具。"

将军父亲赶来,把欧仁带走了。

"维克多不停地写诗和生儿育女。"

长篇小说《冰岛的凶汉》问世了,评论界有反响,褒贬不一。从二十岁起,雨果写下的每一个字都会产生影响并且挣钱。这是作家的幸运,相比之下,另一位作家巴尔扎克要艰难得多。巴黎拉丁区的穷画家穷作家多如牛毛。

巴黎的各种沙龙星罗棋布,哲学,文学,艺术,学术,长期激烈碰撞,吸引着欧洲诸国。这对法国人的生活方式产生了巨大的、不可估量的影响,公共空间得以建立,民间精神得以稳固。尽管沙龙的纷争、扯皮从未断绝,但沙龙精神始终居于社会生活的中心地带。法国人周末生活的三大板块,沙龙活动、户外运动、家庭聚会,1929年的经济大萧条,2008年的金融危机,三大生活板块却始终不变。民间精神催生坚实的个体,坚实是说:由来已久的自主性生活,严防一切形式的随波逐流,警惕形形色色的技术诱惑,例如,半个世纪以来,电视机的主要位置在厨房,不会去占据客厅。手机、平板电脑,小学生、初中生是不能用的，否则就违法。近年出版的汉译学术名著《技术与时间》，对包括互联网在内的各类新技术，展开抽丝剥茧的追问与批判。汉译名著《21世纪资本论》，则对资本的越界扩张展开强劲批判。

自主的生活方式意味着什么？前提是要追问：何谓自主？

拉里奥将军曾经意味深长地对小雨果说："自由高于一切。"

自由是什么？自由是一切不自由的对立面。

而人是氛围动物，辨认常态化的异化、固化太难了。

活得东张西望的人委实太多。人人是他人。千篇一律的生命复制，形成"生命产品"的流水线。

海德格尔："人被连根拔起。"

海德格尔："生命的阴暗麇集。"

雨果等一批诗人围绕着"法兰西诗神"，这个文学团体中的成员诞生了两位"不朽者"，也就是法兰西学士院的院士，享有国家的最高荣誉。家庭式沙龙有学富五车的人物，有贵族，有部长，有平民，有不速之客。有美丽端庄的女主人诺迪埃夫人，她的脸蛋和举止胜过风中的花朵，她的女儿越长越标致，"所有的诗人都成为标致少女的朋友"。

几个钟头的严肃谈论，然后是精美而简单的午餐，红酒或是苦艾酒，钢琴，竖琴，小提琴。朗诵的时光，跳舞的时刻，灵魂的激情向身体的激情转换。鲜艳的雨果夫人阿黛尔，跟一头红发的核心人物、即将入选法兰西院士的苏迈先生跳舞，雨果不觉皱眉头。两年前那个雨夜的印象袭击了当下：母亲去世了，而他的未婚妻正在跟陌生男人翩翩起舞。

沙龙正式的晚餐一般要吃很长时间，有时候通宵达旦剧谈犹激烈，无穷无尽的话题需要展开。美味美酒从来就不是主角。

法式大餐并不催生吃货。法国胖子少。

精神性的东西弥漫于物质之上。精神力驾驭物质而不是相反。

庄子："物物，而不物于物。"

我们早就发现：小狗吃东西也要玩玩，情绪好胃口就好，好细胞就多，且战斗力强，好细胞能战胜坏细胞。而眼下的汹汹吃货们哪里懂得这个，他们仅仅活一张嘴巴，味蕾早已迟钝的嘴巴。如同赌客们活一张牌桌。如同网虫密密麻麻，活向刺激与空虚的劣质循环，活向泡沫式起哄的虚假激情。

　　起哄的人多、矫情沸腾就能冒充激情么？

　　关于这一类劣质循环，我们还要展开现象学阐释，直指它糟糕的根系，它的病毒源头。

　　浪漫，什么是浪漫？激烈而持久的争论发生在德国、俄罗斯、法国、荷兰、西班牙、英伦三岛……法国作家莫里斯写道："人们有古典主义的自律，却有浪漫主义的灵魂。"

　　司汤达写下《论爱情》。歌德、席勒、拜伦的诗歌几乎统治了法兰西。

　　雨果夫妇搬到沃吉拉尔大街九十号，这里诞生了他们的女儿。这个家是作家们聚会的场所。雨果写道："我留在家里感到幸福，我摇着女儿，又伴着夫人这位天使。"

　　雨果作为桂冠诗人，应邀去瑞士的兰斯参加国王的加冕礼。结婚两年多了，头一次分离让阿黛尔泪流不止。雨果和两个朋友坐马车前往兰斯，他在旅馆写信："我的阿黛尔，我们举杯为你的健康祝福。我真爱你！……我千百次吻你的来信，它写得多么优美！它因为充满痛苦和温情而多么动人！"

　　国王的加冕礼上，挤满了上流人士和珠光宝气的女人，年轻的作家近乎本能地想要逃跑。他宁愿去看大教堂，宁愿待在旅舍读莎士比亚。"雨果在兰斯的客寓里发现莎士比亚的这一晚，是另一个加冕礼，是一个诗王的加冕礼。"

　　诗人受命写了歌颂国王的颂诗，获得近五千法郎的奖励。"查理十世接受了诗人向他呈现的诗句，并任命其父亲为中将，以这种'最美妙的方式'来奖赏他。"国王还送给雨果夫妇一套金边餐具，既实用又排场。

　　雨果和朋友们，一口气登上了阿尔卑斯山积雪的顶峰。诗人写道："我们脚下，仿佛一条地狱之河；我们头上，好似一个天堂之岛……"

诗人解释说:"要是某个民间传说不给它罩上一层神奇的色彩,那么对我来说,这种原始风光令人恐怖的优美也就缺少了某些东西……我喜爱迷信,它是宗教的女儿,诗歌的母亲。"

浪漫的自然,审美的山脉。神话传说中的妖魔鬼怪与原始风光的恐怖,紧紧交织。地狱和天堂只在俯仰之间。审美之山脉,同时展开原始的遐思与死亡追问,短暂者(人)得以直接浮现。

"仰观宇宙之大,俯察品类之盛,所以游目骋怀,极视听之娱。而死生亦大矣,岂不痛哉!向之所欣,俯仰之间已为陈迹,犹不能不以之兴怀……"这几句我特别喜欢。中国古代诗人,能追问到如此地步的唯有三个人:屈原,王羲之,李太白。

诗性弥漫的自然,绝不是技术索取的对象。

谨慎使用技术,尤其是高端技术,方可保得人类家园一万年。

我们重温海德格尔:"很可能,在自然背向技术的那一面,恰好隐藏着自然的本质。"

巴黎沃吉拉尔大街九十号,雨果的家,孤独的兴奋与沙龙式激动各不相扰。孤独的能力是所有天才共具的特质,服从某种神秘的引力,只是向上,一个人面对全世界,面对事物的本质性的东西。

必须孤独再孤独,方能上得新台阶。

伟大的人物,命中注定要面对旷日持久的孤独。

夫妻恩爱如初恋,一家子乐融融,每周两次或三次聚会,高朋满座,酒香四溢。纯粹的沙龙,绝对的追问,不单是法兰西的传统,德意志绵延了数百年。

在哲学层面,德意志引领欧洲。哲学乃是万树之树。

激烈争论与沉静下来,这两种生存情态的迅速转换,向来是个大难题,仿佛是古今杰出人物的专利。白天激情澎湃,夜里心如古井,这可能吗?但是有些人确实做到了。鲁迅先生首创了"火的冰"的生存情态。

民间有这类高人吗？应该有吧，民间那些隐而不彰的高人。但是，这个民间需要长期培育。否则高人太少，不足以生发表率的作用。

从1826年到1829年，精力充沛的雨果投身于写作，《短曲和民谣集》《克伦威尔》《东方集》相继问世。雨果高超的技巧并不妨碍他的天才，而技巧与天才之间历来有冲突，诗歌、绘画、音乐均如此。技巧是个迷宫，钻进去又走出来的人总是少数，保持大视野的天才更是寥若晨星。技巧淹没数不清的小艺术家。唐朝一个李太白，"横绝峨眉巅"，一个杜子美"一览众山小"。李杜以下，小诗人成千上万。艺术领域胜者通吃的局面，中西一焉。中国古代有"道技两进"之说，道在先，技在后。然而眼下，数以百万计的从事绘画的人们，多不读书，遑论悟道。王维、苏东坡若在世，只会苦笑着摇头，他们一言不发。

天才如何是天才？天才从技巧跳开去。任何技巧、任何风格都会形成束缚。现代法国大诗人瓦雷里说："一如任何真正的诗人，雨果是个第一流的批评家。"

雨果既是运动员又是教练，他的一只眼睛始终能看见自己的全部动作。否定自己，摆脱风格。毕加索晚年称："打倒风格！上帝有风格吗？但上帝创造了一切，我也一样。"

年轻诗人的诗歌技巧已近炉火纯青，《雨果传》："也许不如说，这是绝技，是以超人类的轻巧自如表现出的力量的技巧。"

雨果拥有大量的读者，版税收入甚丰，还拿着两笔王室的年度津贴。由于他的成就，父亲荣升中将。这些都带给他志得意满的外在条件。天才诗人才二十多岁。如果他陶醉于成功与幸福，自满于高超的技巧，那么他的艺术将会停滞。

如何对自己的惬意处境保持警觉呢？这显然是个难题。

我们已经知道，维克多·雨果小时候就是沉默的男孩儿，而作家雨果对沉默者的把握显现于他笔下的人物：吉里亚特、夸西莫多、冉·阿让……

沉默者多思。沉默乃是能量的聚集。沉默的男孩儿获得他的内心纵深，

青年雨果画像

这种沉默直接是对所谓阳光男孩儿的否定。这又要回到孔夫子对木讷的高度赞赏。

天才人物有阳光型的吗？至少我们还没有发现。少年贝多芬比少年雨果还要沉默……

第一流的批评家雨果，自己审视自己，同时捕捉别人对他的批评。他的朋友拉马丁从佛罗伦萨写信说："我愿以朋友的身份向你重复一个严肃的忠告：不要寻求怪诞！……这是智力游戏，而不是您所需要的。"

这让我想起欧阳修的话："书法不可为怪！废人间百事而专工一书事，本末倒置矣。"为书法而书法，必定会探头探脑去寻求怪诞。宋代的眼光直抵当下。这种眼光抵达当下的深度超越了宋代。

批评家圣佩韦在《环球报》上写道："诗歌如同其他事物，只有力量才具有那么大的危险；如果任其下去，它会滥用一切；由于它的缘故，本来独具一格、新颖的东西也将变成荒诞不经。"

这篇著名文章赞扬雨果，同时提醒诗人不可因力量强大而任其强大。节制，含蓄，朴拙，意在言外，乃是一切出色发达的共同特征。不能走上智力游戏的邪路。而才华横溢者，由于强大和任性，常常滑入荒诞不经。真理往前再走一步便是谬误。

《雨果传》："批评家比诗人还年轻两岁，但他学识渊博，有能辨别各种细微差别的感受力和他那个时代最敏锐的智慧。"

批评家圣佩韦二十二岁。他的天才像雨果的天才一样令人吃惊。歌德注意到圣佩韦所评论的雨果，写信给朋友说："雨果确实是个才子，从他身上看到了德国文学产生的影响。"

《雨果传》："真是天才识天才。"

圣佩韦的家，原来就在雨果家附近。雨果去拜访近邻，圣佩韦不在家。次日，圣佩韦回访雨果。这是个红头发小伙子，腼腆，羞怯，苍白，患有尿道开裂症，瘦得像发育不良的女学生，五官的布局也显得奇怪，似乎一无是处；硕大脑袋与薄薄的小身躯很不协调；还有点驼背，有些结巴和近视。"然而，他自以为其貌不扬却是错了，他的面部不但不讨厌，甚至还使人愉悦。一旦他觉得从容自在，他的谈吐就变得不可模仿。他并不说完每句话……但他的见解正确而深刻。"

欲言又止的状态真好。思索使表达停顿。思维总是跑在语言的前面。

"人生得一知己足矣，斯世当以同怀视之。"（鲁迅赠言瞿秋白）雨果和圣佩韦自从见面那天起就成了莫逆之交。你来我往，抬腿就过去了，几乎每天见面。两个青年天才正面对世界的强劲展开。"世界世界着。"

雨果大抵是个"情放"，圣佩韦却一直是个"情憋"，他憋得厉害，又有一颗诗人的敏感的心。雨果滔滔不绝，圣佩韦"为天才的光辉所征服"，他一边洗耳恭听，"一边悄悄地注视着也参加了谈话的雨果夫人。她美极了"。

后来，圣佩韦为她写诗《给阿黛尔的叙述》："穿着晨衫，光艳夺目，毫无假装，她以专注的目光首先将我打量。而我，眼睛在他和她之间来往。而我，羞怯不安，额头沐着光亮，专注于诗人和他刚开始的滔滔不绝的演讲……年轻妻子被吸引，伫立静听。我思量是哪个神奇的协议，将咆哮的浪和岸边棕榈连在一起。她漫不经心的思绪飞到岸上；表面，她在操持家务，灵魂却随着飞车遨游远方。我出门时，向她三次致敬……她没听到，假若他不提醒。"

雨果和阿黛尔牢牢吸引了圣佩韦。一边是绝世才华，另一边是惊人的美貌。病弱瘦小的圣佩韦在强大的引力之间，又想听又想看，想看又不敢多看。情之回流一次又一次，堵塞一半毛细血管。真真可怜见的。他专注的她根本不注意他。跟健壮而英俊的、气势如虹的雨果相比，他全身的每一个部位都让他自惭形秽。

值得注意的是，圣佩韦的目光捕捉到阿黛尔的未来情态，或者说未来的可能情态。丈夫的语言飞车让妻子遐思。她的灵魂在这儿，她的灵魂又不在这儿。少女时代她就很主动，花园里她主动跑起来，栗子树下她主动示爱……

阿黛尔不是小鸟依人、百依百顺型的。如果丈夫的飞车不飞离她的天空，那么，她的遐思飘得再远也会飘回来。

另外，圣佩韦细微而精准的感觉既然发动了，它会继续运转。

雨果尝试正式写一个剧本《克伦威尔》，一次就成功了。这得益于他在寄宿学校的那些写得密密麻麻的小本子，故事，诗歌，短剧。法兰西喜剧院的王室监督泰罗先生，邀请雨果共进午餐。"雨果向后者谈了他的打算：以正剧取代悲剧，以莎士比亚取代拉辛。"

巴黎戏剧界的朋友们预言："《克伦威尔》以曲折跌宕盖过我们时代的所有悲剧，它登上舞台时，会引起一场革命。"

二十五岁的雨果兴奋得抱起阿黛尔打转，从狭小的客厅转到大街上。阿黛尔娇嗔不已，娇艳欲滴，而大街上的行人驻足为他们鼓掌。这一天的整个夜晚，阿黛尔疲惫不堪。亲爱的夫君激情如火，那火焰的喷射没完没了……

一片赞美声中，雨果忙于打听新的赞美。

陶醉吧，尽情享受吧。

圣佩韦的信来了。洋洋两千余字。莫逆之交说些啥呢？雨果拆信时手有点抖。

二十三岁的批评家在总体肯定剧作之后，笔锋一转，严厉批评雨果："所有这些评论归于一点，即我曾冒昧就您的才华所谈及的：力量的过分滥用，甚至，请允许我说，变得滑稽可笑。您既不用自暴自弃，也不用自我炫耀。"

雨果警觉了，不想看的信他反复看，如同不想听的话，他总会认真听。圣佩韦逐幕剖析他的剧本，未必全对，但具有清晰的方向性。雨果在克服了焦躁之后承认："在一定程度上我不理智，我狂热，可笑或者具有平庸的审美力。这种审美力足以在任何时候破坏我的作品。"

力量的滥用发生在诸多领域。就艺术家而言，仅仅意味着失败。而其他一些领域的力量滥用则导致人类悲剧。这个且不谈。

雨果夫妇再次搬家，租了田园圣母街十一号的全部房间，"房子坐落在浓荫蔽日的小径深处，真是适宜诗人居住的僻静村舍"。有花园，有一泓碧水，有小桥卧波，还有个出口通向卢森堡公园。圣佩韦也搬过来了。

"雨果每天都去拜访圣佩韦，对他研究'七星诗社'的诗人们颇感兴趣。"

一群作家、画家、雕塑家滚雪球般滚进了圈子里。雨果和圣佩韦是磁场的中心。雨果慨然写诗："来吧，让你我的兄弟之手握紧。诗人，拿起竖琴；雄鹰，展开嫩翅；你升起来吧，星星，星星！"

每天工作到傍晚，雨果劳心累了，放松地、懒洋洋地走向"快活"咖啡店。那里永远有高谈阔论，偶尔吵架甚至打架，摔杯子踢凳子。文坛向来是战场，毫不留情的质疑伴随着情绪性的动作，言语冲突，肢体冲撞，当面闹绝交，回头拉山头……往往大师们不免。思想或艺术愈是到了深处，产生分歧的可能性越大。几乎每个大师都会厌恶某些大师。例如：梅里美不喜欢雨果，托尔斯泰看不起莎士比亚，罗素厌恶陀思妥耶夫斯基……

不过，艺术家在沙龙或咖啡馆大打出手的情形几乎没有。质疑多了，难免火气上来。批评的声音始终大于赞扬声，这表明：艺术走的是正道。如果作家艺术家形成了互夸互捧的局面，那么，作品的糟糕将难以收拾。

批评家这个词，欧洲流行了两三百年。而在我们当下的语境中，批评家正在蜕变成吹捧家。何以如此？精致的自私自利在作怪，赞许别人，暗中期待别人也来赞许自己。这本来无可厚非，但是单一的期许就有问题。这不是小问题。

写文章赞来赞去,不惜吹得天花乱坠。尤其是微信群的鲜花掌声,到头来,赞出个套话空话与唾沫俱飞。

《雨果传》:"通过雨果,同代的作家与艺术家联合起来了。"

画家、雕塑家、音乐家们拥到田园圣母街,簇拥在桂冠诗人雨果先生的周围。他们又围着某家咖啡店的长木桌,一边唱一边争论。"阿黛尔来了,她受到所有这些青年男子的赞美和尊敬。"这位天才作家的夫人"殷勤好客,但漫不经心"。她遐思翩翩,含笑的目光转一圈,总是落到丈夫的身上。

雨果带着一群人前往"黄油磨坊",花三十个苏就吃得挺好……

有时候美酒未沾唇,艺术家们已经争论得面红耳赤了。雨果酒量大,诗心狂,剧谈常激烈,但从未有过醉酒胡闹的经历。可见他的自控力。灵魂对各种欲望拥有绝对的权威。浪漫主义大师与轻薄轻狂的男子有天壤之别。"雨果对大众化的沃吉拉尔街,对这里的歌声、喧嚷、不知羞耻的亲吻爱之若狂。"

不知羞耻是说:羞耻还在的。

从小家教很严的阿黛尔,不欣赏丈夫所津津乐道的街头亲吻。圣佩韦即时表示:他也不欣赏。

年轻的雨果夫人担心:巴黎美女如云,那些风格与穿戴各异的妙女郎们,吸引雨果又被雨果吸引……

朋友们一致认为:阿黛尔的美丽叫作妩媚。

她飘飘然而来,飘飘然而去。她的步态和身姿都表明,她既是雨果夫人又是她自己。她才二十五岁,出嫁六年,生了三个孩子,她能迅速恢复美貌与苗条的身材。她有驻颜的诀窍吗?有的。一是基因;二是她惹人注目的漫不经心。昂贵的巴黎化妆品于她如浮云。天生丽质的阿黛尔,"素面翻嫌粉涴,洗妆不褪唇红"(苏东坡形容爱妾王朝云)。

台尚、维尼、帕维,这三个青年才俊紧紧围绕着浪漫主义的领袖。"雨果用他的《东方集》,'实现了浪漫主义的团结一致'。"帕维对雨果佩服得五体投地，到处宣扬："维克多总是能写出令人赞叹的东西，其速度难以想象……每隔一段时间，就扔给我们一篇'东方歌'，就像扔给蚂蚁一块路石。"

路石挡住了蚂蚁的去路了么？蚂蚁唯一的去路就是翻过石头。翻过了一块挡路的石头，雨果却又扔来一块……浪漫主义领袖的光环，使围绕他旋转的才俊们展开了友情争夺战。比如，维尼看圣佩韦不顺眼，甚至攻击圣佩韦瘦小、苍白、背驼、患过尿道疾病；维尼嘲讽可怜的批评家长得难为情，从凸出的牙齿到毫无特色的眼睛，再到两只小耳朵。

帕维初到巴黎时受到雨果等诸多朋友的热情款待，当场就哭起来……

圣佩韦做了雨果的邻居，维尼更想直接住进雨果的家。他娶了一个非常富有的英国姑娘，新婚燕尔，就想搬进田园圣母街十一号，他给雨果写信："我们愿意像你们一样生活，和你们住在一起……我们四个人如同一个人，我向我妻子保证了您心爱的阿黛尔对她的友情。"

1828年的年底，画家兼诗人台尚，向浪漫主义的领袖元旦献辞："我真诚地希望您二九年的才华不会超出二八年，和维克多夫人的幸福也不会增多。"

言下之意：雨果的才华与幸福已臻于极致。如果来年再增加，他的崇拜者们就望不到他的高度了，会因之而沮丧。

台尚的另一封被朋友们传抄的信："亲爱的维克多，昨天，我在府上遗下甚多的遗憾和一把雨伞。请把我的雨伞送还，把我的遗憾留下。雨伞放在您的饭厅里，离沙龙的门不远；至于遗憾，凡是您不在的地方都有。维克多夫人比平时看来还要殷勤，更妩媚。她领我们参观了您的整座宫殿和花园，您的藏画真出色。再没有与之相比或比它更美的画了……"

19世纪的中国，清王朝统治下的长辫子青年们在干什么呢？八股文，八股文。南北各地的小女孩儿，含泪忍受裹脚布、裹脚布、裹脚布……

小伙子台尚只是个普通的艺术爱好者，他的书信却把握了感性与理性的尺度，幽默而又优雅，远离了油腔滑调。或者说，真正的幽默跟搞笑娱乐水火不容。

那个年代的巴黎，在雨果、大仲马、司汤达、巴尔扎克、梅里美、波德莱尔等人的周围，聚集着无数的帕维、台尚或维尼。文化之伟力在民间疯长。同一时期，英国有拜伦、狄更斯、哈代，德国有康德、歌德、贝多芬和年轻的黑格尔。俄罗斯有伟大的普希金和别林斯基……杰出的画家也是层出不穷。

西方诸国两百多年的文化奠基运动，至少决定未来的一千年。这类似雅斯贝尔斯讲的"文明的轴心时代古希腊"。迄今为止，人类文明不断返回到两千五百年前的那个轴心时代。

《东方集》和《死囚末日记》为雨果带来全国性声誉，后者是一部篇幅不大的散文作品，在巴黎某个死囚上断头台前几个小时完成的。小时候他坐马车经过意大利、西班牙，对死刑犯和杀人机器留下了极深刻的印象。为了写这本书，他多次去关押死刑犯的监狱。"强烈的想象力引出了他的恻隐之心。雨果天真地想为废除死刑作出贡献。"

两本书和一个剧本《克伦威尔》，奠定了雨果在巴黎文坛的地位。"从1829年起，在青年人的眼睛里，他已是大师。"

《恶之花》的作者波德莱尔，不无醋意地说："雨果扮演了所有人都转身向他讨取口令的角色。"古典主义的领军人物、诗人诺迪埃，则与浪漫主义领袖雨果大唱对台戏。诺迪埃的图书馆沙龙和雨果家的沙龙，俨然两军对垒。大沙龙的持久论战，波及无数小沙龙，浪漫主义借力它的对立面，发出划时代的轰天巨响。

关于浪漫，我们稍后再阐释。

雨果的将军父亲猝然中风去世了，阿黛尔却已是身怀六甲，生命在延续，基因在传递。《巴黎圣母院》动笔了，这部小说将把巴黎圣母院永久性推向全人类。版税是预付的，当二十七岁的雨果铺开稿笺时，书桌旁的钞票堆得很高了。他的目标是：一年挣一万五千法郎。也许他还不如大仲马，但是在法国，在欧洲，作家的这种收入水平已属罕见。事实上，后来雨果的版税远远超过了这一目标。

写作是为了挣钱吗？否。

艺术创作，乃是生命冲动谋求着它的自由表达，是缓慢聚集起来的能量释放。这是文学艺术区别于一般行业的本质性特征。艺术把人类带向更高。

商人冲着利润去，商人不停地打算盘。而艺术家若是把生命冲动换成金钱欲望，那么，他也写不好画不好，作品挣不了钱。

严格说来，艺术不是某个行当，它关乎一切行当。

高尔基："文学是人学。"

雨果从他的童年出发走到了青年，感性、理性、野性，三者交融。而把握三者的平衡和洞察它们的边界向来不易，很有些人一辈子把握不了。雨果的遗传基因强大，精英文化又强化他的基因，然而，当他大踏步迈向大力神的时候，旁人在提醒他，切不可放纵自己的强大。

真是醍醐灌顶啊，不止是圣佩韦单刀直入式的提醒。

浪漫与节制并不是一对冤家。

节制乃是能量的重新聚集。大艺术家的能量有如核聚变么？

老子或是亚里士多德证明了：一个巨大的文化符号要管一万年。

辛勤工作的雨果看上去轻松自如，表面上潇潇洒洒，"申申如也，夭夭如也"①，有十年如一日的辛勤垫底，然后方知闲适也，方能享受申申如、夭夭如之情与貌。

萨特："严谨的工作之余，生活应该是一连串的赏心乐事。"

雨果从早到晚工作，"有时甚至通宵达旦。他或是伏案写作，或是跑剧院，或是绕着圣母院寻找古老的巴黎，或是在卢森堡公园一边散步一边构思"。

换言之：作家始终保持孤独的兴奋状态。他不会、也不可能忙着做什么浪漫首领，或是文学运动的领军人物。

热闹深处有沉静。沉静之时亦喧嚣。

---

① 舒展、惬意貌。

阅人无数的评论家儒勒·雅南写道:"在整个欧洲,找不到一个亲王、一个国王、一个王室总管比《东方集》的作者更幸福,更值得羡慕。我不知道人间有谁像维克多·雨果先生这样欢笑过。"

这句话是什么意思呢?为什么国王或权势显赫者,不能如此欢笑呢?

国王的欢笑很难纯粹,他必须活在雄心和野心之间,阳谋与阴谋之间,必须考虑太多的利益关系。而单纯的欢笑纯度高,后劲足,感染力强。历史上不想做一国之君的王室成员很多,他们想躲开利益纠缠,赢得一点本真性生存。

人生苦短,无论对乞丐还是对君王。

劳心的佼佼者雨果,劳力的好榜样雨果,从书房到花园十步之遥,拿起锄头就忘了鹅毛笔。有限的劳力与无限的运思,二者的妙合乃是人类精神之佳态。

娇美的妻子,可爱的儿女,丰厚的收入,巨大的声誉,辉煌的未来,自由支配的时间……这些高强度的人间美事,环绕着二十六七岁的天才。

感觉持续丰盈,浑身的细胞都要舞蹈。

不过,问题来了:高端的美妙如何持续?精神高蹈于云端,而云之上呢?欢乐的后面还是一连串的欢乐吗?海德格尔强调:任何一种情绪都会从它自身脱落。年轻的雨果如日中天,他迅速推高了他的兴奋点吗?他返回了那个弹射他的精神基地么?如果返回了,那就是不断地返回,返回是为了弹射更高。

弹射者还能享受自由落体式的跌落么?

莫洛阿:"雨果既不是依靠出身的权利,也不是依靠神授的权利实施统治,而是依靠征服的权利和天才的权利。"

这位法兰西学士院院士、雨果的传记作家写道:"正是他本人给我们描绘出一只雄鹰在永恒的苍穹翱翔,'一阵大风把它的双翼折断';正是他本人很快掉进精神痛苦的无底深渊,但他在痛苦中经历了忧郁的自省,他需要进行这种自省,才能成为法兰西最伟大的诗人。"

大风把雄鹰的翅膀折断,雄鹰掉进痛苦的无底深渊,但是自省又托它升起,给它更强的翅膀。"好风凭借力,送我上青云。"(曹雪芹)如是者数也，跌落与回升画出杰出艺术家的运行轨迹。

生活如此赏心悦目，如何能够精神痛苦？

这里有一切人文与艺术大师的奥秘。我们能瞥上一眼吗？

写作。写作意味着什么？作家要主动跃入生活的危险激流，卷入历史的血腥旋涡。雨果写《死囚末日记》《巴黎圣母院》，要调动多少个人和民族的记忆？写《东方集》，要深入其他民族的记忆。雨果的写作伴随着切肤之痛。作家重新进入喜怒哀乐的循环。仰天长啸，大泪滂沱，激情四射，"忧端齐终南，澒洞①不可掇"（杜甫）。

人类生活将要无休止地摆荡于幸福与苦难吗？"吟罢低眉无写处，月光如水照缁衣"。（鲁迅）

作家回思历史，是为了获得一段助跑，以跃入当下。

而历史事件一经进入价值判断，历史学就变成了哲学。

雨果在他的书房，在他悄然运思的大花园和林中小道，所有正面与负面的情绪照单全收。让所有的阳光灿烂和狂风暴雨都来吧！养尊处优的作家根本不在乎养尊处优，他倒是自寻烦恼，自找痛苦，自甘孤独。

哦，伟大的孤独。

既然写作是关乎人类，欢乐与痛苦都有它们取之不尽的铀矿。

沉默的维克多·雨果二十岁就成功了，那一年他进入洞房，他出版了第一本诗集，拿到第一笔版税。此后的成功更是接连不断。然而这个成功者主动跃入痛苦的深渊，这就奠定了他永远高贵的基础。待以时日，他将把整个法兰西民族带向更高。

思想家、作家、艺术家朝着生存的纵深与广袤进军，其中的强大者持续强行军，思人类之未所思，道人类之未能道。

追问与审美，是他们向下俯冲的两个高地。

---

① 澒洞：广大貌。

行文至此，笔者想到了三个字：活不够。维克多·雨果显然活不够，他是古今活不够的典范之一。这种不断更新的生命体，不会因为年少得志而变得故步自封，变得举止张扬，变成面目可憎。他以非凡的努力探寻到了精神的铀矿，活五百年也活不够。这令人联想到七十岁的孔夫子、八十岁的庄子，越活越精神。

《圣贤传·孔子》的结束语："自然所赋予的身体的潜力，文明所赋予的精神的潜力，今之国人，深思才好。"

二十八岁的雨果拒绝了王室的又一笔年度津贴，原因简单：查理十世希望他修改自己的剧本，他不同意修改。同期发生的类似事件，是俄罗斯的普希金，拒绝了沙皇请他删削他的纪实作品的要求。

雨果的剧本叫《玛丽蓉》，剧中描写了路易十三。有个贵族认为有损王朝的形象，建议法兰西剧院封杀这台戏。"雨果认为描写合乎历史真貌，便从部长到查理十世，逐级上诉，很快被召到圣克卢宫。"

查理十世对作家很友好，他饶有兴致读了剧本，但维持禁令不变。他赐予雨果两千法郎的王室年度津贴，雨果婉拒。

《巴黎评论》杂志报道了这次会见，撰稿人是圣佩韦。

雨果声誉日隆，作品持续畅销。拒绝国王的赏赐使他受到舆论界的赞赏与诋毁，而赞赏也好，诋毁也罢，都对作家有好处。这是意外的收获，跟广告行为无关。圣佩韦以敏锐的眼光把雨果作品的精髓挖掘出来。两人又是邻居，你来我往的，瘦小与健壮形成了有趣的反差，精神却显示出共生性：浪漫主义的领袖和它的理论家。

剧作家维尼不高兴了，撰文称："雨果从出世起，一生所为就是抢劫一个又一个人的'财富'，他亦从圣佩韦身上攫取了他所没有的大量知识。尽管他打着老师腔，却是圣佩韦的学生……"

维尼嫉妒雨果跟圣佩韦的友谊，他想携新婚妻子住进雨果的家，未能如愿。他改编的剧本《奥赛罗》和雨果的剧本《欧那尼》也产生了竞争……这些事几乎使他反目成仇，肆意攻击雨果。雨果表现了大度，希望剧院先排维尼的戏。

嫉妒心是浪漫主义的一条翻波涌浪的支流，莎士比亚的作品曾对此有入木三分的揭示。人人都会嫉妒，只是程度不同，嫉妒的出发点也因人而异。正是由于强烈的嫉妒，歌德才写下《少年维特之烦恼》。

圣佩韦的嫉妒心从何处发端？从他的弱小苍白和他的尿道残疾发端？作为一个法国男人，身高勉强超过一米五，体重很难靠近五十公斤，走路的样子像踏着棉花，一阵风能让他双脚离地。他命中注定要羡慕那些雄性十足的男人，那些胡须疯长的男人，那些狂吻不休的男人（比如雨果），那些能用手捏碎核桃的男人。这种源远流长的自卑起于他的孩提时代，羞于启齿，难以正视。他拼命学习，让知识和才华帮助他超越。可是当他成为巴黎文坛的著名人物，却发现自卑的内核原封不动，甚至还有水涨船高之势。

维尼嫉妒雨果的才华，圣佩韦嫉妒雨果的幸福。

"圣佩韦养成习惯，每天下午来田园圣母街，有时一天来两次。现在他发现雨果夫人总是独自待在园中那座小桥附近。孩子们在草坪上嬉戏。起初，在两个男人的友谊中，阿黛尔只是一个被遗忘的角色。"

阿黛尔是幻想型的女人，虽然她已经生了四个孩子，又怀上了第五个。家里有女仆和园丁，日常琐事她不用太操心。十九岁她嫁给雨果，然后不断怀孕。刚刚恢复了苗条身材和鲜艳脸蛋，却又进入妊娠期……她仅仅是个怀孕的女人吗？做小女孩的时候她就喜欢幻想，她读过很多书。初吻拉开了初恋的序幕，中断了两三年，其间她在想象中跟恋人无数次碰面，栗子树下，小河边，阁楼上……爱情培育想象力。她弹琴，写诗，或是手拿油画笔。她有艺术才华。爱情与艺术给她的遐思装上了两只飞翼。她总是飞得很高。可如今，她仅仅是个贤妻良母吗？丈夫孜孜以求的浪漫主义，难道不是契合了她的内心吗？

她在沙龙里走来走去，听听这个，听听那个，然而谁来倾听渴望倾诉的她？

自从恋情萌动以来，屈指十五年了。

生下了几个孩子的阿黛尔依然年轻。是啊，她才二十七岁。

丈夫是浪漫主义的领袖，她是领袖夫人。

丈夫总是太忙，丈夫总是不在她身边。可是……丈夫夜夜在她身边。

孩子们在花园中嬉戏，健康，活泼。小桥边的母亲，把目光从儿女身上移开去。从几岁起，她的内心就点点滴滴丰富起来。十二岁她爱上了维克多，经历了令她晕眩整夜的缠绵之吻。她的浪漫情郎和她的浪漫丈夫，用诗歌、用小说和戏剧的激情，进一步筑牢她的内心世界。贤妻良母不足以规定她。

她望着可爱的孩子们，心思自动跳开去。

不仅是阿黛尔，很多巴黎女人都是这样。

她要！她要她的遐思，要她的心灵，要她那飘逸的身材与灵魂。

而丈夫的心思一头扎进十五世纪的法国，他买了一大瓶墨水和一件厚厚的粗毛大衣，可以把他从脖子到脚都裹住，同时，把他的外衣全部锁起来，打消出门的念头，然后，像步入了一座监狱似的开始写小说……

这部小说就是《巴黎圣母院》。

作家的心灵填得满满的，而且他越填越多，内存日益扩大，爆炸式增长。另外，他倾情于他笔下的吉卜赛少女爱丝梅拉尔达。

不妨重温弗洛伊德："艺术是欲望的升华。"

阿黛尔向何处升华？她唯一能做的只是让思绪飞飘……

圣佩韦来了。薄薄的小身躯飘过花园小径。游移的目光绕一圈才投向她。

他们斜靠小桥，他们闲步花径。

一次又一次，从夏天到冬天。

圣佩韦为她写诗："啊！漫长的夏日里生活多么缓慢，时光多么沉重地压在我的心坎！……当早晨已过，晚间未来，近三点时，我常常愿意去府上将您访探。母亲和贤妻，您独自一人在那。我走近来，您头也不抬，叫我坐。"

夏日的下午，两三点钟的光景，圣佩韦常常去探访她。诗人坦率地表明，不是冲着好朋友维克多去的。他知道，维克多不是在书房写作，就是在卢森堡公园沉思，或是去了剧院。下午三点是圣佩韦期待的时光，逼近了这个时光他的心跳会加快。他走向她，而她知道他来了，并不抬起头，却叫他坐。这里有某种针对相同时光的默契。默契会生发更多的默契。有些事，一个眼神就够了。

圣佩韦："我们闲聊，我开始敞开心扉。巨大的空虚和夜晚，我的韶华已被吞噬一半，您以友善的话语相答……我们也谈您和人类的福祉，它像阴影，从空中盖住您的前途；谈您丈夫，您骄傲和耀眼的花冠；谈您生活在快乐中的幸福孩子。当您把幸福全部谈完，把黑色的眸子转向天空，又补充几句，精神淡然……"

圣佩韦说：她把幸福全部谈完。

谈幸福只是为了后面的铺垫么？

且听阿黛尔这么说："唉！世间没有一个凡人，能自称比我还要幸福；但有些时候，不知何故，我潸然落泪，长吁短叹。我周围，生活愈是迷人，世界愈美，树叶愈翠，空气愈净，草地愈开满鲜花，天空愈湛蓝，丈夫愈像初婚时爱我，孩子们愈快活，在林荫里追逐，风愈轻，愈不敢低喃，我就愈想哭泣……"

世界上罕见的幸福女人，款款诉说她的不幸福，她总是想哭。风景愈美愈呈凄凉。为何凄凉？她的灵魂的栖息地空空荡荡。丈夫忙于伟大的、夜以继日的工作。而她作为一个有能力自省的巴黎女人，她能看见自己的空空荡荡。她能固守少女时代的憧憬。于是，幽怨点滴生焉。丈夫爱她，但没有时间倾听她。她所需要的夫妻间的默契、语言的深度交流，一年年的落不到实处。

19世纪20年代末，这个名叫阿黛尔的法国女人是这么想问题的。

这当然远不是个例。就近举例：雨果将军的夫人索菲女士，勇敢而公开地爱上拉里奥将军。

情怀悬空的圣佩韦走向幽怨的阿黛尔，两个互相靠拢的空虚都需要填充。

顺便提一句：这种空虚是虚位以待之虚，根本不是眼下常见的夫妻生活之空虚。贫乏的、早已失掉生命更新力的夫妻守在一起，能守出什么呢？守电视守成了沙发土豆……

《雨果传》："圣佩韦本人和阿黛尔都自认为极为贞洁,可是,直到有一天阿黛尔巧作安排,让她那位每天三点钟到来的朋友发现她正在专心致志地梳头时,魔鬼可能就相距不远了。"

由此可见,下午的三点钟,两个人的心都在怦怦跳。

圣佩韦的长诗《情欲》:"你站着,松开后披的头发,我要走,但你说:'留下!'在你指下,头发纷纷扬扬,散发着阵阵沁人的清香。她这拿梳子的模样,宛似戴黑盔的年轻女神。啊,美丽的女兵,你这样出现,带着女守护神的风韵,在我眼里,你整个人都神圣……"

圣佩韦名言:"我的灵魂紧挨着情欲的荆棘。"

这位年轻而病弱的才子,求爱屡求屡败的外省人,小心翼翼靠近出了名的巴黎美人儿。阿黛尔三点钟梳头发。圣佩韦局促不安要走,她以命令的语气叫他留下。多少个下午的时光,慢慢地互相靠近了,命令语气就显得自然。一个专心梳,一个目不转睛看。她此举意欲何为呢?"女为悦己者容。"

阿黛尔是谁?除了是寂寞的美人之外,她还是圣佩韦最好的朋友的心爱妻子。魔鬼何以现身为魔鬼?在最不应该出现的地方出现的东西,就叫魔鬼。

雨果对圣佩韦那么好,包括资助这个囊中羞涩的批评家,这个屡屡跑医院的尿道开裂的病人。

《情欲》的作者一手拿诗笔,一手紧握剖析自己灵魂的手术刀。这就像福楼拜写《包法利夫人》。冷冰冰的灵魂手术刀。而这些都是浪漫主义的题中之义。炽热,冰冷。细到毫厘的洞察。

圣佩韦真可怜见的,除了才华他一无所有。几乎要命的驼背,总是影子一般跟着他。《巴黎圣母院》中那个驼背敲钟的夸西莫多,有圣佩韦的某些影子么?只是敲钟人的形体扩大了几倍。爱丝梅拉尔达有阿黛尔、贝巴、巴比塔和后来另一个女郎的混合影子。

"1830年元旦,圣佩韦来到田园圣母街,给孩子们带来玩具……六个月以来,他经历了他认为清白无辜的美妙的浪漫阶段,并自我怜悯:'为什么早先我的生活中没有天使?'"

雨果正忙得要命，写小说，天天跑剧院。《欧那尼》的排练生出了很多事端，女主演玛尔丝小姐每天给诗人造成点难堪。雨果冷静地、彬彬有礼地、严肃地注视着这位惹人发怒的女神。尽管他强忍着，怒火还是往上冲。

剧作家要换掉女主角，玛尔丝小姐妥协了。

而在家里的后花园，下午三点钟，梳头发之类的事情依然在发生。俊俏的动作，"纤手却盘老鸦色"（李贺《美人梳头歌》），含睇回眸，梳子掉到地上，不同的手同时伸向它……诸如此类。柏拉图式的恋爱吗？不错，眼下是柏拉图式的。但那金色的禁果已经在晃眼了。

雨果经常跟漂亮而活泼的女演员们在一起，而且，他在剧组的权威远高于导演。有时几天看不见丈夫影子的阿黛尔，确实有理由东想西想。有些事她最清楚：比如丈夫天生具有强烈的欲望。丈夫的坚硬胡须，夜夜刺向她娇嫩的脸蛋……

圣佩韦有句诗直指她的痛处："在他的铁臂里你累得昏厥。"

她的身子累了又累，她的心却空了又空。

人人都说她幸福，她自己也这么认为，然而……

圣佩韦的诗句照亮了她心里不透光的角落。

他们促膝交谈了上百次吗？恐怕不止。六个月以来他几乎每天去她家。一去几个钟头，从下午到黄昏。

雨果终于伸着懒腰从书房出来了，他们一起用晚餐。

《欧那尼》在法兰西喜剧院的首演大获成功，剧终，全场起立，欢声雷动。雨果夫妇热泪盈眶。"全场观众的视线转向一张极美的女人的脸庞……作者的胜利反映在他最珍贵的另一半上。"

另一半指阿黛尔。

天才作家维克多，美目流盼阿黛尔。人们赞叹：真是天造地设的一对啊！

《欧那尼》的成功也有圣佩韦的贡献。"圣佩韦是一位真正的副手。"他跑剧场，写文章，不辞辛劳。

出版商玛默当场付给雨果五千法郎，购买剧本版权。玛默抓住作家的手说："您不清楚您获得的东西，第二幕时，我想付给您二千法郎，到第三幕时，我想给您四千。而现在，我付给您的是五千法郎。"

当时一法郎，大约等于现在的二十欧元。

一千法郎一张的钞票，"在阿黛尔的抽屉里堆积起来"。

剧本有版税收入，每演一场均有演出收入，观众越多收入越多。

导演和男女演员们不时拥到田园圣母街九十号，庆祝，喝酒，疯狂跳舞，朗诵与尖叫使房东头疼。阿黛尔受簇拥，艳光四射。她拥有堆起来的大钞和耀眼的光环，虽然她衣着简单。她根本不需要雍容华贵，这一点她深受丈夫的影响。

巴黎的市民既知雨果，也知阿黛尔。美满幸福的家庭，受到媒体高度关注。唯美主义大师梅里美冷眼瞧着，波德莱尔不相信：好诗人会有所谓家庭幸福。

诗人向来是身子漂泊和灵魂漫游的人，雨果是个例外吗？

作家轻而易举就从热闹中抽身，闭门写作《巴黎圣母院》。

这将是更伟大的、不朽的作品。

1830年春，雨果夫妇搬到香榭丽舍大街的一座公馆。

圣佩韦黯然神伤，下午三点的甜蜜拜访结束了。见面的次数大大减少。"我看不见我的美人啦！"（普希金）人们看见他在田园圣母街徘徊，时间正好是下午三点，艳阳天和阴雨绵绵他都会出现。看上去脸色更苍白，身材更弱小，干瘦的背似乎更驼了。

忧伤的幽灵在巴黎游荡，有时在香榭丽舍大道，有时在埃菲尔铁塔下。

他写信给她："四年前我觉得你丰姿绰约，如今我发现你更加妩媚。"

阿黛尔生下了小阿黛尔，丰姿不减，妩媚依然。雨果请圣佩韦做女儿的教父，圣佩韦犹豫，但是阿黛尔开了口，他马上就答应了。

此间，巴黎已有关于圣佩韦与阿黛尔的传言。雨果搬家另有原因吗？恩爱夫妻吵架了吗？至少，后者是可以肯定的。雨果的身边美女如云，招惹他的女人总是接二连三，包括那些女演员。浪漫的、欲望强烈的雨果为什么多年不动心，甚至能够坐怀不乱？争角色的女演员不乏投怀送抱，何况她们崇拜他，打心眼里喜欢他。他搬了家，她们又像鸟儿般飞到香榭丽舍大道……

这一年，天才二十八岁。小时候父母的长期分居，反复斗争，留给他刻骨铭心的痛苦吗？这使他把家庭和睦看得很重。他有那么多可爱的孩子……

二十六岁的圣佩韦跑到鲁昂去了，仿佛巴黎是他的伤心城市，他抛下了沙龙、文坛、朋友和《环球报》的工作。炽热的情感让他远离烈火浇油般的巴黎。一路上泪飞如雨。一步一回头，望他幻觉中的心上人。

"美人如花隔云端"（李白），再回首兮摧心肝。

雨果听到消息后立刻写信："您要知道，最近这段时间，我们多么想念你！……没有您我们多么空虚和忧伤，即便在我们的家庭生活，在我们的孩子们中间！每时每刻，我们都想起您的忠告，您的帮助，您的关注，晚上您的谈话，您永恒的友谊……"

圣佩韦致雨果："啊！亲爱的伟大朋友，别责怪我。我孤僻忧郁；我有可憎而丑恶的想法……我再也哭不出声来。我用恶毒与尖刻来分析一切。人们变成这样，便必须隐身遁世……朋友，不要邀我来看您，我不能来。"

雨果的高尚反而使圣佩韦愈加自卑，包括人格的自卑。而自卑反弹的方式要找到伟大朋友的渺小，在日记中，圣佩韦称雨果"既幼小又巨大"。又："雨果既有伟大的一面，也有粗鲁的一面。"又："雨果阴一套阳一套，两面三刀。"

9月，圣佩韦写信给朋友说："我的诗情受抑，我的毫无出路的爱情在心中变酸，要把我毁灭。我又变得丑陋……"

莫洛阿《雨果传》："说自己丑陋有好处，因为可以允许自己变成这样。"

嘀，浪漫法兰西，人们对人性的追问真是毫不留情。

凄凉的、树叶凋零的11月，圣佩韦在一篇发表的文章中暗示他要自杀，他挣扎了很久，无力反抗命运，"被自己的眼泪浸泡得过于软弱"。

这个自杀暗示使雨果大吃一惊。他把《巴黎圣母院》的写作停了整整一天。

雨果致圣佩韦："我刚读了您写自己的文章，不禁潸然泪下。求求您，我的朋友，别折磨自己，别这样自暴自弃……不要轻视您的天才、您的生命、您的美德……来看我们吧！"

圣佩韦去了雨果夫妇的新家，喝酒，交谈，很愉快。

12月7日，这个苦恋男人却又写了一封信："我的朋友，我再也克制不住了……您会希望我死去，却永不责骂我。我感到绝望，我怀着疯狂的感情。说真的，我想把您杀死，不时地想暗杀您……我之所以今后不去看您，是因为我们的友谊不愿意削弱，它要么存在，要么中断……在雨果夫人不征得您的同意就不敢瞧我一眼的时候，我去府上干什么？必须退步抽身，克制是一种职责！"

雨果回复："我们彼此都宽容一点。我有我的痛处，您有您的创伤。痛苦的颤栗已经过去，时间使一切都结痂。且让我们相信，某一天，我们在其中找到更相敬爱的理由。内人看了您的信……"

激情，痛苦，嫉妒，怜悯，愤怒……维克多·雨果却能以巨人的意志力加以平衡，加以掌控。这些都是浪漫元素，每一种元素都烫手，却是如何拿捏？

日复一日的爱情疲劳战，阿黛尔作何反应？《雨果传》："阿黛尔大哭了一场，她的痛苦的丈夫注意到了。"

雨果《秋叶集》："啊！为什么你躲藏？独自在此哭泣；在你恍惚的眼前，经过了什么东西？你心中有什么阴影晃荡？"

其实他早就注意到了。旁人早就提醒过，而雨果迟迟不愿意面对。他非常珍视圣佩韦的友谊。最好的朋友爱上他至爱的阿黛尔，而且，并非单相思。否则她怎么会躲藏哭泣？阿黛尔一个人坐车外出时，多半是去见圣佩韦……

正在写《巴黎圣母院》的雨果，忍不住要苦思冥想：他什么地方出了问题？婚后九年，他和阿黛尔几乎不曾离开过。夜夜同床共枕。剧院再忙他也回家,唯有一两次例外,那是带着部分演职员去了外地。那么多丽人在他身边,他动过心吗?他一句话就可以定男女主角,他滥用过这种权力吗?

想不通啊,问题出在哪儿?

《雨果传》:"雨果像其父亲,肉欲要超出常人之上。由于阿黛尔希望稍事休息,再则她本人对云雨交欢也不太热情,便想躲避。"

如此娇美的女人,被丈夫永难满足的欲望弄得疲惫不堪,难以招架。而作家的雄心跟他的雄性激素是有联系的,白天高强度的工作并不影响夜里的夫妻事。

床笫之事太频繁,而且年复一年。阿黛尔心灵的渴求他又不大管。

她需要她的丈夫少一些交欢,多一些交流。

雨果对阿黛尔的疲于应对有察觉吗?应该有吧。但妻子的隐忍使他忽略了,他养成了夜里的生活习惯。他到处都是强者,对弱者的诸多细节产生盲点。

就一般情形而言,阿黛尔不是很幸福吗?所有的朋友和外界舆论都这么认为。幸福美满的、才二十几岁的女人,难道不该把注意力放到孩子们身上吗?何况是一个接一个的孩子。

圣佩韦四年前就出现了。他慢慢走进了深水区,并且随身携带强有力的光束。他找到了他想找的隐秘之所,发现了伟大人物的阴鸷,幸福女人的辛酸。当他把强光束打进阿黛尔内心的时候,事实上,他是激活了她的痛苦,左右了她的视点。

古往今来多少事,女人们忍忍也就过去了。生活大局是好的。年轻气盛的雨果、雄视法兰西的雨果,不正是呵护着大局么?这里有作家的节制与谦卑。

尽管早已功成名就,但他并不放纵。他深爱着阿黛尔。

圣佩韦《阿黛尔的童年》:"阿黛尔,温驯的绵羊!多少次抗争,当嫉妒的狮子怒气冲冲,声音阴鸷,回来独占你身边的位置……"

温顺的绵羊不温顺了,夫妻吵架。嫉妒的狮子把怒气发到妻子身上,但夫妻事照样进行。雨果是善于嫉妒的。平生知己圣佩韦,居然在他家里搞起了柏拉图式的恋爱，仅仅是柏拉图吗？嫉妒中的男人有理由想象更多。狂怒，压低嗓子吼叫，眼泪和乞求……这位法兰西大力神，却从未向妻子挥过拳头。

另一边，雨果和他的好友兼情敌圣佩韦展开论战。

圣佩韦致雨果："在我们亲密友好相处时，您本人对我也有一些明显的过错，缺乏信任、知心和坦诚而产生的过错……整个伤口还在那里。"

雨果愣了，五天后才回复："我不愿根据您的信给我的最初的印象复信，它太叫人伤心，太尖刻了。要那样，我可能也会不公平地写一通……在我平生最痛苦的时候，在我不得不在她和您之间作出抉择的时候，我们之间发生的事情，您大概还记得。回想一下，我怀着信守诺言和按您的意思办的坚定决心对您说的话，对您的建议……才过三个月，您竟然这样写！从现在起我原谅您的行为。也许有一天您自己也不能原谅它……"

雨果在复信前的那些日子，情绪几乎失控。三个月前，他按圣佩韦的意思办，让阿黛尔自己选择，要么爱丈夫，要么爱圣佩韦。

阿黛尔哭着跑了，她拒绝选择。

《雨果传》："两个男人唇枪舌剑为赢得阿黛尔而争斗。"

"毫无疑问，她又偷偷地见过圣佩韦。"

"双方冷酷无情的信件来往之后，阿黛尔施加压力，促使两位男人言归于好。她因他们的争吵而忧患成疾，这件事打动了两个男人的心。"

圣佩韦致雨果："我能来与您握手言和吗？"

雨果："您哪一天会来和我们共进晚餐，是吗？"

两个男人共进晚餐，握手言和了，还拍了拍对方的肩膀。病美人阿黛尔却依然横在他们中间。"雨果留心妻子和朋友的举动。一俟和阿黛尔单独在一起，他就对她发脾气……她说：'你折磨我，使我不像过去那么爱你，这难道是我的过错吗？'这时他便跪在她脚下，接着又给她写信：'原谅我。'"

年轻的大作家把情敌请到家里来，还希望对方经常来。夫妻半夜吵架，丈夫发了脾气，又给妻子跪下……

值得注意的是：这个大动肝火的时期，正好是《巴黎圣母院》的写作期。作家超一流的自控力，在半年多的时间里显现出来。不可思议。

天才的换一种说法，就叫不可思议。雨果写作时能够全神贯注吗？阿黛尔在哭，圣佩韦要寻死，一群孩子不可能完全看不懂。包括前来造访的许多客人。

圣佩韦做得不好的，是在朋友圈炫耀他跟阿黛尔的爱情。由来已久的自卑形成他不可遏止的表现欲，说上了瘾。"他厚颜无耻地对所有的朋友，甚至对一些教士谈起阿黛尔。古登盖写信给他：'我听了很多人谈论您的爱情。'确实，这已成为巴黎的闲话之一。"

显然，圣佩韦想要融化那座自卑的冰山。这是他并不自知的核心关切么？为了目的，他不择手段了。爱上伟大人物的美貌妻子，并且得到了她的爱，世间还有什么样的火焰更能融化那冰山？闹得沸沸扬扬才好呢！

在雨果这一边，这些事没个完，足以搅得作家心神不宁，寝食难安。闭门写作日复一日。阿黛尔打扮停当出门去了，作家的心思追随她拐进某个幽会之地吗？作家在书房走来走去、心乱如麻否？换了一般人又将如何承受？

手头是一部巨著，出版商又一直在催他交稿，否则要扣他的版税。

六个月的伤心、愤恨、怜悯、嫉妒、猜疑、忧心忡忡（爱情和友谊的前景都不确定），这六个月却恰好完成了划时代的作品。"1931年元月上旬，雨果写完了《巴黎圣母院》。这部鸿篇巨制仅花了六个月时间。"

浪漫主义是什么？是奔向激情与掌控激情的双重能力。

小说家雨果未满二十九岁。是什么样的稀有金属合铸了他的精神力？

萨弗兰斯基写道："二十七岁的海德格尔发现了，他就是海德格尔。"

普希金、贝多芬、凡·高、加缪等人的杰作，多产生于青年时期。这个现象令人费猜想。汉语作家的成气候，一般要到中年，什么原因呢？估计跟汉字门槛高有关，跟汉语的经典文献太多有关。凡·高是雨果小说和诗歌的狂热崇拜者。毕加索则是尼采哲学的忠实追随者……

《巴黎圣母院》一经出版就风靡法兰西，小说真正的女主角并不是爱丝梅拉尔达，而是这座见证了巴黎建都的圣母院。作家写道："巨大的教堂圣母院，它在星空中隐现出两个塔楼、石砌的边墙和畸形底部的暗廊，宛若一尊长着双头的巨大的狮身人面像，踞伏在城市中央……"

小说家的博学令人惊叹，他完全回到了历史，回到15世纪的法国。他描写人物和事物到了出神入化的境地。而统摄这一切的，乃是作家的思考力，宏观把握与微观进入并举。一面忧心如焚，一面却完成了人类杰作，这个事情本身堪称人类奇迹。天才是个谜团。当普希金为他陷于首都的因鼠疫恐慌的未婚妻、莫斯科第一美人冈察洛娃彻夜难眠时，却写下一系列的传世佳作。普希金究竟是怎么做到的？

伟大人物的大心脏，可以分成功能各异的两半吗？

《雨果传》："他的书将对法兰西建筑艺术产生深刻影响。直到那时仍被认为粗俗平庸的文艺复兴风格的古老建筑，此后像石头的《圣经》，受人顶礼膜拜。设立了一个历史建筑物委员会……雨果在审美观方面决定了一场革命。"

拉马丁撰文称："这是一部巨人的作品，一块诺亚时代大洪水之前的巨石。这是长篇小说中的莎士比亚。"

雨果把散发着油墨香味儿的小说题献给圣佩韦，献给这位敏锐的批评家和绊脚石般的情敌。雨果满以为圣佩韦会写评论文章，他想错了，批评家对公认的杰作一言不发，却仍然在向人唠叨自己的爱情。

圣佩韦嫉妒雨果！嫉妒正在勒死他卓越的才华。

这一年夏天，雨果一家去巴黎郊外的岩石堡度假。诗人披着月光在河边散步，沉浸于自然，忘却了"致命的城市"。阿黛尔显得很快乐。听说圣佩韦接受了比利时列日城一所著名大学的教授职位，雨果有理由感到高兴。7月，雨果写信给圣佩韦，说他和阿黛尔在岩石堡过得蛮好。这封信却惹了新麻烦，"圣佩韦不肯认输，立即决定辞掉列日的职位"。教授不做了，高薪放弃了，圣佩韦要坚守巴黎的陋室，做一名坚定的情敌。

雨果再一次陷入痛苦。真不该写这封倒霉的信。情事多变。情敌正在"怅望西风抱闷思"（曹雪芹），为即将远离他深爱的美人儿柔肠寸断，雨果一封信去，促使他改变主意，下了相反的决心。这个瘦弱的病人也是牛性子。

现在又轮到雨果受煎熬了。

河边的垂柳全是伤心形状。"袅袅兮秋风，洞庭波兮木叶下。"（屈原）

雨果致圣佩韦："我要写信告诉您的事情给我带来巨大的痛苦，您去列日将使我免受这种痛苦……我再也不能长久地忍受这种状况，由于您留在巴黎，这种状况就会漫无止境地延长……"

圣佩韦暗喜，以指点迷津的笔调写给雨果："当心点，诗人，不要过于让您的幻想去填补现实，不要让猜疑的阴影出现在您的太阳底下，不要过于不安地听您自己的简单回声……"

圣佩韦以恋爱争夺战与心理战的双重胜利者自居，而可怜的失败者雨果这么回复："我的朋友！眼下，我比任何时候更爱您。我恨自己，一点也没有夸大，我恨自己竟疯到这个地步，病到这种程度。哪一天您需要我的生命为您服务，我就献给您。这算不了什么牺牲……来，同情我：我可真是不幸。我不再清楚在世界上我最爱的两个人中间，我究竟处于什么状态。您是这两人之一。同情我，爱我，给我写信……"

令人不解的是，雨果对圣佩韦的友谊受损不大。爱情争夺战持续很久了，痛苦的纠缠没完没了，却是什么东西维系了雨果对情敌的深厚感情？

圣佩韦也在给阿黛尔写信，称呼很亲昵。雨果的一个没心没肺的亲戚，负责在家里传递秘密书信。为了爱，圣佩韦把名牌大学的教授职位放弃了。阿黛尔满心喜欢……

诗人在秋风中吟唱。他告诉朋友们，决定出国漫游一年。"如果他不是极度痛苦，怎会想到独自离开法国一年？"

诗人凄惨落笔："爱人者不被人爱是不幸的。啊！真是可怕的事情，你爱这个尤物，她优雅，妩媚；她白皙，娴静，纯真；她是家庭的欢乐，她享受家庭的爱，但她并不爱你……她对你毫不理解，你和她说话，她不听……"

这个纯真妩媚优雅、皮肤白里透红的丽人，这个家庭欢乐的中心，她听谁的？听圣佩韦。她愿意理解谁？圣佩韦。她爱谁？……

在雨果的眼皮子底下，情书传来传去。

诗人简直疯了。试问疯狂何时了？疯狂遥遥无期。"但一个诗人能以神秘的蜕变，化悲痛为歌唱。1831年11月，《秋叶集》面世了。"

"在《秋叶集》中，最美的是描写孩子、慈善和家庭的诗篇。"

《当孩子出世……》《给吧，富人，行善是祈祷的姊妹》等诗篇，被所有人铭记在心，永载法兰西教科书。这些不朽的诗篇却跟爱情和友谊无关。看来，诗人的核心关切，远不止一个阿黛尔或一个圣佩韦。

天大地大诗心大。失败的爱情不能掌控他，绝望的情绪不能左右他：它占位有限。

重温海德格尔："我们要倾听诗人的言说。"

我们要看看诗人如何处置他的命运。雨果《秋叶集·序》："永远有孩子、母亲、姑娘、老人、男人，他们相爱，既有欢乐，也有痛苦……这不是杂乱纷繁、喧嚣不绝的诗，而是安详的、恬静的诗，现实和梦幻世界的诗，家庭的诗，亲人间的诗，私生活的诗，心灵深处的诗……"

诗人极为痛苦，又从痛苦中抽身。这种非凡的能力，让仰望他的人无限仰望。

嘀，这是人类巅峰人物的潇洒。

巴黎纸贵。人人都拿着一本《秋叶集》。无数的沙龙在朗诵……

这一次，圣佩韦撰写了非常精彩的评论文章。毕竟他有艺术良知，他折服了。

人们心甘情愿为顶级的艺术折腰。审美的境界至高无上。

维克多·雨果又搬家了，搬到王宫六号盖梅内公寓，豪华公寓建于1604年，面对巴黎最壮丽的广场。房租昂贵：年租金一千五百法郎。约占他收入的十分之一。王宫六号的沙龙，让巴黎的其他沙龙黯然失色。"阿黛尔精心打扮,雍容华贵,含笑接待客人们……必须把胃口留在前厅,只让思想进来。"

沙龙的用餐在前厅,正厅则留给思考、辩论与朗诵。吃喝是次要的,谈话是法兰西所有沙龙的重点,催生了无数的文化人物。

雨果家的客人中有梅里美、波德莱尔、大仲马、巴尔扎克……圣佩韦自然是客人之一。这位著名批评家几乎每次都受到邀请,他加以选择地接受。他那含蓄的爱的目光,在华灯的照耀下游移,闪闪烁烁。端庄优雅的女主人美目流盼,不会在精英云集的顶级沙龙暗送秋波。

圣佩韦在王宫六号附近租了一间小房子,"阿黛尔可以毫不费力地走去"。

小说、诗歌和戏剧给雨果带来源源不断的丰厚收入,家里九个人靠他过日子,享受王宫式的豪华。他从小习惯了华屋美宅。但节俭的生活习惯不变。任何东西都必须反复使用,用到不能再用。这是亲爱的母亲传下来的家风。

作家劳动挣钱,每个生丁都干干净净。他花钱心安理得,不像他憎恨的那些剥削者、压迫者,那些奸商和贪官。

圣佩韦钱少,仅能勉强居住在王宫六号附近。

幽会在继续。

这段巴黎尽人皆知的恋情,依然折磨着雨果。

圣佩韦致阿黛尔:"我亲爱的阿黛尔,昨夜,您是多么善良、妩媚!"

他们常约会的地点是一座小教堂。有时在他寓所或他母亲的住处。几年来数百次的面对面,确实能做到心心相印了。不只是心。圣佩韦写诗:"你额头抵着我怦怦直跳的胸口,再次说:朋友,我感觉到了……"

而雨果感觉不到阿黛尔的心,曾经滚烫的那颗芳心,在一点点地变凉。这个漫长的感觉过程是很要命的。从十三岁的热吻定情到三十岁的透心凉,十七八年的时光,浪漫诗人不变,诗人的妻子却渐渐变了。他有责任,他忽视了阿黛尔的灵魂需求。可是……难道他不是一直在辛勤工作吗?他是在从事着提升法兰西灵魂的伟大工作,而妻子任凭她的思绪从丈夫和孩子们中间跳开去。

雨果兼有古典主义的自律与浪漫主义的激情。

我们如此定位雨果，或许更能逼近他的精神本相。

我们不必为这个大力神犯愁，对他来说，艺术高于爱情。当二者不可兼得，诗心照样燃烧。夫妻事可能早就流于形式了，两年前还是三年前？包括书信、日记在内的大量资料并未显示。阿黛尔怵他的铁臂，怕他硬戳戳的胡须……娇柔的美人，原来并不适合这一位多情的丈夫，为什么？丈夫情烈而欲旺。

这个欲是有家族传统的，雨果奈何不了它。

胡须要疯长，他也没办法。

汉子就是汉子，成不了嗲声嗲气的娘娘腔。

今日细察之下，表面幸福的夫妻何其多矣。

海洋波涛汹涌，我们的作家却有一根定海神针。"天意君须会，人间要好诗。"（白居易）身边美女如云，爱把他定住了。情敌缠斗不休，友谊把他定住了。哦，这个雨果啊，他是深知圣佩韦的生命价值。卓越者能看见别人的卓绝。

波涛连天的大海归于风平浪静。作家写作。沉思的面影不分昼夜。"心事浩茫连广宇"（鲁迅），让灵魂去掀起人类的惊涛骇浪吧。

但，不言而喻的是：作家压抑。年复一年压抑。

艺术升华欲望（弗洛伊德），却并不能消除欲望。一旦消除，恐怕艺术也会失掉它的弹射基地。冷冰冰的身体装不下热乎乎的心。

首先是爱欲，爱自然，爱这个世界，深沉的爱欲至死不休。

弗罗姆《爱的艺术》揭示了：爱需要学习。

以此反观维克多·雨果，我们会发现，他对自己的强悍身体保持警惕。

换言之：他不去拈花惹草。他冷眼那些搔首弄姿、投怀送抱的女人。

"凭它弱水三千，我只取一瓢饮。"（曹雪芹）

凭它胡子疯长，雨果有一把阿黛尔送的剃须刀。

雨果接触的优雅而美丽的女性很多，在沙龙、剧院、书店或是宫廷。他大抵是"昵而敬之"（曹雪芹）。他成功开辟了一个"不"的领域。必须对某些诱人的东西说"不"，然后才能更持久、更深入地"要"。雨果二十几岁就掌握了"不"和"要"的诀窍，作为将军的儿子，拿王室津贴的桂冠诗人，版税年年递增的作家，他凭借良好的生命直觉拿捏了灵与肉的分寸。如果这个爱、欲双盛的作家，把目光从妻子和孩子们身上挪开，那么，他的艺术道路的延伸将会成问题。

升腾的欲火将把爱意削弱。

忧伤就迎着忧伤、忧伤就独自忧伤吧。栖身于忧伤，反而学会更多的爱。

雨果不是毕加索或者海明威。雨果式的爱和凡·高式的爱比较接近。

大力神不发力，他宁愿选择隐忍。那数以百计的夜晚，当阿黛尔背过身去的时候，当他长吁短叹而妻子不闻不问、沉沉睡去的时候，当他备受煎熬的时候，当嫉妒使他的煎熬烈火烹油的时候，他面对漫漫长夜保持沉默。

高贵显现于这种沉默。古典主义的自律显现于这种沉默。

可惜《雨果传》的作者，于此思未深也，道未详也。

我们借助马丁·海德格尔首创的生存阐释，得以目光深入。

地壳运动的高强度挤压形成火山。火山总会爆发，虽然它并不知道。压抑三年乃至更长久的时光，雨果可真能熬。美人儿夜夜在枕边，却动她不得……

临界点出现了么？或者说，由于某个人的出现，临界点到来了。

可遇而不可求的是艺术。可遇而不可求的是佳人。

这件事发生在1833年初。原委是这样（事情不小，从头说起）：雨果的一部新戏《吕克莱丝·波基亚》在排练中，他邀请著名女演员乔治小姐担任女主角，她曾经是让拿破仑满意的情人，虽然她高挑的身材要让拿破仑踮起脚才能一尝红唇。雨果专门为她朗读剧本，在她燃着壁炉的温暖的家里，然后是角色讨论，涉及无穷多的排练细节。窗外飘着雪花。乔治小姐肌肤如雪，笑意闪烁。转眼间，上午变成了黄昏，烛光照着乔治小姐动人的五官，优雅的举止。

她起身走动,即兴的表演尽显魔鬼身材,连同她的手势,她那饱含情愫的语音,那明眸皓齿,那不经意的浅笑与媚笑。分手时,她紧紧拥抱她的作家,拍拍他的铁肩膀,挨挨他的硬胡须。

雨果裹一身风雪回家……

阿黛尔睡了。雨果俯身亲了亲她睡得发烫的红脸蛋。换了以前他会弄醒她,而现在不会了。早就不会了。美人身边的大作家感觉自己像个单身汉。

作家一声轻叹。转过身就入梦了。梦中没有乔治小姐的曼妙身影。

雨果第二次朗诵剧本,是在圣马丁剧场的演员休息厅。"年轻漂亮的朱丽叶·德鲁埃也参加了,她非常乐意扮演一个小小的角色。"

朱丽叶对剧场主任阿莱尔说:"在维克多·雨果先生的剧本里,没有什么小角色。"

这一年,朱丽叶二十六岁。她几乎能背诵雨果的全部作品。

朱丽叶是布列塔尼女人,跟雨果的母亲一样。

雨果写日记:"她皮肤雪白,眼睛乌黑,身材颀长,生气勃勃,光彩照人。"

朱丽叶 26 岁画像

《雨果传》:"她是巴黎最令人倾倒的女人之一。他不敢和她攀谈。"

他朗读剧本的时候也不敢朝她看。几次读错了,大家疑惑不解。乔治小姐抿嘴一笑。壁炉旁品酒休息的时候,雨果和朱丽叶也未交谈。仿佛双方都患了失语症。本来她是想当面请教他的。

朱丽叶的寓所到处都是雨果的书,枕头边、厕所里也堆满了。

她自己嚷嚷:我这儿每个房间都有雨果!

朱丽叶十九岁那年,跟一个雕塑家好上,完美的身体曲线让对方痴迷,她为他生下了一个女儿。然而雕塑家急于成功,把她介绍给某亲王,借亲王的显赫地位往上爬。雕塑家把朱丽叶的美貌与痴情变成商品,而亲王则用皮鞭抽打她的玉体,发泄变态的欲望。她逃跑了。有个新闻界名流表示要娶她,却又开口向她借钱……如花似玉的朱丽叶,遭遇了不同风格的摧花手,形形色色的内心肮脏、行为龌龊、念头残忍。

一般说来,女人有此遭遇,身心都会留下那些臭男人的印迹。"朱丽叶却保留着真挚的纯朴感情、布列塔尼人沉思遐想的喜好、对女儿强烈的母爱、甜美柔和的目光。'它不时显露出她心灵的高尚',和饶有魅力的诙谐的快乐。"

烂泥塘生长了一朵绝艳荷花。皮肤和灵魂一样洁白无瑕,男人们的肮脏手、算计手、粗暴手不足以改写她。她保持了幽默的快乐。

雨果魂不守舍了。天天跑圣马丁剧场,"看她那美丽的眼睛,像戏台上的一道闪电,与他的目光相接"。

双方谨慎靠近。台上与台下的目光交流,台后、休息厅的交谈。他们互相印证了想要印证的那些东西。灵魂率先发出了吁请。

"每天晚上,他都上朱丽叶的寓所拜访,给她一些指点,为眼前这位美女而感到飘飘然然。"

一天见三次,尚嫌太少。一次相处七八个小时,感觉中是一晃而过。不到一个月见了五十多次,累计超过三百个小时。见面的理由看上去是充足的:由于工作,彼此需要。公园散步,河堤散步。碰上熟人她不在乎。某个同行在车上对她出言不逊，她哭了，她只向他哭诉，而他安慰她真是不遗余力。

为什么他一问她就哭呢？为什么他再问时，她就哭个不停呢？她差不多哭了四十分钟。眼泪仅仅来自那个同行的一句伤人的话吗？她自己也弄不清，反正她想哭，想在他面前哭……

总之，在寒冷的冬季，两颗心持续升温。

雨果果真是雨果，不是毕加索。后者在巴黎的地铁口，一见运动型的陌生俏女郎（泰莱丝），秒秒钟就冲过去了，当时就热烈攀谈，把涌动不息的人流完全忽略，并且，恭请女郎次日约会。雨果是比较传统的。结婚十一年，这是第一次对阿黛尔之外的女人动心，如果妻子不那么冷淡，雨果移情的可能性不大。他的情感模式与他的童年经历有关。这些年，阿黛尔的美却仿佛与他无关，只是在一纸婚约上和孩子们的生活中与他相连。白天她热情，浑身洋溢着爱，入夜就渐渐冷下来，冷美人的夜晚似乎无处不冷。雨果是一团孤独的火焰。

他热衷于接吻，阿黛尔却只是礼节性地碰碰他渴求的嘴唇。他又不好多说。美人儿玉齿关闭。而她是他的妻子。

缠吻早已成追忆。定情的销魂初吻，只是唤起无限的惆怅……

《秋叶集》："我是壮伟高耸的塔楼：里边有座阴暗的钟。"

妩媚的举止、灿烂的笑容、轻快的步态，在诗人眼中显现为阴暗的钟。爱情的丧钟为谁而鸣？它为雨果敲响。而且他几乎每天听到它敲响。

可是1833年的冬季，一切都变了。强有力的开端在进行中，一场法兰西的经典大戏正在缓缓拉开序幕。钟情的男女谨慎地靠近，一次次的交谈愉悦，目光相接，为身体留出必要的距离。或者说，留出一段助跑，以扑向对方。

身体都在目光里，换句话说，目光与交谈代言了身体。

他到她的寓所习惯了，仿佛回家，上楼掏钥匙，才发现打不开那道可爱的门。朱丽叶听到门锁响动走过来了，于是两道门一起打开：雕木门和心之门。

她的心扉敞开的同时意味着关闭。

《罗密欧与朱丽叶》中她对他说："我的心已经上锁，而钥匙交给你收藏。"

2月初,《吕克莱丝·波基亚》在圣马丁剧场首演,获普遍好评。朱丽叶饰演的小角色让女主角乔治小姐赞赏不已。她只有两句台词,上场不足三分钟,却把观众吸引住了。本来她演技一般,这一次的成功让她自己也感到意外。哦,即将恋爱的女人,兴奋朝着戏剧舞台延伸。作家到她家说戏,说角色,她听得格外认真,长睫毛黑眼睛舍不得眨一下。双方美妙的情感升温,并不会冷却工作、妨碍事业。

毋宁说,二者相得益彰。爱的强有力的开端正在于此。

升温之后是恒温吗?这个却需要时间证明。

作家在首演之后,当场撰文评论:"她多么漂亮,多么妩媚,多窈窕的身段,风度多么飘逸、优雅!体会意图准确,表情恰如其分,感情深沉;她很能控制自己……只要有一年舞台经验,她将十全十美,独占女演员之鳌头!"

恋爱中的作家过于兴奋了。事实上,他的赞美无意间透露出他的"美貌崇拜":漂亮、妩媚、飘逸、优雅。朱丽叶胜任了小角色,但距离十全十美的女主角还十分遥远。而朱丽叶在日常生活中的优点,尚待作家去发现。

2月6日,雨果直接走向朱丽叶,盯着她的眼睛说:"我爱你!"

这正是她企盼和等待的话。

16日,朱丽叶致雨果:"维克多先生,今晚来拉克夫特夫人家找我,我爱你爱到迫不及待的程度。今晚见,啊!今晚,这就说明了一切……"

八年后,雨果对朱丽叶重提这个日子:

"还记得吗,我的宝贝?我们共度的第一晚。那是1833年封斋节前星期二,一个狂欢节之夜……可爱的天使,你真美,真多情!你的小房间沉浸在令人喜欢的愉悦之中。室外,巴黎在欢笑、歌唱,戴假面具的人经过时,激起阵阵喧闹。在普天欢乐之中,我们独处一隅,躲在黑暗中度过我们的节日。巴黎的心醉神迷是虚装假做,我们的心花怒放才地实天真。我的天使!永远别忘记这使你生活大变的神秘时辰,象征着一个伟大庄严的时刻在你身上完成。那一夜,你将喧嚣、蜚语、虚假的光彩和人群关在门外,以便沉浸在幽秘、寂静和爱情之中！"

朱丽叶，这位巴黎最令人倾倒的女人，"明亮的眼睛顾盼生辉，安详而白净的额头，颈项、肩膀和手臂具有完全的古典美。她足以唤起雕塑家的灵感。那些在构思维纳斯塑像的普拉克西特列斯①面前，缓缓脱下纱衣的雅典女郎，她足可以与她们一比美丑……"

雨果又说，这个"有布列塔尼坚挺的乳房"的二十六岁的女神，"以极灵活的殷勤"和他一起创造了一个"神圣的夜晚"。

坚挺的乳房、完美的躯体与神圣合而为一。

在《东方集》第八版上，雨果在赠书上题写给她："献给你，我的美人！献给你，我的心肝！"

夏天，阿黛尔带孩子们去了岩石堡，"雨果把朱丽叶领到王宫广场的寓室中。次日，她给他写道：'知道吗，您非常亲切地给我开您的家门，这不仅仅是使我的好奇心如愿以偿，我感谢您让我知道了您生活、您爱和您思想的地方。'"

如胶似漆的冬、春和初夏之后，朱丽叶仍然用"您"来称呼雨果。

她说："老早以前，我就感到，我与您相距多远。"

雨果则告诉她，他的爱情"是全心全意的，既深厚，又温柔，又炽烈，永不枯竭"！

在那位亲王的精美寓所，在隐隐约约的街市喧闹中，在墙壁上的男人肖像的直接注视下，雨果和朱丽叶极尽温存。嘴唇的胶着超过了初吻，整夜缠绵仿佛只是开了个头，早晨洗漱的时候还在缠吻不休，双双对着镜子，定格一刹那。

雨果有布列塔尼人的血统。朱丽叶迎着他扎脸的胡须。嘀，她喜欢。互相叫着宝贝宝贝宝贝。叫着我的男人我的女人，我的……"被翻红浪"不消细说。值得一说的是两个人日复一日、月复一月的言语交流。灵魂要靠拢，否则

---

① 普拉克西特列斯是古希腊雕塑家，《维纳斯》雕塑的作者。

身体迟早要疏远。这是人类所有爱情的不二法规。溪水般流淌的言语，伴随着狂风暴雨之后那微风般的爱抚，方能爱入骨髓，爱得心尖子疼。

当时只知阿黛尔，如今却有朱丽叶。

如今的心肝宝贝乃是加强型的心肝宝贝。

人们不妨听一听邓丽君的《微风细雨》。

"朱丽叶有太多的话要说：布列塔尼，赤脚的女学生，修道院……她在他那里，也有同样多的东西要听。"

"我是人民！"朱丽叶自豪地说。

而"男爵雨果"有了解人民的迫切愿望。

"朱丽叶以无限的高兴"对待他的诗歌、小说和戏剧。"而阿黛尔从未这么高兴过。麻木不仁的妻子似乎对手稿、草稿漠不关心。朱丽叶恭敬地保存一切。"

官员的女儿阿黛尔，布列塔尼女子朱丽叶，这两个女人有文化修养上的劣与优吗？我们来作一点生存阐释。尽管时隔近两百年，有一些阐释空间还是能够亮出来。也许，这就是那位来到汉语中的德国大师讲的"采光"。

阿黛尔原是人见人爱的小姑娘，雨果两兄弟都喜欢她，她选择了维克多，淘汰了欧仁，使后者精神失常。欧仁也很优秀，在学校名气大。能让优秀男子精神失常的女子，自视是很高的。她的家境一直好，不像雨果家时好时歹。雨果追求她，追了两三年才得到她。雨果的母亲住简陋的、不带花园的房子，却保持将军夫人和男爵夫人的尊严。她学会了干各种杂活，并带着孩子们一起干。几年间，两家人的关系有些微妙。雨果的母亲因劳动过度去世，恋爱的束缚忽然解除了，勇敢的雨果步行八十公里，去阿黛尔家避暑的小城，烈日下亮出堪比烈日的爱，让富歇先生对他刮目相看。虽然他穷得掏不出二十五法郎的租车费，但未来的岳父看中了他的气宇轩昂。

富歇先生一句话定了调："一个柔顺的男人是家里极其可耻的客人。"

柔顺与可耻相连，并且是极其可耻。富歇先生决不允许让柔顺的男人为他家传宗接代。应该承认，这位巴黎官员不一般。

婚后的雨果柔顺吗？除了夜里他几乎都比较柔顺，对阿黛尔和孩子们极尽温柔。雄性的发挥有两个区域：一是夫妻恩爱，二是写作野心。他牢记母亲的遗愿，要做法兰西的伟大作家。作家的妻子不断怀孕。当年那个喜欢遐思、活得主动的少女，现在年复一年地肚子大起来。巴黎女人重身材，不单一个阿黛尔。她仅仅是个孕妇吗？不甘心。衣柜里的那些漂亮衣服穿不出去。她仅仅是个母亲吗？不甘心。她喜欢沙龙，有一点艺术追求，她希望每周逛一次香榭丽舍街，欣赏或买下漂亮的时装。丈夫声誉鹊起，她可不太在意。老婆身边无伟男。何况丈夫曾经巴巴地追她两三年。一群闹哄哄的孩子，十年来缠着她，吃喝拉撒，读书，玩耍，喧闹，争抢东西。长得最像她的大女儿却一味黏她父亲……

丈夫写作的那只手，夜里总是圈牢她的粉颈。从呢喃享受变成累，从迎着他到背向他。差异不小的男女基因在床上各自表演，各唱各的调。阿黛尔有错吗？有错也是错在她的基因，错在她少女时代的潜意识。富歇夫人就是娇美型的，富歇先生却不是雨果式的猛男。富歇先生满足于"教堂式的夫妻事"，而雨果在内驱力的驱动下渴求更多。于是，慢慢地，雨果式的铁臂形成了：他自以为温柔温存的那些烛光下的动作。也许烛光引发了温柔错觉。

从这一刻起，夫妻在床上开辟了岔路。

闹别扭的身体，不过是潜意识派出的先头部队。

阿黛尔不喜欢，从身体开始她的不喜欢。受不了。她受不了丈夫的不消停，没个完。半夜三更他还要……娇美的花只是向着和煦的春风舒展，她可不是傲雪凌霜的梅花。叫她枯萎吗？却是办不到。

当她终于挣脱丈夫的铁臂之时，在她一挨枕头就接连打呵欠之际……她开始寻找失落的、小姑娘的自主式浪漫。而对丈夫的手稿、对丈夫写的一本本书和挣来的一堆堆大钞，她的兴趣实在有限。她花钱，并不感激那只辛勤工作的手。

究竟谁辛苦呢？她生下了五个孩子并养育他们。

这就是关于富歇·阿黛尔的生存阐释。阐释只能是粗线条的。

在她二十五岁的某一天，圣佩韦出现了……

我们再来看天生丽质的朱丽叶，她小时候受过苦，在修道院做过修女，曾经发愿：把一生都交给仁慈的主。教堂的神甫亲自为她脱下修女服，鼓励她穿上鲜艳的裙子。主创造了一切，包括朱丽叶这样的天生尤物，从容貌到身段都比得上最美丽的雅典少女。不过，美到极致是危险的。男人们蜂拥而来，糟糕的男人往往冲在前头。何谓糟糕？粗暴的、厚颜无耻的、算计女人的男人都叫糟糕。

网络词叫渣男。这个新词的迅速传播说明什么呢？毫无疑问的是：渣男早已太多，充斥各个行当。形形色色的渣男，包括那些冒充暖男的渣男。

朱丽叶天使般纯美，却过着地狱般的生活。流氓雕塑家，有虐待癖的亲王，"不要脸加勇敢"的报界名人，这些家伙相继出卖她，抽打她，向她借钱不还，还要借更多的钱……真是叫她长见识。从十九岁到二十五六岁，她真是一言难尽。社会上所谓有头有脸的人物，卑鄙的，龌龊的，比比皆是。

在这个节骨眼上她认识了雨果。她先认识作家的书。《秋叶集》《巴黎圣母院》，她读了一遍又一遍。凭直觉她纵身跃入了爱河。她知道了，他是如何对待妻子阿黛尔的。她也知道了，他是如何避开那些女演员的。

好女人爱上了好男人。各自有了经历，然后天作之合。灵与肉都有不倦的交流欲望。给与要是同一件事，晚上、半夜和早晨是相同的时光，他的双臂是她宁静的港湾，她会说：抱紧我……她入睡快并且睡得香甜。他看她。一觉醒来，她的心疼人的男人还在轻抚她的背，肩，腰，轻揉她可爱的耳垂。

朱丽叶跟自己的过去一刀两断，搬出亲王的府邸，租了普通的房子。她告别了她钟爱的舞台生涯和交往圈子，虽然她的维克多鼓励她继续当演员，因为她潜质好。为了她的亲爱的，她宁愿只做两件事，养育女儿克莱尔，替她的作家男人整理资料、抄写文稿。她悄悄做了一些她认为非做不可的事，把上百件的时装送进了当铺，永远告别毫无必要的奢华。有爱的女人哪里会在乎这些东西！

爱情失落之处，通常是奢侈的起点。女人的虚荣心会拖累女人的优秀。

朱丽叶送进当铺的东西计有:"四十八件细麻花绣花衬衣,二十六件细麻布内衣,二十五条长裙,三十一条绣花衬裙……"

她还欠下一些债,债主们追着她,从年头追到年尾。她在她的多多面前只字不提。这位天使暗暗珍惜她的天堂生活。她阅读大量欧洲作家的作品,捧读歌德、普希金,尝试读康德……她要做维纳斯与缪斯的合体。

这个目标是如此之高,足见她心劲之大。

两个人以相同的心劲爱着对方。灵魂的双子星与肉体的双人舞。

何谓旗鼓相当?何谓灵肉交融?请看朱丽叶和她的雨果。

朱丽叶致雨果:"昨天我回到家,读了你的诗作。吃过晚饭,然后上床。我读你的报纸。我睡着了,梦见了你。今晨八点我醒过来,马上起床,做了一点家务……我开始抄稿,抄完后写信给你。我的司令官,这是要塞的报告,您满意吗?卫队下士也会满意的……"

俏皮的俏女人。

雨果致朱丽叶:"岁首,我写的是:我钟情于你;年末,是:我敬爱你。你的爱抚使我爱上了土地,你的目光让我明白了天空……美貌,你有;智慧,你有;心肠,你也有……"

她写给他:"亲爱的维克多,我还在为我们的昨夜激动。我,朱丽叶,是世界上最幸福最自豪的女人。我在世上每活一天,每一小时,每一分钟,我都保持今天这样的心境,即只装满对你的爱和对你的思念。1834年7月4日,下午三点,朱丽叶于巴黎。——我印满在这封信上的千百个吻,都作为证人签了字。"

漂亮女人的漂亮文字。

又:"我像天堂的女人一般爱你,却像家禽饲养场的姑娘向你表达爱。"

又:"我有充盈心灵的爱情,和装满你脑袋的智慧。"

又:"我一本不落地看了你的所有作品,真出色!我每次重读,都感受到新的快乐!"

又,她祝贺他的生日:"你好,亲爱的心上人;你好,伟大的诗人;你好，我的天神！今天又是充满了爱情和阳光的日子，从任何方面，都值得回想起你的生日。我的多多，我爱你！昨夜你真叫我高兴……"

莫洛阿写道："雨果立即看出了她身上这种抒情诗人的天赋，把这些信珍藏起来。"

男女互为知音，真好。他懂她宠她爱她迎着她……

如果朱丽叶仅限于外貌，那么雨果爱上她的可能性很小。由于阿黛尔，雨果对精致五官的热情下降了。他对风骚的女郎们只限于观察。乔治小姐不是媚态十足吗？皇帝拿破仑钟情的女人，作家雨果只看她几眼罢了。他研究她的俏脸，冷静的目光像外科医生。

朱丽叶瞒来瞒去瞒不住，有一天，债主约好了临门，一个比一个态度恶劣。雨果大吃一惊。朱丽叶这些羞于启口的事终于暴露了。还有：她背着雨果，去找野蛮的亲王索要女儿的抚养费，那个富得流油的王室男人断然拒绝。女儿的亲生父亲、那个爬上了上流社会的下流雕塑家，更是骂她，羞辱她，驱赶她。畜生会这么做吗？

现在雨果嫉妒这些狗杂种，因为他们曾以龌龊玷污过朱丽叶的洁白。想想狼心狗肺的亲王挥鞭作践她的凶恶、下流相，雨果气得发抖。她竟然还来往！

朱丽叶仓皇逃跑了，带女儿逃到布列塔尼。她解释不清。越说越复杂。

她眼泪汪汪写信："你要我做出多大的赔偿和赎罪？说吧，吱声吧。我甘受任何惩罚，只要它不让我们的爱情泯灭。"

又："维克多，远离你，我要死了……告诉我，你还要我吗？"

维克多看信也哭了，要奔向遥远的她。"我将乘邮车来，要有位子，我星期二走，星期五你就可以看到我。我虽有三十个小时水米未沾，但我爱你！"

离开了朱丽叶，雨果失魂落魄，吃不下东西。

相爱至深的男女分开数日又重逢，纵情扑向了对方。一夜无眠。被子蒙住了蒙住了……双双呢喃复呢喃。回程坐驿车晃晃悠悠，她靠着他结实的肩膀补觉，感觉到绵绵无尽的轻抚，从手指头到两个可爱的耳垂。

幸福有时候从耳垂出发，从她的一双玉脚出发。

初秋的一日晚上，他们驱车进入树林，不远处有宾馆和闪烁的灯光。8月29日，车座上，蝉声如雨的包围中，她"两颊绯红，神态活泼"。她的娇柔气息和花草醉人的熏香。这一天的这一刻要铭记，誓言永不分离。

她说："我是你的女人！"天与地都听到了。

他和她的8月29日。哦，是的。

数月后，朱丽叶还在回味："在车里我们靠得多紧！手挽手，心贴心！"

有一天她在家里酣睡，他蹑手蹑脚靠近属于他们的大床。"他注视着沉睡的她，提笔给她写信：'你醒来后，会看到你床上这封四折的短笺……睡吧，我的朱丽叶，梦见我想你，给你写信。你一觉醒来，就会发现梦境就是现实。我亲吻你的玉脚和你的杏眼！'"

男女之浪漫造极也。她在信的末尾吻过了千百遍才签上她的芳名。他亲吻她的玉脚、她的泪盈盈或是笑吟吟的杏眼，究竟亲吻了多少次，谁能数得清？

浪漫是一种显而易见的绝对性的生存情态，直指生命的美妙与短促。绝对性意味着它是发问的坚实基地。

爱的绝对性和艺术的绝对性，正好是维克多·雨果手上的两件利器，是他成就大事业的法宝。这也是莎士比亚作品中常见的主题，包括他的一系列传遍全球的十四行诗。

哲学在何处？在浪漫的最深处"向死存在"。十年不过一刹那。美人变了容颜。青丝掉了又掉，皱纹添了又添。一切欣悦之物，俯仰之间已为陈迹。但浪漫不曾稍减。

旷野漫游乃是情侣之常态，有一天，二人淋了大暴雨，"他试图温暖她，雨滴从男人的头发里滴到女人的脖子上。他们感到心旷神怡，雨果乐于谈论上帝、人间和万事万物"。

雨下个不停，雨果说个不停。哦，那是在栗子树下、雷阵雨中。她说："我终生都会听到你温柔的关切和教诲之言。"

显然，朱丽叶身边有伟男，有温存温暖的、贴心贴肺的情人。

这真是有趣的一幕：淋得像落汤鸡，爱得像雨中鸳鸯，却在追问上帝和万事万物。试问：横扫欧洲的拿破仑有此能耐吗？有这种目与天接的"宇宙式的虔诚"（罗素）吗？

马丁·海德格尔："追问乃是思之虔诚。"

两种激情的相连能够做到天衣无缝吗？海德格尔三十七岁写《存在与时间》的时候，正与十八岁的校园之花阿伦特热恋，但在这部20世纪最著名的哲学经典中，却看不到一丝男欢女爱的痕迹。热烈与冷静共属一体吗？加强型的理性思维，瞬间吃掉了柔情似水吗？文字的魅惑力高于一切吗？

"语言是存在的家，犹如云是天上的云。"

唉，凡此种种，委实难于上青天。大师们究竟是如何做到的？

倾盆大雨，谈天说地。

雷鸣电闪，灵感照亮森林。

这是1834年夏天的维克多·雨果。

《黄昏之歌集》写于这一年，"他歌咏得最多的，乃是他和朱丽叶在精神和肉体上的结合。有十三首诗公开或是隐秘地献给她。那些一心渴望他身败名裂、以法官的身份来阅读这本诗集的人，在其中居然也读到因妻儿而获灵感的诗篇，不禁大觉意外"。

雨果赞美阿黛尔："啊！倘若您在苍天下某处，逢遇一位额洁眼柔、步态庄重的妇女，后面跟着四个孩子，最小的还走不稳，请悉心照料他们。如果某位盲人，贫困缠身，老态龙钟，经过她身旁，请将微薄的施舍放在幼子手上……啊！不管您是谁，请为她祝福，因为，一见便知她是我不朽灵魂的姊妹！是我的骄傲、希望、保护和救助！"

宽广的海洋是指雨果的心胸，他念着阿黛尔的好，打动了她的心。他的第一本诗集《颂诗》是献给她的，《秋叶集》则有失去她的爱的痛苦记录。

西方诗人有了爱情就大声歌唱，而中国古代诗人大抵藏着掖着。士大夫不言家中事，铸就千年之盲区。妻子再贤惠，也难以涌到他们的笔端。唐诗宋词几万首，歌颂母爱的有几篇？连苏东坡这样的人，也不给他茹苦含辛的母亲留下一首诗。可见礼教遮蔽之甚。

后来,《黄昏之歌集》《光与影集》相继问世,好评如潮。恋爱中的诗人迈上了艺术的新台阶。

几年间,雨果携朱丽叶频频出游,享受大自然,沉浸于各类博物馆。诗人是双重的情人:朱丽叶的情人;山与水的情人。他写了《巴黎圣母院》,巴黎也沾他的光,各国游客蜂拥而去。他的诗歌则赋予山山水水以神奇,将自然的脉动跟诗歌韵律完美结合。包括圣佩韦在内的批评家们,满怀激情宣扬他的作品。

朱丽叶:"多多,我参观了'您的'巴黎圣母院!"

她又说:"多多,在参观大教堂和博物馆时,我们透过心间的激情来欣赏所有的东西。那么多的杰作使我兴奋,因为你喜欢它们,因为你的嘴善于使我弄清它们的秘史!"

日益深入的情趣与知识让爱情更丰盈。朱丽叶的表达越来越像个抒情诗人。这就不仅是美貌了,她比美貌更多;这就不只是身段了,她比所谓绝佳体态更多。她在山间跳跃,她在河里嬉戏,美人鱼哗地出水了,湿漉漉的身子与完美的双腿,奔向她的多多。她是他的茹茹。这顽身尤物一米七的个头,使她看上去比她的健壮的多多还高几厘米。她说:乔治小姐比拿破仑高出十二厘米呢!

朱丽叶不会再生孩子了,这也使她的爱情更纯粹。

纯粹的女人心劲很大。物质条件她根本不在乎。她有剧院的薪水,大抵用于还债。亲爱的多多帮她还债。她把旧衣裙改得像新时装,把天堂街租的小房间布置得像鸳鸯的爱巢。茹茹为多多织毛衣,补袜子,她认为:伟大作家的袜子是可以打补丁的。袜子的补丁延伸到睡衣的补丁……

雨果戏称:茹茹啊,你那些一个又一个的爱的小补丁。

朱丽叶娇嗔:多多啊,我想吃布丁!我还要吃螃蟹!

雨果冒雨上街给她买了八只螃蟹。雨果喜欢靠着枕头长时间凝视她,细数她的睫毛,享受她如婴儿般熟睡的笑容。后来她摇身一变,成了《海上劳工》的绝色少女德玉西特。阿黛尔的形象淡了。

作家瞧着尤物,心思飘向艺术……

居住可以舒适,旅行尽量简朴,青山绿水是上帝的作品,胜过人间的任何奢侈物。草地上何妨睡他一夜,倏然醒来,星星大如斗,月亮弯如镰。享受啊享受,享受轻而易举地延伸到有臭虫的小旅馆。

诗人戏笔曰:"见鬼去吧,肮脏的客栈,臭虫的公馆,在这里,早上起来,皮肤上咬满红斑。在这里,厨房发臭,睡觉得提心吊胆。在这里,推销员的叫声搅得四邻不安!"

作家有时候需要跟臭虫和坏蛋打交道。而廉价旅馆的环境有一种混乱的生机勃勃。海明威甚至酷爱贫民窟,不断逃离那个美国著名的中产阶级小镇:橡树园小镇(美国典型的中产阶级小镇)。16世纪莎士比亚的生活环境,充满了典型的混乱、嘈杂之生机。

巴黎丽人朱丽叶跟蚊虫交上朋友了吗?至少她从不抱怨。虽然她鲜艳的皮肤招来成群的花斑蚊子,围着她嗡嗡嗡舞蹈,看样子它们要舞个通宵。

雨果皮厚,挨咬少,半夜拍蚊子他乐得大笑,应和着隔壁的推销员、邮递员、车夫、屠夫、小贩、酒鬼、赌徒、盗贼……

咬得浑身红斑的朱丽叶说:"我是人民!"

雨果笑道:"我是人民忠实的奴仆。"

相爱男女互为奴。

爱情从1833年浪漫启程,走到了1840年。雨果荣升法兰西学士院的院士。他只有一纸寄宿学校的文凭,相当于中学生文凭。海明威拒绝考大学。少年毕加索连加减法都弄不清。凡·高在神学院拿不到文凭……天才们跟学历有关吗?看来关系不大,但是他们受到社会广泛的尊重,而尊重源于理解:对教育本质的理解。莎士比亚只念过小学。还有我们熟悉的贝多芬、狄更斯、高尔基,我们更熟悉的鲁迅先生……

开端强劲的爱情继续迈着稳定的步伐前进。

不过，新的麻烦像个不速之客。

阿黛尔忧伤。她的忧伤一半来自朱丽叶，另一半来自儿女们对父母关系的努力调和。她与圣佩韦的约会和书信往来持续了九年，后者似乎已有移情的迹象，圣佩韦还指责雨果歌颂她的诗篇是出于虚情假意，他还津津乐道雨果和朱丽叶的恋爱细节，就像当年，他到处宣传自己与阿黛尔之柔情蜜意。

阿黛尔似乎先天比不过朱丽叶，后天又输她不止一筹。她的容貌身材对朱丽叶来说，无非是小巫见大巫。更可忧的是如今的朱丽叶牢牢占据了雨果的心房，她爱他写下的每个字，她抄写他的每一部作品，她珍藏他所有的手稿！她甚至甘愿忍受贫穷，瞒着一堆债务，只静静地倚坐一旁望着雨果不辍笔耕的背影。她把旧裙子改得比新裙子还漂亮！她把她和雨果的爱巢收拾得一尘不染。而在王宫六号，雨果的书房和卧室混乱不堪。阿黛尔每次度假回来，总是发现它们变得井然有序，并且散发着朱丽叶留下的芳香。包括体香吗？

阿黛尔如何是好？"雨果新萌的爱情激起她的嫉妒心。"

她失掉丈夫的爱，又可能失掉已打算结婚的圣佩韦。她的位置只能在孩子们中间吗？她多次与朱丽叶出现在相同的场合，彼此打量，礼节性说几句。她们一同出席雨果荣获法兰西学士院院士的盛大典礼，阿黛尔精心打扮盛装出场，朱丽叶却只穿一条普通的连衣裙。在王储殿下和贵宾们的眼中，阿黛尔依然妩媚，朴素的朱丽叶却光彩照人，顾盼生辉，而雨果并不掩饰他对朱丽叶强烈的爱。

鸡飞蛋打一场空么？扁担挑钵钵，两头抹脱……

阿黛尔致雨果："我已老气横秋了……我在世上只有一个心愿，即让我爱的人幸福。对于我，生活的幸福已经消逝，我在别人的心满意足中寻找它。无论如何，那里边终究有许多乐趣……天啊！你在世上无所不能。只要你幸福，我就幸福。我绝不滥用婚姻使我对你拥有的权利。我想，可怜的朋友，尽管你二十岁就结了婚，但你可以和少年一般自由。我不愿意把你的生活羁缚在我这样一个可怜的女人身上。"

儿女们想方设法要他们的父亲回家去，朱丽叶也感到恐慌。"亲爱的多多，除了爱与被爱，我从未企求以别的身份和你一同生活。"

在王宫六号雨果家的斜对面，朱丽叶有了新爱巢。

《雨果传》："朱丽叶在她卧室的床和'炉火熊熊'的壁炉之间，空出一块地方，使她的诗人能够在那里用削好的鹅毛笔，就着总是点好的灯，在备好的天蓝色稿纸上写作。她从床上，不声不响地瞅着雨果那颗孕育着无数卓越东西的'亲爱的小脑袋瓜'。"

温暖的冬季与温暖的写作。这是1840年的冬天，二人相恋七年后的情形。

雨果《阴影中的话语》："她说：'真的，就这样，生活十分甜蜜，人温柔；你在这儿；脉脉含情，我不断凝眸，在你眼睛里我望见你思想的不息川流，我爱你，我受惠于你的川流不息……靠在你身旁，我比小孩还幼稚。你是我的狮子，我是你的鸽子。有时，我把你落在地上的笔捡起，我听见你轻微安详地在纸上写字……'"

爱巢中的朱丽叶幸福着。她的多多工作着。她写道："最爱奋战君……"

雨果携朱丽叶出国旅游，几次去德国，作家写下了《莱茵河游记》，巴尔扎克称之为"杰作"。作家希望法德两国联合起来，确保世界和平。"莱茵河应该是这两个国家联系起来的纽带，现在却变成了割裂它们的壕堑。"

雨果的政治热情在这本游记中显露出来。作为法兰西学士院的院士，他有进入内阁和贵族议院的可能。他出版了过去的全部作品，得版税二十五万法郎。当时巴黎的物价，一壶名酒三法郎，一套普通公寓的年租金通常不超过一百法郎。

作家思考人类生活的同时要介入具体的政治。王宫六号经常举办高规格的招待会。雨果也担任了法国作家协会的主席。

雨果和朱丽叶漫游西班牙。阿黛尔终于沉不住气了，写信要丈夫回来。同时给朱丽叶写信，请朱丽叶至少放松手。这是徒劳的，阿黛尔错在了十年前，错在她一冷再冷的那些夜晚：丈夫内心受着煎熬，而她只想背过身去睡觉。

"朱丽叶做了阿黛尔不善于做或不愿意做的事情，成了勇敢的旅行家，辛勤的誊写员，有经验的赞美者和诗歌的化身。"

后来，雨果献诗给她："朱丽叶，这可爱的名字，在我的心田发芽，化作诗歌在我体外开花。你不光是我的心，你还是我的全部思想……"

形势对阿黛尔很严峻：她的位置在哪儿呢？王宫六号的女主人尽管频频举行酒会，按照必要的礼仪打扮得雍容华贵，流光溢彩，接下来却要面对她一个人的漫漫长夜。她尝到了当年丈夫尝到的滋味。而她只有三十几岁。

朱丽叶的爱与被爱十年不减，她还迈着稳健的步伐朝着爱情的第二个十年走去。维纳斯与缪斯的合而为一，她庶几做到了。她还做饭，练得一手好厨艺。

雨果本人一直是劳动者，是园丁，是能工巧匠，是游泳的高手和徒步远足的旅行家，是攀岩者，是行吟诗人，是善于在睡袋中过夜的男人。

作家体验一切。体验一切的前提是热爱一切，投入一切，而热爱与投入的前提是拥有丰盈的童年。

雨果的大女儿蒂第娜十五岁时，和诺曼底一个船主的儿子夏尔·瓦克里订了婚。蒂第娜遗传了母亲的容貌、肤色和体形，是个娇柔的美人。江边长大的夏尔则是游泳健将和雨果的崇拜者。夏尔初见他的偶像时写道："我握着他的手，感觉像握着国王的手一样。"

夏尔大蒂第娜七岁。三年多的恋爱时光，夏尔深爱着他的未婚妻。这是一桩美满婚姻，双方的家庭都很满意。1843年2月15日，婚礼在巴黎的一座教堂举行，雨果为出嫁的女儿写诗："你要爱那爱你的人，在他身上找到幸福；别了！成为他的异宝吧，你啊，曾是我们的奇珍！亲爱的孩子，离开一个家到另一个家，把幸福带去，把苦闷留给我们……含一点泪珠离家，露一脸微笑进门。"

蒂第娜要离开巴黎住到海边小城勒阿佛尔去。驿车要走两天。

3月，蒂第娜写信给母亲："我到勒阿佛尔已经一个月了，还成天包围在如此欢乐与甜蜜的气氛中，以致我突然对这种幸福感到担心。"

雨果也在莫名地担心。他忙着他的新戏《城堡里的伯爵》。朱丽叶对他说："我可怜的天使，希望你振作起精神来，你的爱女这么幸福，你再也不该流泪和失望。"

7月，雨果和朱丽叶漫游法国西南部和西班牙。在小岛上，雨果"极度绝望"。他写道："我觉得这个小岛就像是横躺在海洋中的一副巨大的棺材，那月亮就是伴着它的蜡烛……"

朱丽叶安慰他不成，她自己也担忧了。蒂第娜早就表示：理解她和父亲的相爱。朱丽叶非常珍视蒂第娜送给她的礼物……

9月4日，这个日子把雨果想象的巨大棺材坐实了。

已有五个月身孕的蒂第娜和夏尔到维勒吉埃度周末，星期一返回勒阿佛尔。夏尔托人弄来一艘赛艇，这艘赛艇曾经使他在划船比赛中拿过头奖。"小艇配备有两叶很大的风帆，顺风满帆时，航速很高。"

夏尔和他叔叔想试试这艘赛艇。船体轻，出去不久摇晃得厉害，它返回了，又在船上压了两块大石板。船上四个人，包括一个小男孩。孕妇蒂第娜本来是不上船的，可她忽然动了心。"她请他们稍等一会，急急忙忙换上一条红色平纹方格连衣裙，就上船了。"

"小艇又出发了，风在两叶船帆间鼓荡。不一会儿，在山丘与河流间回旋的一阵风猛地把船吹倾了。装在船上用来压舱的石板开始滑动，使船体更失去平衡……在生死存亡之际，船上的人顽强搏斗，却是徒劳。乘客里，只剩下游泳健将夏尔·瓦克里，他还围着掀翻了的船体拼命挣扎，试图救出他的妻子。她被死死地扣在船里。他枉自弄得精疲力竭，于是，很简单，这个从未离开过妻子的人这次听任自己沉到水下，伴随妻子……"

年轻的夏尔选择了自沉，陪伴妻子和她肚子里的孩子。

"年轻夫妻被装入同一副棺材，人们用肩把他们抬到附近教堂的小墓地。"

雨果的天都垮了。他写信给妻子："可怜的人儿，不要哭了。让我们屈从天意吧。她是一个天使。让我们把她还给上帝吧！"

此后很长时间，王宫广场的住宅笼罩着无尽的悲哀。"母亲手里成天捧着落水遇难者的头发；雨果则默默无言地把小女黛黛抱在膝头上。外公富歇一下子苍老了二十岁。"

雨果经常跑到维勒吉埃，在爱女和夏尔的坟头痛哭不起。年年9月4日，他写诗悼亡。"她十岁我年已三十；对她来说我是世界。草儿多么芬芳啊！在深密的绿树下面……"

"明早，晨曦初露，我就动身。你瞧，我知道你在等我。我将要穿树林，越山岭，再也不能远离你久住。我将不看落日的余晖，和驰向阿尔弗湾的远帆；到达时，我将在你坟上，放一束冬青，和开花的欧石南。"

《雨果传》："1845年，雨果的敌人觉得他不写东西了。其实，他们弄错了，他为他的女儿写下了许多美丽的诗篇。他还在创作长篇小说《悲惨世界》。"

这一年，雨果被任命为贵族院议员。他介入政治。传说他要当部长。

《悲惨世界》是一部描写社会的巨著，分为四个部分：一个圣人的故事，一个苦役犯的故事，一个女人的故事，一个小孩的故事。

《巴黎圣母院》研究宗教，《悲惨世界》研究社会，后来的《海上劳工》研究自然。作家的宏大视野贯穿在这三部巨著中。同一时期的托尔斯泰也是写了三部巨著，其中的《战争与和平》，用伯特兰·罗素的话说："要永久性祛除人类战争的噩梦。"19世纪的文学大师们对人类理性尚有信心。20世纪以降，这种信心不断打折扣。异化在各个领域亮出它捉摸不定的面孔。值得注意的是，19世纪的哲学家如尼采，如斯宾格勒，已经发现人在各个方向受到控制。人与大地的亲密关系正在被切断，而恢复这种亲密关系似乎已经不可能。

里尔克《豹》："强韧的四肢迈着柔软的步容。力之舞围绕着一个中心，在中心，一个伟大的意志在昏眩。"

多重异化使人失去了辨认自己的机会。异化的面积在扩大，生活世界在收缩。吊诡的是，到21世纪所谓信息时代，人对自身处境的把握降到了最低点。

人还是那根思考的芦苇吗？芦苇不是被折断，芦苇被连根拔起。

人是必须随波逐流的那个人……

19世纪中叶的作家和议员维克多·雨果踌躇满志，雄心勃勃：一支鹅毛笔要胜过拿破仑的百万兵。对苦难的深入是为了减少苦难，对不公正的口诛笔伐是为了呼唤公正。这使他的目光越过议会抵达全社会。

1848年春，巴黎爆发了二月革命。首都响起枪声。

各派势力角力。演讲，会议，游行，骚乱……王宫广场六号有被焚烧的危险，雨果搬家。国王让位了。"亲王总统"路易-拿破仑上台，入主爱丽舍宫。"城头变换大王旗。"（鲁迅）

雨果对总统说："三个世纪以来，法兰西威名显赫……法兰西是一个征服性的民族，当它不用刀枪去征服时，便想用精神去征服。看准这一点，干下去吧。不了解这一点就会葬送您……"

总统走开了。他不喜欢雨果说话的语气，更不喜欢雨果讲的道理。

接下来的三年，雨果卷入政治斗争。他站在人民一边，在国民议会中却是少数派。他反对路易-拿破仑。工人和平民的利益得到保障是他的政治诉求，这把他置于危险的境地。既得利益者组成了联盟，他们的背后是总统和军队。雨果的两个儿子被抓进监狱。雨果的光明正大使他在阴谋家面前束手无策。

1851年12月4日，巴黎发生了大屠杀。"至少有四百人遭枪杀。雨果说有一千二百人。"

"自由党人和平民的抵抗已经组织好，可是被残酷地镇压下去了。"

"12月3日的白天是在街垒里度过的……在巴士底广场上，雨果对着一群军官和警察慷慨陈词。"

次日就发生了大屠杀。军人杀气腾腾。雨果在街头奔走，随时可能丧命。

"这几天，朱丽叶一直和雨果形影相随。"

"在血腥的混乱中，朱丽叶继续紧随雨果。从这个女人身上，可以感到崇高而感人的精神。"

四十五岁的朱丽叶头发有些花白了，"但她丰韵犹存。她跟在情人后面，以便一旦需要，她就可以冲上去，用身体来挡住向他射来的子弹"。

危险把爱情的深度测出来了。她美丽的眼睛燃烧着勇敢的火焰。她是他枪林弹雨中的美神。一流的面容和体态看上去更完美。雨果在混乱的街头匆匆向她一瞥，无边的爱意荡漾开去。八年后作家写道：

"我没有被逮捕，从而未被枪杀，活到今天，全亏了朱丽叶·德鲁埃夫人。她置个人安危于不顾，时刻守护我……她昼夜奔走不停，孤身一人闯入夜幕，跑遍了巴黎的大街小巷，骗过哨兵，发现密探的踪迹，在枪林弹雨中穿越马路，总能猜出我在什么地方。她不愿别人谈这些事，可是这些事必须让人知道！"

12月11日，雨果化装后乘火车离开巴黎，前往布鲁塞尔，护照上化名朗万，身份是印刷厂的排字工。"身高：一米七〇（加了鞋垫）。眉毛：栗色。眼睛：栗色……"

护照是朱丽叶想方设法弄来的。

流亡的生活对雨果既是一种打击，又是一种拯救。他的政治生涯融入了文学生涯，却不再有党派纷争，远离了议会的吵吵嚷嚷。他回到他的孤独状态。这对杰出人物来说不难。

雨果说："某种高傲的孤独，似乎是巨人和天才必不可少的。"

流亡生活使他的目光越过小小的巴黎。他在破烂不堪的斗室赢得了全球视野。"他成了一个伟大的流亡者、复仇者、思想家。"

雨果在《悲惨世界》中写道："在我们今天所处的这个黑暗时代……在这个充满了以享乐为荣，以追求短暂无聊的物质享用为急务的行尸走肉的环境当中，凡是流亡的人总是可敬佩的。"

在布鲁塞尔，这位收入巨万的作家，住进年租金仅一百法郎的房子，而在巴黎王宫六号，年租金一千五百法郎。从豪宅走到陋室他根本不在意。当初入住王宫六号是考虑沙龙和议员身份的需要，其实雨果一大家人，日常生活相当简朴。

唯有简朴才能靠近精神的丰富。雨果懂这个。中国古代的圣贤们、文豪们也懂。物欲拖着肉身下沉，这几乎是个物理定律。沉迷物欲的人绝不可能活得朝气蓬勃。那些物欲汹汹者，又必定对大自然施暴，把自然变成"存货"。

雨果写道："贪口腹之欲之辈有多怯懦，智士就有多么勇敢。"

吃货与智士不两立。吃货活一张嘴，而目注长远的智士精神抖擞。

雨果在写给阿黛尔的信中说："我过的是一种苦行僧的生活，只有巴掌大的一张床，两张秸秆编的椅子，一间阴冷无火的房间。"

流亡期间，雨果还拿着学士院的津贴和作家协会的薪金。政府当局不想难为这个国际名人。有一笔三十万法郎的法国公债转到了他手中，他换成了比利时银行的债券，单是债券利息就很可观。他不穷，却下决心从此要过穷日子。而且不是一般的穷，庶几是颜回式的固穷，一箪食，一瓢饮，不改其乐。

作家主动找痛苦，主动摒弃锦衣玉食的生活，长期过紧日子，"他生性喜欢简朴，认为毫无节制的预算几乎是犯罪"。

朱丽叶稍后几天来到布鲁塞尔，拎着大提箱，她带来了雨果的全部手稿。当她走进雨果未生炉火的房间时，不禁有些伤感。不过，十九年来她理解他。她不也一样吗？这么多年的朴素生活，她不是比大多数巴黎女人过得更快乐吗？一条普通的裙子就能让她神采飞扬。她不要奢侈，她深知：奢侈品会点燃女人的虚荣。而女人一旦跌入虚荣的无穷细节，就不可逆转地活向残花败柳。

中年朱丽叶为什么牢牢吸引雨果？单纯而无私的爱使她面目生动。

只是她心爱的作家吃得太差。于是，她每天给他送巧克力茶，为他生炉子，免得他写作时靠走动来取暖。她熬夜给他织围巾、加厚裤子和袜子……

由于她的作家名气太大，一举一动都会传到法国，遭到敌人的攻击。她尽量避免在公开场合跟雨果在一起。天天见面，夜夜相拥而眠，她很知足了。

白天她看不见他，她写信给她的多多："亲爱的，不必为我作出半点牺牲，我生是你的人，死是你的鬼。我向你——我最亲爱的人保证，我决不会成为那些恶毒诽谤的话柄。"

朱丽叶又说:"我愿以一个男子汉的全部勇气,一个母亲的深切关怀和一个死人的毫无私心,来做你可靠的、温柔的、忠实的朋友。"

《雨果传》的作者莫洛阿感慨:"夫妻之间的克己精神从未有人达到过如此地步。"

朱丽叶后来出版的书信集《致维克多·雨果的一千零一封情书》在法兰西产生了持久而热烈的影响,畅销一百多年,至今不衰。她标示了女人之爱的纯度和强度。克己精神乃是浪漫的绝艳花朵。她尝到了无私者的巨大快乐。

过几年她就五十岁了,而在她的作家眼中,她的每个小表情都富含韵味儿。

何谓双双爱入骨髓?这便是了。

她常常拍他的脸,说:"我可爱的小个儿男人!"

当阿黛尔得知朱丽叶和雨果在一起,立刻写信查询,声称她"十分生气"。雨果回信说:"这是一个赤胆忠心的女人,二十年来,她从没有变过心。还有,她能彻底忘我!"

雨果夫人的问题就是不能忘我,更何谈彻底忘我。她输在了二十年前,现在又想挤走为她丈夫挡子弹的女人。这些年她陷入忧郁,她慌,她有某种程度的抓狂。年近半百的女人恐怕一半会慌,慌而乱,乱而抓狂,抓那些永远抓不完的有形之物:大到房子车子,小到口红和袜子。

慌起来的女人抓她看得见的每一根稻草。

直到1852年秋,阿黛尔在巴黎拍卖了所有家当,动身前去与丈夫会合。

大半年的时光,朱丽叶与多多厮守。他写作,她誊写。

《悲惨世界》的写作在继续。

诗歌如岩浆喷射:《惩罚集》《沉思录》……

抨击性的小册子《小拿破仑》,直接讽刺那个残酷的亲王总统,销量高达一百万册。欧洲诸国的译本和手抄本不计其数。

地火在巴黎运行。刀枪杀不死文字。

维克多·雨果成为法兰西的良心。成千上万的法国人一听他的名字就激动不已。就连作为雨果夫人的阿黛尔也受到人们的尊敬……

朱丽叶严冬抄写，酷暑抄写。她已经抄写二十年了，这使她比其他人更能进入伟大作家的内心。她的情和他的心长期互生，互相滋润。

在爱情的长跑中她显示了耐力，跟雨果齐头并进，不时扭头彼此欣赏，享受迎面吹来的风。阿黛尔落在了后面却要坚持，要跑完全程。

秋天，雨果迁到英属泽西岛。阿黛尔希望他去伦敦，他不去，尽管英国有他的大量崇拜者。雨果不会英语，他对这种语言的兴趣不大。后来他女儿嫁给一个英国人，他抱怨说："这就是流亡的后果，我女儿居然成了英国公民！"

法国人很骄傲的，一般尊重德意志民族，看不起英国人和美国人。英美靠坚船利炮和毫无节制的金融鲸吞，残酷的殖民主义与巧取豪夺并举。而法国人反思拿破仑。雨果猛烈抨击波拿巴。

雨果写信对朋友说："假如有舒适的流亡，那么泽西岛就是一个迷人的流亡地。这是野蛮与欢乐在海中、在方圆八里的绿草如茵的床上的'结婚'。我住在海滨一幢简陋的白房子里，从窗户可以望见法兰西。"

野蛮与欢乐结婚，谁是谁的新娘呢？

在小岛上，雨果写完了《惩罚集》。他说："为了尽快完成，我鼓足了干劲。应该加紧，因为我觉得波拿巴开始发出臭味了，他逞狂的时间没有多久了。"

《雨果传》中评论："诗集五光十色，斑驳陆离，一种强烈的感情，即愤怒，贯彻始终。"

有评论家认为诗集太激烈，雨果反驳说："人们可不是用零敲碎打来除掉庞然大物的。我可能吓坏那些资产者，但，我要是唤醒了人民，这于我又意味着什么呢……但丁难道不激烈吗？当我们变成胜利者的时候，我们就会变得温和了。"

激烈是说：事物有唤起激烈的空间。这个空间向来是诗人们的活动区域。

诗人不激烈，空间就隐匿。

泽西岛上的白色房子，人们叫它"望海阁"，带有阳台、花园和菜园。劳力者雨果锄草栽花劈柴，常常干得起劲，艳阳的照射下挥汗如雨。岛上有大批来自法国的流亡者，他们好奇地观望这位拿锄头的世界名人。歌德去世后，雨果被公认为世界头号作家。虽然大仲马等几个作家的作品发行量远远超过他。

《惩罚集》要惩罚谁？"雨果宣布，把皇帝及其苦役犯打入监狱。"

皇帝向这位斗士抛出了橄榄枝，他不予理睬。愤怒的诗人依然愤怒。在望海阁眺望他的法兰西，强烈思念着祖国，却说："巴黎有什么值得眷恋的？几条街道留下一些记忆罢了。"这显然是在安慰自己。

《雨果传》："不论白天还是黑夜，人们都看到这个能言善辩的、义愤填膺的人沿着海滩和沙丘，朝罗扎尔悬崖方向散步。整整一个秋天，愤怒激发他写出许多出色的诗篇。"

《皇袍》《事物的力量》《基督初次接触坟墓》《良心》……诗篇指向形形色色的压迫者，反复翻转他们的灵魂。也许，揭示卑鄙者本质的诗篇可以让他们下地狱。

雨果："坏蛋们既然只有一面被烤，那我把他们翻过来烤。"

卑鄙者需要有人反复指认，否则这些拥有话语权的霸权者，并不费力就能占领舆论高地，谎言铺天盖地，大谈普世价值。卑鄙者会亮出"高贵"的面孔，蛊惑人，驱使人，分化人。

泽西岛上的知识分子分成了几派。雨果竭尽全力维护流亡者之间的团结……他救济贫穷苦难的人，组织了一个公共储金会。

家人尽量节俭，救济穷人则慷慨解囊。这是雨果一贯的风格。

"每逢周一，雨果请四十个穷孩子到家里来吃晚饭。"

雨果的收入有三分之一用来济贫。

小岛上的作家精神抖擞。跑步，散步，沉思，接待来访者。一家人朝夕相处，雨果的小儿子弗郎索瓦着手翻译《莎士比亚全集》。女儿小黛黛学音乐。阿黛尔写回忆录《雨果夫人见闻录》。仆人们也捧着书卷……

朱丽叶和女仆住在离望海阁不远的"纳尔逊府"。雨果跑过去，尝尝她亲手做的菜肴，一起喝两杯葡萄酒，或是下海游泳。她是雨果家中受到儿女们由衷尊敬的一员，她救了雨果的命，而且是挺身而出。街头乱飞的子弹几次擦过她的头皮，灼伤了皮肤，而她本人从来不提这些。

海水浴使朱丽叶瘦身，恢复了一流身材。她抄写了近万行诗歌，又一封接一封给雨果写信。她越写越出色，她的书信集将是法国青年男女的珍藏，将收入教材，将翻译到国外。不过，朱丽叶式的写作只限于吐衷情，记录爱情。出版是她若干年后才起的念头。她的情书对人们有用。她的名字和雨果的名字永远相连……

泽西岛当局不敢得罪巴黎当局，要雨果离开这个小岛。1856年10月，雨果乘船前往盖纳西岛，朱丽叶和他的一家子随行。在波涛汹涌的海上，一只大箱子摇晃了好几下，眼看要掉入海中。离箱子很近的阿黛尔迟疑了几秒钟，而十米之外的朱丽叶奋起一跃扑过去，拽住了那只沉重的箱子。所幸她身高臂长，瞬间的爆发力稳住了滑动的大箱子。雨果先是大惊失色，继而笑逐颜开。

箱子下滑，船又颠得厉害，朱丽叶很可能和箱子一起掉入滚滚波涛。

这真是巴黎尤物的勇敢之尤。箱子里的东西远远胜过皇冠上的钻石。《沉思集》《悲惨世界》《撒旦的末日》《上帝》《街头与林间之歌》的手稿，朱

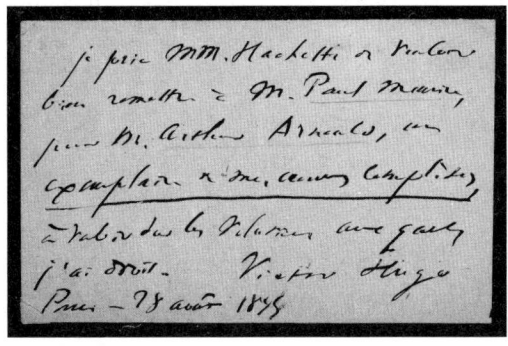

雨果手稿

丽叶把她的心肝宝贝保住了。

阿黛尔愣在当场。她作何感想？许多年来她并不珍惜丈夫的手稿，导致紧要关头不敏感。迟疑的几秒钟呈现了她的三十年……

《皇袍》："纯洁的饮露女，你们像是新妇，来采摘山坡上的百合花，花红的姊妹们，光明的仙女，蜜蜂，你们从皇袍上飞起来吧！你们一起去刺这丑类，让发抖的懦夫感到羞愧。把这不齿于人的骗子刺瞎。猛烈地追击吧，义愤填膺的战斗。但愿飞虫能把他赶走，既然人都怕他。"

《雨果传》："对于整天倚岩而立、向着大洋、漩涡和深渊发问的维克多·雨果，对于工作效率比任何时候都高，并使仇恨升华，给它以美丽形式的维克多·雨果，光阴似箭。"

雨果把大海的咆哮与宁静抛给了人类，为人类克服海洋般的苦难搭建桥梁。

《沉思集》则放眼宇宙、万物和上帝。"上帝赐予人类自由，就必然给他以怀疑的自由。"

诗人说："怀疑使他自由，而自由使他伟大。"

《沉思集》题材丰富，有田园诗，儿童诗，家庭诗，献给朱丽叶的爱情诗，例如《天冷》（诗人深切关怀冬夜畏寒的朱丽叶），还有讽刺诗和哲理诗。

诗集初版一问世，就被抢售一空。

诗集初版的版税高达两万法郎，雨果在纳西岛买了一座"上城别墅"。

这是岛上最高处的房子，四层楼，正面墙上开了十几个向海的窗户。细木工雨果亲自动手，建了宽大的瞭望台，制作了家具。晴天，从瞭望台上可以远眺法兰西海岸。室内陈设既有中世纪的，也有中东的。墙壁上有雨果的题词："生活就是流亡"。

雨果的很多诗句和小说情节都是从梦中得来的。几年来他跟朱丽叶常在一起过夜，诗句和细节仿佛从枕席蹦出来，从轻纱窗帘和她的秀发间飘过来……

1859年，皇帝大赦天下，有些流亡者接受了，雨果却断然拒绝。雨果发表声明:"我与自由一同流亡。自由回去,我才回去。"

福楼拜在巴黎喊道:"雨果是多么不可思议的人!我一口气看完了两卷。我要大声朗诵三千行空前精彩的诗!"

阿黛尔不断离开小岛,去巴黎,去布鲁塞尔,她张罗儿女的婚事。小黛黛跟一个英国小伙子相爱,"雨果勃然大怒"。雨果夫人却让他明白:把小阿黛尔逼到绝望的境地是非常危险的。雨果让步了。大儿子夏尔娶了一个工程师的女儿。小儿子弗郎索瓦孜孜不倦翻译《莎士比亚全集》,并与岛上的姑娘埃米里相恋。

阿黛尔在巴黎,驱车去看望圣佩韦,重叙旧情,重温从下午三点到黄昏时分的谈话。圣佩韦早已是法兰西学士院院士和国会议员,享受着社会名望,生活也很滋润。"在他们机智的谈话中,既有宽恕、俏皮话、热情的低语,也有恶语中伤和笑里藏刀。"

两个人都有积怨,相互的怨气和对那个岛上伟男的埋怨,但恶语说出来恶意就减少了。笑容中的那把刀只具备刀的形状而已,并不伤人……《雨果夫人见闻录》问世,销量节节攀升,版税源源不断。阿黛尔这个名字让位给雨果夫人,她含笑认可,并且公开表示很满意。她成了人们眼中的著名女作家,找她签名的人排起了长队。她快满六十岁了,她活出了异样风采。她赠送一本给朱丽叶,扉页上写道:"德鲁埃夫人惠存。写成并赠于流亡中。阿黛尔·维克多,1863年于上城别墅。"

雨果夫人去了布鲁塞尔,一去两年。婚后的夏尔在布鲁塞尔定居……

维克多·雨果在盖纳西岛上城别墅的十几年,成果极为丰硕。他根本不像个城市人了,"那揉皱的毡帽,软塌的衣领,粗布工作服,无不像一个普通工人的打扮。他感到自由,强大,富有灵感"。

他任凭胡子长,闲置了剃须刀。雨果满脸的胡子像稍后的托尔斯泰吗?或者说,托尔斯泰像雨果。海上的大风刮起大胡子,强有力的思索犹如海浪的涌起，犹如岩石的峥嵘，犹如星空的深邃。夜里他回到他的港湾——朱丽叶永不疲倦的长臂温柔。

梦中也有好诗句。这多亏了朱丽叶。

朱丽叶对她的多多说："假如我有胆量，我一定会乞求上帝把我们在此的日子，一直延续到我们生命的尽头。"

雨果写诗献给头发已花白的朱丽叶："当两颗心在倾爱中渐渐老去，啊！尝到的幸福多么深厚，亲切，耐人寻味。爱情，天作之合！心灵纯洁的联系。曾经相爱的两颗心，如今合而为一。爱情，为了共同的记忆，使他们相依为命，总不分离。这不就是我们的生活吗？朱丽叶！"

叶芝献给毛特岗的《当你老了》一诗，也许受了雨果情诗的影响："当你老了，头白了，炉火旁打盹儿，请捡起这本诗……"

海岛上的几千个日日夜夜，茹茹和多多远不止相敬如宾，毋宁说是两团火焰燃烧在一起。她抄写的稿件堆积在三个房间。她居住的地方由多多命名：上城仙境。作家在仙境写作，灵感犹如击打礁石的一排排海浪，飞珠溅玉的海浪。

强劲的海风和同样强劲的朱丽叶。海风一刮十九年，美人凋谢了如花似玉的容颜，而一部部杰作诞生在海边，诞生在朱丽叶的身边：《威廉·莎士比亚》《小拿破仑》《沉思集》《悲惨世界》《海上劳工》《笑面人》《九三年》……

雨果写道："今天，1861年6月30日，上午八点半，当一轮红日挂上我的窗扉时，我写完了《悲惨世界》。"

世界是悲惨的同义词，所以要斗争，要革命！

《雨果传》："在长期的写作中，朱丽叶始终是雨果坚定不移的支持者。她对这部书爱不释手，满怀激情地誊写。"

这个丽人的心劲真大。她爱，是因为她理解。干活不累啊，干得浑身筋脉通畅，干得五脏六腑清新，吹气如兰。她亲爱的作家是她的好榜样。她也登台演讲，激情澎湃还带着手势："一个热爱生活的人永远不会觉得疲惫，也永远对生活中的细枝末节留意关切，还会对生活中的种种疑惑发起无数追问……"

追问是成长为坚实个体的有效方法，同样还是生活有质量的有力保障。

男人女人优秀到一起了。或者说，在一起优秀。

雨果对朱丽叶的激情三十年不变，原因大抵在此。

请记住：这是激情，而不是所谓脉脉温情。

《悲惨世界》的十二年版权，获得的版税高达三十万法郎。出版商想对书中的哲学议论进行适当的删节，遭到雨果拒绝："轻快而肤浅的喜剧只能获十二个月的成功，而深刻的喜剧会获得十二年的成功。"

成功当然不止十二年。"如今，时间已做出裁断。《悲惨世界》作为人类智慧宝库中的一部伟大作品，已为全世界所接受。"

拿破仑流亡小岛干了什么呢？他能够干什么呢？

而维克多·雨果，卓有成效地致力于提升人类境界的工作。

国会议员圣佩韦发表谈话："雨果在这个相当强大的政府的眼皮子底下，偷偷干出了当代最杰出的成就。所有的人都在读他的作品……"

评论家戈蒂埃说："《悲惨世界》不是人类的作品，而是某种自然元素制作出来的东西。"

岛上的作家把目光转向莎士比亚，《威廉·莎士比亚》是一部"史诗般的、汪洋浑涵的评论著作"。

刚登上纳西岛时，儿子弗郎索瓦问父亲："你打算怎样度过流亡生活？"

父亲："我观望海洋。你呢？"

弗郎索瓦："我翻译莎士比亚的著作。"

父亲望着大海说："有些人好似海洋。"

瓦雷里名句："大海啊，永远在重新开始。"

莎士比亚和雨果，永远在重新开始。

《威廉·莎士比亚》一书的广告单上写着："法国诗人评论英国诗人。"

广告词是雨果本人撰写的。大师们从来不谦虚，他们深知自己的价值。雨果骄傲地说:"我是最懂法语的人。我的后面是圣佩韦……"

巴黎成立了一个莎士比亚委员会,雨果被推选为委员会主席。"由于他不能出席宴会,委员会决定让他的席位空着。这样,巴黎市民将会注意到这位卓越的流亡者在宴会中留下的空缺。"

1865年,《街头与林间之歌》出版。"这本诗集与前面几部书的鲜明对照使读者愕然。"这一年雨果六十三岁,他转身的能力令人惊叹。大力神向他自己发力,击碎固化,超越了艺术瓶颈。一贯尖锐的评论家弗依奥,这次折服了,撰文称:"集子里,没有什么外衣,没有多余的装饰物。呈现的是'新鲜而结实的肉',只由肌肉的活力而跳动,只靠血液的热力而颤抖。我敢大胆说一句:这本集子是以法兰西语言的形式而生存的最健美的动物。"

1866年,雨果六十四岁。每天从早晨工作到午后,然后是音乐、交谈和大量阅读。穿粗布工人服装、蓄大胡子的作家在海边,他喜欢朝着乌云翻滚的方向奔跑。大雨如注,海浪掀天,他照跑不误。朱丽叶向他奔去。五十九岁的丽人神采飞扬。这是夏日纳西岛上的一景。他结实的胸肌和她完美的长腿乃是绝配。

乔治·桑写道:"上帝在人间设有标志,即天才。有天才,上帝就存在。"

《雨果传》:"波拿巴的宣传机器把雨果描绘成一个'被欲望弄得精疲力竭,已经不剩一根头发'的老头,其实,雨果的身体依然像他房屋下的悬崖一样结实。"

他游泳,蹦跳,健步如飞。他攀岩很轻松……

伟大的作品《海上劳工》在上城仙境动笔。朱丽叶紧张地期待着。无所不能的海上劳工既是吉利亚特,又是雨果本人。

阿黛尔回纳西岛小住,拜访了朱丽叶。"朱丽叶马上像国家元首似的进行了回访。"不久,朱丽叶偕雨果去布鲁塞尔度假三个月,在广场上受到民众的热烈欢迎,人们呼喊她和雨果的名字,甚至喊茹茹与多多!夏尔夫妇邀请朱丽叶到林中避暑,"在那里,她给视力衰退的雨果夫人朗读文章"。

1867年9月,朱丽叶致雨果:"半个月来,我采摘鲜花,带孩子玩,沐浴着阳光,享受着家庭和爱情的温暖,我感到充满了幸福。我爱你,我为你祝福……"

回到纳西岛,她和雨果两边住:上城别墅,上城仙境。

朱丽叶致雨果:"对于仁慈的上帝和你惠予我的所有时刻、所有机会,我都要珍惜。"

《雨果传》:"米洛愿出五十万法郎(至少相当于今日一亿法郎——莫洛阿按),以获得《海上劳工》《街头与林间之歌》的版权。"事实上,雨果把这两部手稿给了购买《悲惨世界》的出版商。单行本面世了。弗郎索瓦在巴黎写信给父亲:"你获得了巨大成功,我从未看到过人们的意见如此一致。《悲惨世界》的成功甚至也没有这么大……"

法兰西剧院重新排演雨果名剧《欧那尼》,盛况空前。阿黛尔场场必到,她说:"这是对我青春时期的纪念。我的眼睛能支持住,即使我失明,我也要去看《欧那尼》。"在剧院和大街上,巴黎市民向她致敬。

次年初秋,阿黛尔回岛上。"她和丈夫坐敞篷马车兜风,丈夫对她体贴温存,她兴高采烈。第二天下午三点她突然中风。"

阿黛尔患有高血压。三天后她去世,享年六十六岁。雨果在记事本上写道:"我为她合上了双眼。唉!上帝收下这温顺而伟大的灵魂。我们将把她安葬在我们死去的那位温存的女儿旁边。"

"我捧起鲜花,撒在她的头的四周。接着,我又把花瓣撒遍她全身,整个棺材里都装满了花。然后,我吻了她的前额……"

鲜花般的小姑娘阿黛尔,六十年后归于鲜花。这里有法兰西对生命的理解。

朱丽叶在岛上写信:"自我在此能支配我的生命以来,我的心变大了,好像变成了两颗,我既能以你亲爱的亡妻的心,也以我自己的心爱着你。我要求你在人世间的卓越伴侣,在天国做我的伴侣……"

忘我的女人浑身洋溢着令人愉悦的爱。

这对著名情侣在瑞士看到了阔别三十年的莱茵河瀑布，雨果写日记："我在潭边摘下一片小小的绿叶，递给了茹茹。登石阶时又采了三朵鲜花献给茹茹。"

这是在1870年，二人相遇三十八年。

雨果去参加世界和平大会。"火车所到之处，群众高呼：雨果万岁！共和国万岁！"

《雨果传》："9月3日，皇帝投降。4日，共和国成立。巴黎来电：速带孩子来。"

雨果到了布鲁塞尔火车站，颤抖着喊道："买一张去巴黎的票！"

雨果、朱丽叶、夏尔夫妇等一行人上了火车。"月光皎洁。透过车窗，他们看到了法兰西的原野。雨果哭了。火车于九时三十五分抵达巴黎，迎候他的群众人山人海。"

戈蒂埃的女儿于迪德也在人群中。她和雨果一行走进了一家咖啡馆，"她分开两腿站着，把'欣喜若狂的人群'挡在外面"。

在作家下榻的弗劳旭大街，他推开窗子，对蜂拥而来的群众说："我二十年的流亡，你们用一个小时就补偿了！"

《雨果传》："二十年来，雨果一直是共和国的预言家，反抗帝国的远方斗士。"

而德国正在与法国开战。法国军队节节败退。雨果写下《向德国人民呼吁书》："两个民族创立了欧洲，这便是法兰西与德意志……今天，德意志想毁灭这个欧洲，这可能吗？"天真的天才，低估了那些利益盘根错节的争夺者。

有个朋友开玩笑："战争会为雨果结束的！"

雨果将军的儿子尽管已经六十八岁了，依然雄赳赳要上战场，保卫巴黎，保卫法兰西。诗人呐喊："一个法国人应该为法国而活！前进吧，勇敢的人们！你们走到哪里，我跟到哪里……"

这个声音跟托尔斯泰的声音完全一致。爱人类，首先要爱祖国。国难当头之时，任何人必须首先是民族的一员。任何知识分子必须首先是民族的战士。

"在许多剧院里，人们朗诵《惩罚集》里的诗篇，演出的收入用来为巴黎军队购买大炮。大炮分别命名为'惩罚'和'雨果'……"

1871年1月，战争的双方宣布停战。

夏尔却死于一场车祸。雨果听到消息当时就昏过去了。阿黛尔的葬礼后一年多，又是夏尔的葬礼。雨果和朱丽叶带着孙子们去布鲁塞尔，夏尔生前的家。

现在他只有一儿一女：弗郎索瓦、小阿黛尔。

孙儿孙女们叫他："爸爸爸。"

5月，雨果从布鲁塞尔返回法国。他携朱丽叶漫游了卢森堡，登上古城堡，俯瞰河谷。六十九岁的作家给朱丽叶的头发斜插一朵玫瑰花。"卢森堡为他举行了盛大的欢迎仪式……还有几个十分俊俏的美人带着难以描述的柔媚瞧着他。"

10月，多多与茹茹回到巴黎。

大胡子大作家每天洗冷水澡，吃东西狼吞虎咽，携茹茹远足枫丹白露森林，一抬腿就是三十公里，帐篷里过夜，星空下拥抱，悬崖边烤野物……作家的生活细节和照片登上了报刊，孔武有力的作家把丛林的野性张力带到生活。巴黎的美人们争先恐后拥向他，剧院，沙龙，甚至在家门口。朱丽叶将如何是好？

玛丽出现了，她芳龄二十一岁。而莎拉同样年轻。

"玛丽楚楚动人，长着一头棕发，鹅蛋形的脸红扑扑的，上面生着一副多肉的嘴唇。"

三十年以后，玛丽小姐回忆往事，对人说："他总有讨人喜欢的方法。"

《雨果传》："她爱恋他，钦佩他，景仰他。"

"雨果和她一样敏捷，带着她长时间远足，到附近登山。"

雨果写日记："现在，每天和每小时想的就是这个玛丽。"

当红女演员莎拉不甘落后，她凭借姿色和剧院的接触优势，一步步接近雨果，她说："这魔鬼真有魅力！"莎拉想要怀上伟男的孩子……

《雨果传》："难道她自认为已怀上雨果的作品啦？"

"当时的花王是于迪德·戈蒂埃，她生得花容月貌，头发乌黑，皮肤白里透红，一双杏眼，睫毛又长又密。这个懒洋洋的女人具有不可言喻的魅力。"

七十岁的雨果为她写诗——《你好，女神，行将就木者向你致敬》："女子啊！娇声、顾盼、黑发、金辫。你们去俏吧，虽然我将死！请保住艳丽、爱情、魅力！啊！你们是碧波中的明珠，密林中羽毛光亮的鸟！于迪德，你我的命运紧相依……"

这是以死神的名义向青春女神致敬。

于迪德当晚回应雨果："我的主人，在你足边，黑暗里有一个人，在等待……"

"这次征服使雨果如醉如狂，想邀请于迪德去上城别墅。"

于迪德是四十年前的朱丽叶吗？于迪德才二十二岁。

巴黎太热闹、诱惑太多了，雨果想去盖纳西岛隐居，写孕育已久的长篇小说《九三年》。从热闹中抽身向来是他的绝技。"他还善于对漂亮的女人们做减法。"

诗人写道："我胡思乱想到这个程度：以为爱情的胜利是唯一的胜利……"

诗人要停止胡思乱想，要离开爱情。既然艺术的胜利也不是唯一的胜利。只能有两个人去海岛，谁去呢？1872年的朱丽叶六十五岁了。

艳冠群芳的花王想做雨果的新缪斯，而朱丽叶保持沉默。她跟自己作斗争。花开花谢是自然规律，现在她得直面这个规律。是的，朱丽叶心不老，她的嫉妒心同样不老。朱丽叶不能承认：当自己红颜衰老时，一个具有无与伦比的精力的男子却依然年轻。倘若她承认这一点，她就明智多了。

太多的女人都做不到这种"明智"，包括朱丽叶。巴黎十几年，岛上二十年，茹茹和多多彼此都离不开。这是事实吗？一点都不假。它比事实还要事实，所以叫作：铁一般的事实。

如果她的多多在鲜花丛中陶醉，那茹茹还是曾经的那个茹茹么？

美人垂暮的朱丽叶有一次逃走了，去向不明。茹茹消失给多多看。正受到姹紫嫣红的女郎们强势包围的雨果，对朱丽叶的突然出走作何反应？

"雨果心慌、失望、惶恐不安，请人去寻找她；四处发电报。"

雨果日记："三天来焦虑不安，受尽了折磨。"

《雨果传》："当雨果以为失去了朱丽叶的时候，曾这样思忖：'我的灵魂走了。'"

朱丽叶逃到了布鲁塞尔。她写信给雨果："我将关闭心灵的大门，让自己和仁慈的上帝一起去漫步。"将关闭是说：尚未关闭。

雨果遥遥"跪请"，朱丽叶终于答应回来。雨果日记："我没去看《玛丽·都驿》的彩排，为的是不误九点五分到巴黎的火车。我等了一小时又一刻，没吃饭，花一个苏买了个面包。火车正点到站，我们又重逢了。此时我多么幸福……"

鲜艳的青春面孔潮水般退去了，雨果偕朱丽叶再次前往盖纳西岛，中途在泽西岛逗留一周。岛上近一年，作家完成了杰作。

雨果在11月21日的记事本上写道："今天，我开始写《九三年》。我拿出从巴黎买的崭新的水晶玻璃墨斗，新开一瓶墨水，倒进去……"

墨水吗？不如说是奔腾澎湃的海水。

《雨果传》："一气呵成，这是雨果三十岁写《巴黎圣母院》时的节奏。如今这个七旬老翁精力依然充沛，灵感依然源源不断。"

"朱丽叶满怀激情誊写手稿：'看到地面上他的杰作堆积如山，我真是惊叹不已。'"

维纳斯可以老去，而缪斯不会老。

至爱情侣在巴黎的十九年和小岛上的二十一年，正好是雨果绝大多数杰作的诞生时期。朱丽叶是当之无愧的女神。雨果引领了法兰西精神，朱丽叶引领了雨果吗？她抄写的十万张稿件、她的一千多封情书、她为她的男人和伟人挺身挡子弹的无畏英姿，连同她后来立下的、令人肃然起敬的遗嘱，使她实实在在成了真与善的化身。当然，人们忘不了的，还有她那天使般的美。

雨果携同朱丽叶，让"我爱你"这三个字在人类的心灵中继续生长。

奇妙的是，朱丽叶在盖纳西岛仿佛年轻了二十岁。海风吹拂上城仙境，海月照着情侣缠绵。诗人喃喃说："你只有四十六岁，你好像回到了三十六岁，二十六岁……"

哦，有一年的8月29日，他和她用全身的细胞发了誓。他淋着大雨谈哲学。

1873年元旦，朱丽叶伏地祈祷："啊！上帝，让我和他永远生活在一起！让他中我意，使我如他愿！我生前，叫他一天也不离开我；死后，让他时刻伴着我。"

四十年前他们慢慢地互相靠近。她受了一点委屈，忍不住向他哭诉了四十分钟……然后，两个人像两块相吸的磁铁，更像两块捏到一起的泥巴，更像两滴相融的水！她受惠于他的川流不息，而他由衷感激她："我的灵魂亲吻你的灵魂，我的嘴唇亲吻你的玉脚。"

玛丽突然出现在岛上，而雨果把她打发到布鲁塞尔。于迪德不断写信……

几年后，朱丽叶和雨果又到了上城仙境。巴黎人称雨果"海上仙翁"。古往今来的艺术家在岛上的创作，维克多·雨果的成就高居第一。很可能永远第一。

不过，巴黎真麻烦。年轻漂亮的女人们又来了，雨果搬家，搬到哪儿她们追到哪儿。1874年，雨果全家搬到克里希街二十一号。他每天爬上第五层，"不喘不吁。他的视力依然好，当他平生第一次牙疼时，感到惊讶不已，不禁自问：'这是怎么回事？'"雨果坐巴黎的公共马车喜欢坐车顶……

每天晚上，雨果邀请十几个宾客共进晚餐，他总是胃口好，谈兴高，妙语连珠，年轻的罗曼·罗兰和龚古尔曾经有幸聆听。朱丽叶总坐在雨果身边，"满头美丽的银丝就像小白鸽的两叶翅膀，衬衣映着她那秀气的脸庞……"

这么多年了，她和他互相呼吸着气息，互相汲取着营养。五脏六腑清新,说话、吐气毫无异味儿。她和他的生活习惯完全一致:"十点睡觉,六点起床。"

六十七岁的朱丽叶,她那秀美的面庞,灵动的眼睛,矫健的双腿,洁白的牙齿,优雅的举止……即使她在壁炉旁睡着了,美丽的坐姿依然不变。

青春面孔却在不懈地围攻雨果,她们的平均年龄只有二十多岁。"他身边仍围着一些可恶的年轻女郎。"名演员莎拉还想为雨果怀上他的作品吗?玛丽甘心吗?于迪德又换了约会地点?还有朱丽叶可疑的侍女勃郎歇……

朱丽叶公开宣布:"不反对诗人与美丽的灵感激发者接触。"

她真不该宣布。因为:嫉妒心还是会来找她。

深深懂得茹茹的多多,为她写下名篇《献给一个永生的女子》:"什么?你,荣誉的光环,绝代佳人。你,永恒的你!反倒畏惧过眼云烟……怎么?你,天上的仙女,却害怕人间的佳丽?你主宰一切,却畏惧她们转瞬即逝的光辉,她们被春天抛出来,犹如火花,马鞭草、一串红、百里香,在易逝的晨光里生长,一时使草地花径吐幽芳……你嫉妒!嫉妒谁?你心神不安!为什么?不夜的白日,是你;不尽的爱,是你!亲爱的,在你的碧空安心吧!你,火焰、光明、光辉,总像心灵一样出现。你,壮丽的灿烂霞云,为了太阳永久的吻!"

太阳与月亮接吻吗?

朱丽叶和雨果热吻过十万次么?热吻激活了数以亿计的好细胞。

朱丽叶读到这首诗,"心花怒放,从心灵深处感到激动"。

七十三岁的雨果从公共马车上下来时,被后面的人挤倒在地,他自述:"压断了几根肋骨,擦伤了眼部和嘴皮。于是我爬起来就跑回家,一声也未吭。"

这位巴黎的大人物,经常坐有轨公共马车,家里人也不坐豪华马车。全家出游租一辆车,有时候雨果自己当车夫。作家接触三教九流,经常半夜出现在偏僻的、黑灯瞎火的小巷。《悲惨世界》的作者,深知底层的辛酸细节。这个国会议员常穿工人的粗布工装。他没有身份意识,他拒绝任何标签。轻松自如地穿过不同的阶层才能找到自由。让他幸运的是：这种罕见的自由几乎是艺术家的专利。

压断了几根肋骨，爬起来就跑回家……

萨特说："巴黎街头酒鬼们的生活质量，要胜过爱丽舍宫的法国总统。"

浪漫主义作家浪漫到每一根骨头，却是悄悄地。这是雨果一个人的浪漫，旁观者唯有朱丽叶。她嗔怪着，含笑伺候不得不卧床半月的多多。他写信告诉孙女让娜、孙儿乔治。儿媳妇阿丽丝带着他们去了意大利。

受伤的狮子还是狮子。他自己疗伤。床上放了一个小方桌，他趴在桌上写作。让娜和乔治回来啦，冲进了家门。他们喊："爸爸爸！"

让娜说过："我爱爸爸爸，可我从未对人说过。"

乔治违反母亲的禁令，私自开了一瓶果酱吃。他对祖父说："爸爸爸，是你同意我吃果酱的吧？"

巴西皇帝前来拜访，雨果穿西装迎接客人。皇帝一进门就说："能给我介绍一下让娜小姐吗？"

《雨果传》："让娜见后很失望，喃喃自语：'皇帝连西装都没有。'"

雨果对皇帝说："陛下，我给您引见我的小孙子。"

巴西皇帝马上说："这里只有一个陛下，那就是维克多·雨果。"

狮子5月中旬受伤，6月初就出门活动了，还是坐有轨公共马车。他在参议院的演讲轰动一时，"左派向雨果欢呼"。

次日，让娜走进他的书房问："爸爸爸，在参议院的演讲情况好吗？"

雨果日记："午饭后，我和茹茹，还有让娜一起去了圣蒙代。我们开心极了。"

乔治站在巴黎圣母院前自豪地说："这是爸爸爸的城堡。"

"尽管孩子还小，雨果却要求儿媳妇带着小孩儿一同出席所有的盛大晚宴。"

雨果生日，让娜举杯祝寿："我，最小的人，为最大的人干杯。"

而在她的生日，她胆怯地说："为我干一杯吧。"

《雨果传》:"要是雨果低声埋怨,让娜便用雨果说过的话说:'别埋怨爱你的人。'"

爱孩子,但是决不会宠孩子,不搞孩子的生日晚宴。让娜过了几个生日了,举起属于她的小酒杯还是胆怯。雨果家的小女孩儿活泼开朗,名声在外,连巴西皇帝都想认识她,可是她并不是家里的自我中心主义者。雨果的家里没有这种氛围。

爱别人,理解别人,这是雨果家的传统。利他主义的伟大实践者是毫不张扬的朱丽叶。

应该承认,西方人对小孩子成长的理解比我们高明,他们尊重孩子成长的快与慢,不急不躁,静静等待与适当引领。反观我们,差距不小啊。希望这种差距以后会缩小。事关小孩便无小事。这个沉重的话题还是暂且抛开吧。

《做祖父的艺术》初版几天就销售一空。"这部书的成就是辉煌的……无论在艺术史上,还是在诗歌史上,专门塑造'孩子',是从雨果开始,而且只是在他的著作中才开始有生命。"

儿媳妇阿丽丝改嫁,雨果送上了祝福。

1875年夏,雨果和朱丽叶又踏上了盖纳西岛。11月,他们乘坐"蒂亚娜"号帆船回法国,入住爱洛大街一百三十号,这原是一位公主的住宅。作家写作。接待来访者。新书不断问世,旧作连连重版。

1881年,雨果八十诞辰之际,"人们为他举行了国庆般的庆祝活动,爱洛大街搭起了一座凯旋门。2月26日,巴黎市民列队在诗人的窗下走过,向他致敬。外省城市派来众多的代表团,送来无数鲜花。在公立、私立中学、小学里,取消了对学生的所有处分"。

"雨果不顾2月的寒冷,站在打开的窗户前,整整一天看着从他窗下走过的仰慕者。他左右站着乔治和让娜,身后站着身子挺拔的朱丽叶。一头银丝的雨果眼含热泪。"

"当雨果出现在卢森堡宫的大厅时,参议院全场起立,鼓掌欢迎。"

7月,爱洛大街被命名为"维克多·雨果大道"。

1882年，朱丽叶病了。

长年累月操心、操劳的朱丽叶病了。花容月貌看不见了，沉鱼落雁的姿色只属于当年。她瞒着病情，硬撑着病体和雨果一道远足，田野的泥土气息混着青草味儿，让朱丽叶精神振作。她谈笑，还一步跨过了小水沟。跨越的姿势很美，可是她跌倒了，面无血色。丽人自己站起来，含笑望着她的五十年的爱——多多。

朱丽叶吃东西越来越少了。"可是，在夜里，一听到雨果有点轻微的咳嗽，她还能起来为他生火。"

1883年的元旦，朱丽叶写了最后一封信："亲爱的，我不知道，明年这个时候，我在什么地方。但是，使我感到高兴而自豪的是，我可以给你在我的人生证明书上，为我的一生签上这么一句话：我爱你。——朱丽叶。"

2月，雨果送给她一张照片，并题词："五十年的爱情，最完美的结合。"

她把照片放在枕边。一直看。五十年的情浪溅起又落下。哦，在海边……

雨果连续数月伺候朱丽叶，不断地说话，想以此唤起她的美好记忆，减轻她的病痛。"朱丽叶聚精会神地听着。她努力让自己微笑。直到临终，她还保持着这种英雄般的笑容与姿态。"

英雄般的美人朱丽叶。伟人身边绽放了五十年的绝艳之花。

5月她去世，享年七十七岁。她被誉为法兰西最美的女人。巴黎还成立了"朱丽叶之友协会"，年年纪念这位英雄美人。

她的遗嘱有这么一条："至于金钱方面的证券、票据、纸币等，假如数目可观的话，我声明，它们均属维克多·雨果先生所有。这是他为了便于管理个人钱财而存放我处的，应该全部归还原主。"

证券和金法郎的数目非常可观，雨果悉数转给朱丽叶的亲人。盖纳西岛的上城仙境仍然归在逝者朱丽叶的名下，任何东西都不能拍卖。

诗人哀号："啊！没有她，我该怎样度过残生？上帝啊！让我离世，让我死，不要推迟一天，一时，一分！不然，临终前我会成何样子？"

朱丽叶的墓碑上刻着雨果的诗："世界获得的是她的思想，而我获得的是她的爱恋。"

失去朱丽叶的雨果病了,一病难起。8月,他立下遗嘱:"我把五万法郎赠给穷人。我希望用穷人的柩车把我送进公墓。我无须任何教堂为我祷告,只求为普天下的灵魂祈祷。我相信上帝。——维克多·雨果。"

在此前的一份遗嘱中作家写道:"上帝、灵魂、职责,人类只要信仰这三重观念就足够了。我也不例外。这是真正的宗教。真理、光明、正义、良心便是上帝。"这与托尔斯泰在俄罗斯发出的声音完全一致。

次年,伟人病转沉重。"最令人不可思议的是,他在极度昏迷中,竟然还吟出一句佳句:'人生便是白昼与黑夜的斗争。'这句诗既概括了他的一生,也概括了所有人的生活。"

5月22日,雨果向乔治和让娜诀别。他的最后一句话是:"我看见了黑色的光。"

这使人想起他的一句最美丽的诗:"那个可怕的黑色太阳,黑夜的光焰发自那里。"

守在他旁边的莱蒙说:"雨果临终前的大声喘息,使人想到海水推动卵石的声音。"

年轻的罗曼·罗兰写道:"这位老神仙垂危之际,巴黎上空风狂雨骤,雷鸣电闪,冰雹铺天盖地落下来。"

噩耗传到参议院和众议院,两院马上休会,"表示国家级的哀悼"。

雨果的遗体先在凯旋门下受人瞻仰,然后送到先贤祠安葬。

由于维克多·雨果,先贤祠的三角楣上刻上:"伟大的人物,祖国向你们致敬。"

"5月31日,这座巨大城市的所有市民通夜为雨果守灵。"

"大街上,房子里,到处有人吟唱他的诗歌。"

"整个民族的声音震撼着这位躺在灵柩里的死者。"

"两百万法国人跟在柩车后面。在人流如潮的大街两边,竖起了许多木杆,杆端悬挂着的牌子上写着《悲惨世界》《秋叶集》《沉思集》

雨果雕像

《九三年》……"

"一个国家,将这种迄今习惯上只授给君主和军事首脑的崇高荣誉授予一位诗人,在人类历史上还是第一次。"

"时间可以淹没小丘和山岗,但淹没不了高峰。人类遗忘的大海淹没了多少十九世纪的作品,而雨果的作品像海岛一样,傲然屹立于大海之中,露出它们那千姿百态的尖顶。"

法兰西的一些重大历史建筑,都与雨果的某一诗篇紧密相连。"从凯旋门到旺多姆广场的石柱,整个巴黎使人感到就是对维克多·雨果的颂诗。"

雨果,这位西方浪漫主义的巅峰人物,他的浪漫灵魂注入法兰西的躯体。他身边的朱丽叶不会被人忘记。上帝、灵魂、职责,既是雨果一生不倦追求的三重观念,也是朱丽叶用生命加以阐释的东西。朱丽叶的忘我精神和利他主义是她献给雨果的,也是献给人类的作品。就个体而言,朱丽叶更纯粹。

维纳斯与缪斯的合体,款款来到人间。

两个人的珠联璧合是上帝的旨意吗?

起风了。请打开雨果的书……

契诃夫
CHEKHOV

小说巨匠，戏剧大师

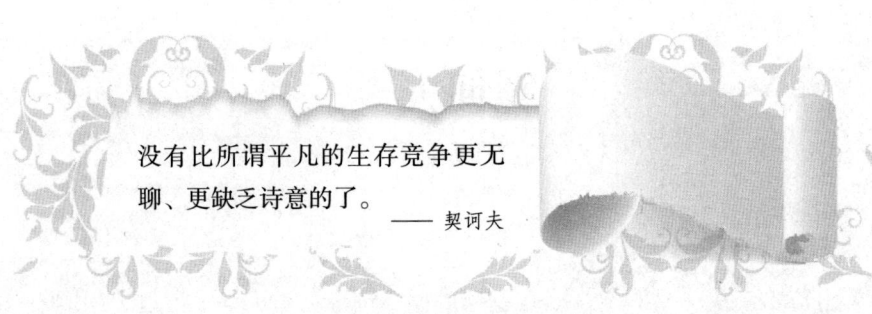

没有比所谓平凡的生存竞争更无聊、更缺乏诗意的了。
——契诃夫

契诃夫的全名是：安东·巴甫洛维奇·契诃夫。

契诃夫的父亲巴维尔是等外商人，祖父伊戈尔是农奴。当时的俄罗斯，商人以财产的多少分为三等。在南俄的一个海边小县城塔甘罗格，巴维尔开了个杂货铺，品种多得令人惊叹，吃的、喝的、用的、玩的，应有尽有。他十六岁的时候还是农奴，为地主当牛做马。他的坚韧不拔的父亲伊戈尔，为了摆脱奴隶身份拼命干活，咬牙攒钱，攒了三千五百卢布，于1841年把全家赎买出来，进入平民阶层。

伊戈尔是这个家族的救星。

巴维尔像父亲一样苦干，节俭，起早贪黑，为杂货商人科贝林干了十三年，攒下三千卢布，终于自己做起老板来。从前他被科贝林呼来喝去，现在他在自家杂货铺走来走去，面带受人认可的小老板式的笑容。他与叶·维·莫罗佐娃结婚，有了五个儿子和两个女儿。

安东·巴甫洛维奇·契诃夫排行老三，生于1860年1月29日。大哥亚历山大·巴甫洛维奇，比安东大五岁。

《淡淡的幽默：回忆契诃夫》一书，我购于1991年的秋天，书名一下子就吸引了我，而现在我担心，这么有价值的书不会再重印了，人类优秀分子的生活细节正在丢失。这部近八百页的集体回忆录，头一篇是亚历山大所作《契诃夫的童年》，却跟安东的二哥尼古拉的描述相反。尼古拉大安东两岁。

孩子们要轮番守铺子，大哥守得多，像父亲一样背着手来回走，迈方步，眯眼瞧瞧街坊邻居。这使他的心理和肢体语言都靠近严肃的、脾气古怪的父亲，同时靠近家族传统。他写的回忆文章既控诉父亲，又指出安东童年不幸福,"他既不能奔跑,也不能蹦跳,更不能淘气"。

大哥"压力山大",于是缺啥想啥,把奔跑、蹦跳和淘气视为幸福童年的标志。他是对的。但他的回忆是错的。二哥尼古拉猛烈抨击大哥的回忆录。作家的小弟米哈伊尔支持二哥,反对大哥。小弟写道:"家里是日出而作,日落而息。人人都起得很早,孩子们上学,放学,做功课;但凡有空闲,每个人都做起能够施展自己才华的事来,亚历山大制作电池,尼古拉画画,伊凡装订书籍,而未来的作家写文章……晚上父亲从店铺回来,便开始合唱,因为父亲喜欢照着乐谱唱歌,所以把孩子们也教会了。他还和尼古拉一起表演小提琴二重奏,钢琴伴奏是小妹妹玛莎。母亲总是忙忙碌碌,不是操持家务,就是用缝纫机给孩子们做衣服。"

别尔德尼科夫《契诃夫传》:"大海、码头、港口,以及离塔甘罗格三公里的那个叫卡兰京的海滨公园,都是孩子们流连忘返的地方……通向大海的一边是一望无尽的南方大草原,安东兄弟在童年就踏遍了这辽阔的地方。"

笔者尝言:一方春水池塘,大于五湖四海。

何况小时候的契诃夫拥有大海和草原。

大哥自己未能释放天性,于是认为三弟的童年不幸福。他看见的都是他想要看到的,生盲点而不自知,跟二弟、四弟的回忆发生冲突。由此可见,亲眼看见和亲身经历未必靠谱。这话题不小,留待后面写哲学家的时候详谈。

我父亲一直认为我小时候不快乐,理由是家里房子太小,吃穿简单,我也没有玩具,过年没有邻居孩子炫耀的压岁钱:从幼儿园到中学,我确实没见过一分压岁钱。物与钱在后来的放大,铸就包括父亲在内的太多人的盲点。父亲哪里知道,我们这些娃娃每天疯玩八九个钟头,寒暑假,更是每天疯玩十几个钟头,天上都是脚板印,天天玩到黑摸门,草、木、花、虫、鱼、鸟,都是玩具。玩得很嗨啊,星星月亮也是具有"上手性"的玩具,夜空魅惑人啊,草垛上盯星空,盯到启明星升起。一年戏水三百次,水啊,水啊,亲爱的水,溪水,河水,浩浩岷江水。孩子们在工业文明与农耕文明的交汇点上,活得天宽地阔,活得像风一样自由,每一秒钟都像晶莹的露珠:浑身上下都是兴奋点,兴奋点又不会轻易推高。

今日城市儿童，难以相提并论。以后更难了。

主动性是一切生命享受的最大前提。笔者此言，不避重复。

成群结队的孩子才是孩子。单是契诃夫一家，就有七个子女。《契诃夫传》："这是一群身体结实、活蹦乱跳、调皮捣蛋、吵吵闹闹的孩子。"

载入全球无数选本和课本的中篇小说杰作，海明威的《老人与海》，契诃夫的《草原》，一般名列前茅。后者描绘的主人公、九岁的小男孩儿叶果努希卡，取自作家的童年经历。契诃夫兄弟屡去爷爷家，漫游大草原，"造访朋友和熟人的庄园"。有一次，安东跳下冰冷的小河"野浴"，顺便摸几手不肯动弹的鱼虾，结果害了一场大病，伏下身体的后患。人们把奄奄一息的小安东送到大车店，店主人殷勤好客，连续几天的细心照顾让他活了过来，使他一生难忘。

《草原》还原了一个小孩子对草原的全部印象，全部感觉。小说有几个人物，没有完整的故事情节。名篇《第六病室》《没意思的故事》《老人与海》《大双心河》也几乎没有故事。

好小说总是逸出故事。单以故事吸引人的小说大抵平庸。

杂货铺老板巴维尔从实际生活出发，总结了一套奴性哲学，他写信教训儿子伊凡："你要服从政府，尊敬师长，尊敬父母，这是每个年轻人共同的义务。只要你还受人管教，就必须按此行事。等你长大成人，言行都已成熟，那时你就可以支配别人了。绝不会是另一个样子！一切生活在地球上的人的共同秩序皆源于此。"

逆来顺受十三年，契诃夫的父亲巴维尔才有了一个杂货铺，才结婚，才有了七个可爱的子女……就他所处的阶层而言他是对的。爱劳动，艰苦奋斗，以轻松为戒，"以自苦为极"。这是墨子的信条。可是墨子的门徒终于起来反抗，"墨侠"八方游走数百年，受到司马迁的赞美。农民苦，工匠苦，小商小贩苦，女人们更苦，另一边却是"老爷们"一代又一代的骄奢淫逸，横行霸道。

契诃夫不可能认同这个秩序。不可能。中学毕业考作文，题目叫"无领导乃最大之不幸"，契诃夫写了五个小时，最后一个交卷。他在试卷中倾泻对领导的不满。

父亲的目光囿于祖祖辈辈的卑微生活，儿子博览群书，超越了自己，也超越了商人阶层。

杂货铺养活了一大家子，家里还有钢琴，有大提琴小提琴，还请了法语教师。等外商人朝着等内奋进，有望跻身所谓中产阶层。但是问题出来了，问题在于巴维尔有音乐、绘画的天赋。他把一件件乐器往家里搬，又带着孩子们出去公演，参加教堂的唱诗班。他和大多数等外商人的行为方式不同，并未忙于教儿子学会短斤少两，克扣买主，以次充好，顺应商埠的潮流做个奸商。不合时宜的诚信在契诃夫家有了小气候，这对大作家的成长却是必不可少。

米哈伊尔回忆："父亲常常为了音乐而忘记自己养家糊口的生计……他长期在市选举机构中任职，从不放过任何一次庆祝会，从不错过任何一次本地名流聚集的宴会，平时还喜欢高谈阔论。"

街上的铺子急需照顾怎么办呢？这位老板"打发一个儿子到店铺里去"。

遗传基因暗中助推他，隐形火箭般弹射他。不单是想要在中产阶层活出个人样，更重要的是，这个商人酷爱音乐与绘画。作家抱怨："当时我和两个哥哥在教堂里三人合唱《改邪归正》《天使之音》的时候，大家都以感激的眼光注视我们的双亲，啧啧称羡，而我们却觉得自己是一些小苦役犯。"

小苦役犯要按时做早祷，义务打杂，敲钟，送饭，不厌其烦地唱诗。小安东跟随二哥跑掉了，跑向繁忙的码头，跑向卡兰京滨江公园，追马车奔向大草原。

海明威逃离橡树园小镇的教堂唱诗班，成为野小子和作家，与契诃夫的生存向度颇相似。两位世界级作家都不喜欢城市生活，盖因他们深深懂得什么叫自然。眼下的中国作家，大抵挤在大城市。

大哥亚历山大的儿子，后来成为世界知名演员。米哈伊尔的儿子后来成为画家。安·巴·契诃夫就不用说了。

在农奴、庄稼汉身上长期积蓄的精神力量，集中显现于契诃夫家的年轻一代。

普希金有乳娘的爱，契诃夫有母亲的爱。二哥写道："母亲是坚决反对奴隶制的，她给我们讲地主虐待农民的种种暴行，同时教导我们，不仅要爱护和尊重所有不如我们的人，而且要爱护一切鸟类和小兽，以及一切无自卫能力的生灵。"

《契诃夫传》："叶甫盖尼娅·雅科夫列芙娜是一位娴静、纯朴、识字不多的妇女，她的宝贵资源是大自然赐予的。"

普希金的乳娘阿里娜不识字，《喧哗与骚动》中的唯一健全的人物、年老的女仆吉尔西不识字，鲁迅先生爱戴的"长妈妈"不识字，苏东坡一生敬爱的保姆任采莲不识字……类似的例子不胜枚举。

说明什么呢？仁慈、纯朴与文化或学历有关系吗？我是存疑的。

这些年，高学历人群中倒是常见精致的自私自利。

契诃夫在塔甘罗格古典中学读书，他在小说《套中人》里写道："塔甘罗格中学实质上是一个特种苦役队，是一个由希腊语和拉丁语的课堂翻译代替棍棒的劳改营。它不是科学殿堂，而是散发着警察岗楼里那种酸臭味的教养院。"

如此尖锐的抨击，表明作家对母校深恶痛绝。契诃夫显然有激烈的一面，把学校比作苦役队、劳改营、教养院，还顺便讽刺带酸臭味的警察岗楼。

批判现实主义作家首先要具备批判的力度。

中学生契诃夫勤跑图书馆，他在写给妹妹的信中说："我读德语小说读得太多了。"屠格涅夫、塞万提斯、莎士比亚、雨果，他也读得如痴如醉。叔本华的著作是他需要攀登的高山，哦，还有比叔本华更深刻的尼采。尼采呼唤超人，把普通人视为粗制滥造的产物。

西方作家以及日本作家，大都受哲学家的影响。作家缺了哲思是看不远的，下笔的生动、故事的精彩如果配上短视，那么，越生动越糟糕。

少年契诃夫在剧场胡闹，出风头，颇似彼得堡皇村中学的普希金。港口城市塔甘罗格是一座有名的戏剧城，契诃夫的朋友回忆："有多少次，我们离开剧场时都是喊哑了嗓子，拍肿了手掌，常常是观众都散了，剧场的灯也熄了，可是一小伙中学生，还在剧场大厅和廉价座位上大喊大叫。"

契诃夫是廉价座位的常客。有时静得像一棵小树，有时大呼小叫到终场。走出剧场接着闹："每次演出结束，我们把外来的演员，特别是女演员从剧院一直送到旅馆，有时雇四轮马车，但把马卸下来，亲自拉车去送。"

学校不允许学生擅自去看戏，契诃夫乔装打扮，粘胡子，戴墨镜，拄文明杖，穿上父亲宽大的衣服。一小伙中学生提前守候在戏院门口，一开门就冲进去，在廉价座位中占个好位置。伊凡回忆："我们不懂得什么叫话剧，什么叫歌剧或轻歌剧，反正我们对什么都感兴趣……我们从剧院出来，一路上不顾阴天下雨，道路泥泞，在大街上边走边兴高采烈回味剧中的情景。"

家里也变成了小戏场，"第二天，安东能按各个角色把一台戏剧表演一番"。

兄弟姐妹多，赏心乐事就多。

契诃夫十三岁看《美丽的叶莲娜》，从此成了戏迷，手头有点零花钱就跑戏院，冲大门，装大人，把莎士比亚、果戈理、奥斯特洛夫斯基带回家去表演。两条轨道在他脚下延伸，小说巨匠和戏剧大师都在他身上萌动。

更小的时候，大约五六岁，契诃夫装扮成小叫花子，到叔叔家倚门行乞，骗过了叔叔的眼睛，得到一枚铜板。念中学一发不可收了。课堂、食堂和家庭都是剧场。家庭戏剧要发戏票的，请来的观众要对号入座。有一次上演喜剧《马车夫》，契诃夫表演村长太太。德罗西回忆："这个戏我们排练不下十次，你怎么也想象不出安东一亮相就逗得观众大笑的情形，他的表演真是妙不可言。"

小说、哲学、科学、戏剧和音乐，还有对海洋、草原的深切体验，对生活中各色人等的观察与沉思，所有这些，合力铸造少年契诃夫。体育活动的记载不多。这个高大而匀称的美少年也没有闹恋爱的记载。

父亲破产了,十六岁的契诃夫和哥哥弟弟妹妹们陷入窘迫。全家人搬出心爱的房子,住进草棚,因为房子被"好心人"骗走了。时在炎炎7月,棚户热得要命。

米哈伊尔写道:"我们在棚户里早早起来,然后安东就带我去买当天的食品。有一天他买了一只活鸭子,回家路上他一边走一边薅毛,薅得鸭子嘎嘎直叫。安东说:'要让大家都知道,我们家也吃鸭子!'"

巴维尔破产的过程中来了几个"好心人",这些人都是城里的商人,是巴维尔的朋友,他们一步步编织圈套,轻而易举就把酷爱艺术、热心市政的巴维尔装了进去,使他雪上加霜。铺子、房子都没了,还欠一屁股债。巴维尔逃债去了莫斯科,大哥二哥也走了,母亲随后带着女儿去找丈夫。

欢乐的家庭散了,兄弟们各奔东西。

突如其来的家道中落,迫使未来的作家陷入痛苦的思考。冷眼打量社会上的各种人,审视小市民,追问大大小小的商人。学校内外,契诃夫对人性的恶已有充分的掂量。他留在塔甘罗格直到念完中学。

鲁迅十三岁那一年父亲去世,家里穷了。鲁迅说:"父亲的死,让我想了很多事情。"人受刺激,就会想事情。鲁迅揭示扭曲的国民性,与契诃夫异曲同工。

大哥的专横不亚于乃父,但他到莫斯科半年后,给安东写来一封忏悔信:"那时,你第一次显示了独立的性格……为了叫你重新服我,就用一个铁盒子打你的头。你出了铺子去找父亲,我则等待挨一顿暴打。可是几个钟头以后,你大摇大摆地从咱们的铺子前走过,故意连看都不看我一眼。我久久目送你的背影,自己也不知道为什么就呜呜哭了起来。"

不妥协与宽容,都是契诃夫。

安东在写给弟弟伊凡的信中说:"我不喜欢你把自己称为'渺小而平庸的小兄弟',你认为自己渺小吗?老弟,你知道在谁的面前自己才会显得渺小

契诃夫

吗？在上帝面前，在美、智慧和大自然面前，而不是在人们面前。"

抵抗父兄的专横，振起小弟的自卑与自怜。年轻的契诃夫显示出人格的健全。

二哥写道："他是一个非常出众的美男子，一个行为端正的人，一个心地善良、顾恋家眷的人。"安东的性情像他母亲。

1879年，契诃夫上了莫斯科大学，还得到一笔每月二十五卢布的奖学金。

契诃夫选择了医学院，五年后毕业，获得县级医生的职称。紧张的学业之余他写下大量的小说、随笔、小品文，发表于《闹钟》《蜻蜓》等杂志。后来又做过记者。他在信中说："该睡觉了，我头顶上正在跳舞。乐队吹吹打打，正在举行婚礼。楼上住着一个小饭馆老板，他把房子租出去供人举办婚丧事，午间追荐死人，晚间举行婚礼。或者是死亡，或者是受孕。"

大学生契诃夫给各种报刊供稿，挣一点稿酬贴补家用。累坏了。

作家自嘲："我小恙在身，瘦得像干巴蜻蜓。"

冬天冷得牙齿打战，无钱生炭火；朋友邀请他到温暖的彼得堡去，他苦于拿不出路费。不难想象作家大学时代的辛酸。全家人关注他那点微薄稿酬，维系收支平衡。"下个月我的稿费只要不足二三十卢布，我这平衡就完蛋啦。"

一件旧外套，契诃夫穿了十年。医学院毕业后，情形还是老样子，"我大量地写……一天到晚疲于奔命。至今我还没有把行医的招牌挂出去，而病还得照看不误。得得得，好冷啊"！

他写信告诉朋友："我家人口众多，所以我手头连十个卢布的闲钱也没有。我不忍心从家庭的生活费用里往外挤。"

在莫斯科，安东成了事实上的一家之主。道德形象是在日常生活中建立的，他不自私，对自己苛刻，但嘴上和书信中从不说这些。他在家里强调规则：

"不许撒谎。""要讲道理。""这是不对的。""这么做有损大家。"

大哥曾经凶巴巴地反抗父亲，渐渐地，他也变得像父亲了，拿父亲的鞭子抽小弟。契诃夫冲上去夺过鞭子。兄弟们鼓起勇气站在契诃夫身后，这叫得道多助。大哥和父亲一样蔫巴了。家里终于有了新秩序。道理高于个人权威。

契诃夫写道："父亲和母亲是我们在这个世界上仅有的亲人，他们对孩子的无限慈爱是怎么颂扬都不为过的。与此对比起来，他们那些由于生活艰难而产生的种种缺点都是不值一提的。"

父亲的蛮横他并没有忘记，他写信给大哥："你回想一下，每当父亲只因为菜汤稍咸就暴跳如雷、痛骂母亲是蠢货的时候，我们是多么害怕和厌恶啊！"

早在塔甘罗格，中学生契诃夫致信堂兄说："请一如既往，慈悲为怀，安慰我那位精神和肉体都完全被摧垮了的老母。"

中国民间，这叫作懂事早。

家里不缺诚信，但是缺平等，契诃夫努力再努力，抗争再抗争，重建了家庭道德。这个漫长的过程复杂而又艰难。人们对他的印象是：幽默，爱逗乐，待人很随和。然而大画家列宾看出了别样的东西："他那种明察秋毫、毫不容情、纯粹俄罗斯式的锐利目光，比他脸上的任何表情都更为突出。"

一面是仁厚宽容,一面是刀子般锐利,毫不容情,二者合起来才是契诃夫。

"横眉冷对千夫指,俯首甘为孺子牛。"战士鲁迅对亲人、对朋友、对陌生的文学青年关怀备至。我捧读厚厚的两大卷《鲁迅书信集》,真是良多感慨。

1889年,契诃夫写信给出版商、自由撰稿人苏沃林:"有一个年轻人,是农奴的儿子,开过小铺,当过歌手,上过中学和大学。他学会了巴结大官,亲吻神父的手,崇拜别人的思想,为每一块小面包而感恩戴德。多次挨过鞭打,到各家去给学生授课穿不起套鞋。打过架,斗过殴,作践过小动物,喜欢在有钱的亲戚家吃午饭,毫无必要地对上帝和人们言不由衷,弄虚作假。这样做仅仅因为他意识到自己微不足道。请写出这个年轻人怎样从身上一滴一滴地挤出奴性,终于有一天苏醒过来,感到在自己血管中流动的不是奴性血液,而是真正的人的血液。"

那个年轻人有契诃夫的影子么?审视社会的眼光,从审视自己开始。

"一滴一滴地挤出奴性",可见奴性深埋在毛细血管中。作家除了挤出自己的奴性,还要唤醒更多的人。"哀其不幸,怒其不争。"

短篇小说《一个小公务员之死》,写十四等文官契尔维亚科夫(这个姓氏在俄语中与蝗虫、蛆虫谐音)在戏院看戏,忽然伸手强捂嘴,却终于忍不住,打了一个大喷嚏,似乎惊吓了坐前排的将军大人。小官惶惶不可终日,越想越多,于是鼓起勇气上门去道歉,没完没了地解释,反反复复表白。被他纠缠得筋疲力尽的将军说:"您简直在开玩笑,先生!"

小公务员左想右想,想不通,他认为尊重大人物乃是社会生活的神圣准则,他想:"这怎么是开玩笑呢?这根本没有讥笑的意味,还是个将军呢,竟然不懂!"

小公务员契尔维亚科夫"认真地生气了",而且越想越气,同时也越发惶恐了,联想前程,眼睛一黑。可怜的小官,竟然被自己在戏院打的一个喷嚏吓死了。

短篇小说《上尉的军服》,写乌尔恰夫上尉订制了一件军服,取军服时不仅不付钱,还在裁缝梅尔库洛夫的背上狠狠打了一大杖。裁缝梅尔库洛夫的妻子惊呆了,可她更为惊讶的是,丈夫挨打后脸上浮现了怡然自得的微笑,笑眯眯的眼睛里还闪动着泪花呢。

"'一眼就看出他是真正的大老爷!'裁缝喃喃说,'这些人待人挺客气,受过教育。想当初,我给什普采尔男爵送皮大衣去,嚆,一点不差,也就是这个地方挨了一巴掌,他抡起巴掌,啪的一响!津姆布拉托夫少尉老爷也打过我!'"

这个兴高采烈的奴才,他的奴性已经膨胀到忘我和无私的程度。老爷们简直把他打得心花怒放,让他永远铭记幸福的挨打的响声。也许是潜意识作祟:老爷不打他的时候他就没活干,没饭吃。

短篇小说《渴睡》,写十三岁的小保姆瓦尔卡哄主人的小孩儿睡觉。小保姆连日受驱使,忍气吞声,劳累不堪,记不清自己什么时候睡过觉了,她不停地唱儿歌,摇娃娃,渴睡得要命。婴儿哭闹,哭闹,哭闹;瓦尔卡想呀,想呀:有什么法子可以让小孩儿不哭啊?愁眉苦脸、渴睡得要命的小姑娘终于露出笑容,哦,原来让婴儿不哭不闹很简单,非常简单。她把婴儿的呼吸掐断了,她在摇篮边幸福地睡着了……谁杀了婴儿?又是谁从来不把女仆当人?

小说伏下问题而已。这是我读过的关于渴睡的最好的小说。

《假面》写一个戴面具的流氓在阅览室与一群知识精英发生争吵,知识精英们怒不可遏,恨不得将流氓置于死地,然而流氓摘下面具,竟然露出了百万富翁、世袭荣誉公民巴契果罗夫先生的尊容,知识精英们的愤怒马上变成了自认有罪,一个个惊慌失措了。这群高谈普世价值的吠犬,纷纷夹起尾巴,又一齐向富翁摇尾巴……这篇小说可与鲁迅的《三闲集》并读。

《普里希别叶夫中士》写低级军官普里希别叶夫在街上发脾气,打了几个人,受审时认为自己打人有理。难道老百姓可以当众对当局出口不逊吗?这个中士向民事法官申辩:"如今这些老百姓也太放肆了,根本没把法律放在眼里,这可把我气坏了,于是我就动手了。"

他被判刑一个月,完全蒙了。"可是等他走出法庭,一眼看见农民聚在那儿聊天,就有一种已经没法克制的习惯,使得他做出立正的姿势,用沙哑而气愤的声调嚷道:'散开,老百姓!不准成群结伙!回家去!'"

短篇小说《歌女》。

短篇小说《吻》。

短篇小说《磨坊外》。

短篇小说《变色龙》。

中篇小说《跳来跳去的女人》。

中篇小说《第六病室》。

中篇小说《神经错乱》。

中篇小说《没意思的故事》。

……

契诃夫、卡夫卡、海明威,一般认为这三个作家把中短篇小说发挥到最好水平,法国作家莫泊桑稍逊。而汉语小说的外译比较困难,没有纳入比较中。

顺便提一句,契诃夫的小说,汝龙先生的译笔称佳。这些年的翻译小说很难找到一本可读的。翻译追求速度,正在把不朽的经典变成速朽。

19世纪80年代初,契诃夫在莫斯科挂牌行医,收入不错。但还是穷,家庭开销是个无底洞。医生契诃夫快乐地写道:"啊,不久前我给一位小姐治牙,没治好却得了五卢布。给一个修道士治痢疾,治好了才得一个卢布。给一位女演员治胃病得了三卢布……真叫我高兴得不知如何是好。"

当时一卢布,能买很多东西。

契诃夫偶尔上一回小酒馆,喝几杯伏特加,高兴得像小孩儿,要对朋友讲的,描述喝酒吃肉的细节,仿佛又上了一回小酒馆。如果每月的诊费和稿费有一百卢布,他自己每月只花几个卢布,大约二十分之一。那件令他出门感到寒酸的旧外套还在穿,商店前踌躇了几次,未能掏钱买新的。

契诃夫自言"小恙在身,瘦得像干巴蜻蜓",其实那不是小恙。

长期缺营养,有时冻且饿,我们的作家身子不好。他自己也不愿意正视。

19世纪80年代中期,契诃夫给病人看病,渐渐不收钱了,他写信给医学院的教授说:"一个夏天收治了数百名患者,可只挣了一个卢布。"

后来,一个卢布也不收了。他年年给农民看病,连一戈比都不收。

高尔基在火车上遇到一位上了年纪的缫丝工人,闲聊中谈起了契诃夫,老工人顿时眼睛放光。高尔基写道:"老人愉快地笑了笑,说:'安东·契诃夫啊!'好像有什么事让他喜出望外似的,但立刻眉头紧锁,又说,'一个怪人!'接着用非常严肃和不赞成的口吻添加说,'一个糊涂人!'"

高尔基笑问:"谁是糊涂人?"

老人说:"契诃夫呗!有一次他来给老太婆,我那个妻子看病,治好了。后来我生病了,他又来给我医治,我给他钱,他不要。我说:'亲爱的,你这是干什么呀?你将来靠什么过活?你到什么地方去,万一别人不让你做事,你可怎么办?你两手空空,到哪儿去安身?'他笑了笑,再没有别的了。过了一会儿,他说:'要是人家把我赶走,那我就娶一个女老板。'我说:'如果你没有地方安身,谁会嫁给你?'他又笑了,好像谈的不是他似的。"

契诃夫对家人好,慢慢就对外人好,尤其对穷人好。老吾老以及人之老,幼吾幼以及人之幼,这种博爱是发自内心的,毫不张扬的。精打细算的杂货铺老板的儿子,看病却不收钱,年复一年做义诊,而且有求必应,再远的路也要赶去,再冷的暴雪天也要出门。

由于作品持续畅销,契诃夫一家子的生活慢慢好起来了,在莫斯科有了像样的房子,在相对温暖的梅利霍沃有了乡间别墅。

契诃夫的性情,很大程度上来自他母亲。

俄罗斯功勋艺术家塔季扬娜追忆:"我从未看见安东的妈妈闲着,她总是在缝纫,剪裁,煮、烤一些东西。她睡得比谁都晚,起得比谁都早……她

契诃夫与母亲，后排为玛丽雅（左）和克尼碧尔

睡觉前总要跑到我房间里来，把一个鸡肉馅饼或别的东西放到床边的小圆桌上，用悦耳的吐气音说：'孩子，你快饿了吧？'我呢，我喜欢坐在她房间听她回忆往事，其中大部分是关于'安托沙'（契诃夫的小名）的。她告诉我，当安托沙还是大学生的时候就说：'妈妈，从今天起，我要自己给玛莎付学费了！'"

这位辛劳一辈子的母亲说："安托沙的头一件事，就是一切自己付钱，挣钱来养活大家。他那炯炯发光的眼神也在这样说：'妈妈，以后我自己来付钱。'"

塔季扬娜动情地写道："她对我说的时候，自己的眼睛也炯炯发光，脸上堆满笑容，这使契诃夫式的微笑变得多么魅人！她这样的微笑传给了安东，传给了玛莎。我从未见过兄妹之间有像安东和玛莎那样的手足情。"

哥哥挣钱为妹妹付学费，挣钱为妈妈，为哥哥弟弟。美丽的玛莎"有一切权利享受个人幸福，但她拒绝了一切人"，她照顾忙碌的、身子不大好的哥哥，一生不嫁人，婉拒了众多追求者，这些人从莫斯科或彼得堡追到乡下，其中有富家美男子斯马金。后来她把全部精力献给雅尔塔的契诃夫纪念馆。

孟子说："爱人者，人恒爱之。敬人者，人恒敬之。"

塔季扬娜写道:"在梅利霍沃,生活过得安宁而恬静。安东把写作和处理事务后的空闲时间都消磨在花园里了。他说:'乡下一切都好,不但好,甚至可以说好极了。我一文钱都没有,但我是这样看的:腰缠万贯的人不能算富足,只有当下有办法生活在自然所赐予的绚丽多姿的环境中的人,才称得上富足。'"

契诃夫讲得多好。中国的富二代听听才好。

19世纪80年代后期和90年代,契诃夫在莫斯科、彼得堡和梅利霍沃的乡间别墅三边住。二十五岁以后,他已经声誉鹊起。一些重要作品是在乡下写完的,比如话剧《海鸥》《伊凡诺夫》,小说《农民》《第六病室》《跳来跳去的女人》。来访者不少。风景画家列维坦来了就不走。契诃夫写作,栽花,沿着一望无边的麦田远足,野浴,野餐,野渡。

诸般美好与恬静,不是一般有钱人所能想象的。

工作有意义,连农民都掏钱买他的书。当然啦,工作也挣钱,他能够带领全家去乡间别墅。梅利霍沃的庄园占地一百六十亩,大半是森林。

塔季扬娜记下许多细节:"我很少遇到过像安东那样爱花和了解花的男人。我记得,当他出国的时候,不知怎么我想让他带些花,于是就送他一束淡紫色的风信子和柠檬色的郁金香。在他送给我的一个剧本上,写着这样诙谐的题词:'赠给我心灵中的郁金香,我胸怀里的风信子,亲爱的塔·利'……在话剧《海鸥》中,宁娜说的是:'那犹如娇艳淡雅的花儿的情怀。'"

少女塔季扬娜深爱着大她十六岁的安东,但是安东避开她。"安东是在我为他的邻居的女儿施行洗礼之后,才叫我教亲的。他对我说,他是故意和我一起去给孩子施洗礼的,要不然,我准得迫使他和我结婚(教亲之间禁止结婚)……他总是不断地嘲弄我,但是他的嘲弄是那么和善,我总是打心眼里笑出来。我知道,安东对谁有好感才嘲弄谁。他嘲笑得比我多的,似乎只有莉卡一人。他认识的一个新闻记者外表丑陋,他就吓唬我,要把我嫁给那个记者。"

莉卡·米济诺娃是一位具有非凡姿色的中学女教师。

塔季扬娜写道:"关于医学,契诃夫开玩笑说,那是他的合法妻子,而文学是他的情人。他一来到梅利霍沃,他的医生名声就传遍了全区。说来真是巧合,我在基辅中学毕业后,就回故乡莫斯科去。我过去的奶妈住在离车站不远的村子里,我去看望她。她得了病,病得不轻,我非常不安,便问她这里有没有医生。她说:'别担心,亲爱的,我们这儿的医生,就是在莫斯科也找不到比他更好的了。他住在离这儿六俄里的地方,叫安东·巴甫洛维奇,他真是好心人哪,好心人哪,连药品也是他亲自送我的!'在梅利霍沃,安东花了很多时间为病人免费看病。有一天晚上,我们刚刚准备到茶室里去喝茶,安东已经从什么地方回来,这次他是出夜诊。但又有病人家属来请医生,他急忙喝口茶就走了。有时天气恶劣,门外凄风苦雨,连树子都冻坏了,可他穿上外套就走了。安东的妈妈惊慌不安地喊道:'安托沙,你到哪儿去?等风雨停了再走吧!'尽管这样,安东还是一边走一边回答:'痢疾可不能等人啊,妈妈!'"

契诃夫从来不说医德高尚、助人为乐这类词。他厌恶一切形式的唱高调。

契诃夫冒着坏天气去看病人,没人说得清有多少次。药品、医用器械,连同高明的医术,全是无偿付出。健康也付出去了。

作家不顾惜自己的身体。平时也不知谨慎,他却听不得病人呻吟。

塔季扬娜回忆:"他闭门写作,工作得累了,便心情舒畅地走出房间,照例和每个人开玩笑。他喜欢用我围在脖子上的貂皮来逗狗,狗发疯似的叫着,围着他跳……后来契诃夫出售了梅利霍沃的庄园,举家迁往更温暖的雅尔塔,我的心仿佛撕成了碎片。"

这些细节表明,契诃夫与塔季扬娜很亲近,却止于亲近。

契诃夫身子不大好。他避开一个又一个追求者。他不想拖累姑娘们。

1890年,契诃夫到西伯利亚的苦役营萨哈林去,严寒中奔波了两个多月,踏遍那座"戴镣铐的海岛"。作家这么说:"应该去看看苦役犯,一定要亲自去,要研究。对那个把成千上万人流放到那里,并为此花费了数百万卢布的社会来说，是不能不研究萨哈林的。"

西伯利亚之行，作家付出了高昂的身体代价。

契诃夫用卡片登记了上万名苦役犯。几年后他的《萨哈林岛旅行记》一书出版，震惊了社会。政府迫于舆论压力，在岛上建了孤儿院和学校，鞭刑也废除了。

契诃夫当选谢尔普霍夫县卫生委员会委员。当霍乱流行时，他负责主持防疫站，归他管理的地区有二十五个村、四个工厂和一个修道院。所有事务都由他一人处理。

契诃夫说："我不怀疑行医对我的文学活动有巨大的影响。"

病人来自社会各阶层。作家给成千上万的患者看病，得以了解他们的身体、心思和生存状态。这使他的小说中出现大量类型化人物。

他说："天才们从来不去打仗，在歌德身上就是一个自然科学家和一个诗人的奇妙结合。"

19世纪的作家大抵天真，尽管他们用显微镜瞄准了人性中的各种丑陋。20世纪的西方文学则以荒诞亮相，以异化登场。

悲悯是契诃夫小说的主调。他在妓女身上发现美德，在窃贼的生活中找到纯朴，对可笑乃至可恨的小人物倾注怜悯。活动变人形。生活的重压使人们面目全非。不可饶恕的是那些压迫者，那是一小撮制造了无数底层悲剧的掠食禽兽。

作家满怀期待地预言："三百年以后，人类就会过上愉快的生活了。"

作家把目光投向22世纪。也许他不相信三百年内人类会有大的转机。他克己，不自私，诚恳帮助别人，尤其帮助穷人，以自身的善良和正义推己及人，唤醒世人的良知。

契诃夫致信友人说："亲爱的大尉，对您那封悲观的信我迟迟未能奉复，请见谅，因为我忙得不可开交，累得像一条死狗。现在我来作复。是的，生活有时确实令人非常讨厌和憎恶……一切不幸皆在于您总是易受到个别现象和个别人物的影响。您完全不会或不想客观地概括事物。神经质，神经质，还是神经质!"

狄更斯《大卫·科波菲尔》描绘了一群向上的男女,比如,艾丽丝是一位"始终向上指着的姑娘"。这是狄更斯所向往的,也是19世纪的经典画面。

雨果、福楼拜、左拉、哈代、巴尔扎克、托尔斯泰、果戈理、陀思妥耶夫斯基……文学大师的涌现犹如雨后春笋,构成声势浩大的文学启蒙运动。到20世纪,卡夫卡发现人是地洞中永远不安的老鼠,人是挣扎着要去赶火车推销产品的甲壳虫。异化无处不在。人可以什么都是,人唯独不能是人。波德莱尔写下《恶之花》。加缪、福克纳、海明威分别揭示人类生活的荒诞、虚无、残酷。菲茨杰拉德宣称:"所有的上帝都死光光,所有的道德都死光光。"

到新千年,物理学家霍金表示忧虑:自私与贪婪是人类最难克服的东西。

自私、贪婪,更威胁着人类家园。2017年5月5日《参考消息》通栏大标题:霍金警告人类须在百年内逃离地球。

今日反观19世纪,会清晰地看见文学艺术巨匠们艰苦卓绝的道德努力。

《跳来跳去的女人》给作家惹了麻烦,麻烦从列维坦四十几岁的情妇,延伸到莫斯科香车宝马的太太们。有些女人五十岁还在跳来跳去,看上去要准备跳进棺材。法国女人跳得更厉害。跳法因人而异,但背后的东西相似:贫乏、虚荣,荒谬乃至龌龊。"表面安逸动人,实质丑陋不堪。"

作家笔下那个无休止追逐名士的女人奥尔迦,只有二十岁,却惹恼了担心在画家身边待不长的中年贵妇,这贵妇叫库夫申尼科娃。小说在莫斯科发表,社交圈忙忙碌碌的贵妇们,发现自己就是跳来跳去的女人,于是一个个柳眉倒竖,对作家群起而攻之。契诃夫的另一个朋友,胖子演员连斯基,坚称自己是小说中那个时常出入沙龙的胖演员的原型。连斯基宣布:全家人与契诃夫一家绝交。

作家写道:"全莫斯科都起来指控我诽谤,而主要证据表面相似:太太画画,丈夫是医生,而太太和一位画家生活在一起。"

画家是谁呢?列维坦认定是列维坦。列维坦先生勃然大怒,闹着要跟契诃

列维坦

夫拿枪决斗。决斗被劝止了,但两个老朋友几年不见面。

事情发生在1892年春,有些事却要追溯到两年前:19岁的莉卡出现在大作家和大画家之间。

塔季扬娜写道:"莉卡是一位姿色非凡的少女,真像俄罗斯童话中的天鹅王后。浅灰色卷发,两道细眉之下是一双灰色的美丽眸子,罕见的柔媚、无法形容的天生丽质,与毫无矫饰并略带庄重的天真纯朴相得益彰,使她尤为魅人。她似乎不仅不知道自己有多美,当别人提起时还感到难为情,甚至感到委屈。不过,无论莉卡怎样尽力避免,也阻止不了人们在街头回头张望她,在剧院目不转睛地盯视她。"

莉卡像《战争与和平》中的少女娜达莎,天真活泼,无拘无束。莉卡又像普希金的妻子、莫斯科第一美女冈察洛娃,"清水出芙蓉,天然去雕饰"。

女性之美像是自然奇观的一部分,神秘,不可捉摸。人们描画不出,只好诉诸一些大词,例如艳光四射,仪态万方,倾城倾国。那镭射却不可把握。

契诃夫1889年在妹妹的小圈子中认识了中学教师莉卡,十年后,莉卡从巴黎寄给契诃夫一张她的小照,照片后面抄录了一首诗:"我今后的日子不论光明还是阴郁,即使我生命垂危,即将死去,可我直到黄泉地府,我只知道,思想、感情、歌声和我的无穷精力，所有这一切，都是为了你！为了你！"

照片背后还有一行小字："这些话我本来能在八年前写出来，可我现在才写。即使再过十年我还要这样写。"

契诃夫与莉卡发生了什么故事？故事一言难尽。一个莉卡与俄罗斯文学与绘画的三大杰作的关系，更叫人玩味。

作家蒲宁写道："对于俄国知识妇女来说，再也没有比男人身上的天才更能令她为之倾倒的了。契诃夫是能够令人神魂颠倒的，他非常了解女性心理，能敏锐而强烈地感受到女性特点。钟情于他的女性很多，很少有人能像他那样与女人娓娓而谈，打动她们的心，与她们灵犀相通。"

契诃夫二十几岁名扬俄罗斯，又获得国家科学院设立的文学最高奖：普希金奖。天才作家横空出世。巨大的才华，巨大的仁慈，巨大的韧性又加上巨大的自信，使他原本就有的轻松幽默的性格发挥到极致。

莉卡魅人，契诃夫魅人。两个魅人男女互相靠近会发生什么呢？

作家的妹妹玛丽娅的小圈子，姑娘们无一例外都是契诃夫的崇拜者，仿佛他是个磁石，磁场看不见。悄悄爱上他并羞于表达的人有多少，作家根本不知道。这也颇似莉卡对男人们的吸引。

活泼而娇柔的群落，洋溢着契诃夫的气息，闪耀着天才男子的光环。莉卡置身其中。年龄比她更小的塔季扬娜，早就对作家散发她的心香。

莉卡精通几国语言，有极好的音乐天赋。

1891年初，莉卡造访契诃夫在阿列克辛的庄园，小住数日后告辞。二人开始了长达十几年的通信。5月，契诃夫迁居别墅，邀请莉卡去"闻闻花香，钓钓鱼，散散步和吵一吵、闹一闹"。这个夏天，莉卡在契诃夫家住了多久，史料记载模糊。此前，二人的关系"已经发展得相当密切了"。

1890年，莉卡在图书馆为契诃夫做珍本图书的摘录。二人出双入对。莉卡于1891年1月9日发出的第一封信表明，她已进入狂恋状态，异常激动，语无伦次。早晨写信"满纸泪痕"，她点火把它烧了，却把烧信一事告诉了契诃夫。

作家回信谈了许多，末尾开玩笑："您要去阿留申岛，她要去澳大利亚，你们把地球上的好地方都占了。再见吧，摧残我心灵的凶手！您的著名作家。"

当时，契诃夫的一个女友要去澳大利亚。

莉卡写信向契诃夫暗示，鼎鼎大名的画家列维坦迷恋她。她在第二封信中称："告诉您吧，如果列维坦多少有点像您，那我也会留他吃晚饭的！"

青春炫目的俏姑娘，同时拥有半打追求者才好呢！莉卡的这种心理模式起于何时，她自己也说不清。今日爱上契诃夫，说不定明天就去见列维坦。有魅力的男人还会出现第三个。妙女郎的情火苗一经点燃就乱窜，没个稳固方向。

背后的原因何在？她的第一封信写得吞吞吐吐，第二封信宣称列维坦追求她、希望与她共进晚餐。契诃夫研究者写道："莉卡耍一个小手腕儿，激起对方的嫉妒心。"

契诃夫接到莉卡的第二封信，过了一周才回复。称她"可敬的莉季娅"，与第一封回信的亲昵称谓大不相同。契诃夫在复信末尾说："对不起，信写得如此潦草；本人心情激动，战战兢兢，唯恐我们的通信为上流社会知晓。"

作家嫉妒了么？很有可能。这个嫉妒的男人却跟自己的妒火拉开距离。

作家心情复杂，除了嫉妒还有别的，他担心美艳夺目的莉卡会成为列维坦的猎艳对象。二十岁的姑娘涉世太浅。列维坦和契诃夫是同龄人，长期与法医的妻子、中年妇女库夫申尼科娃生活在一起。有一次他突然跪倒在契诃夫的妹妹玛丽娅脚下，请求玛丽娅嫁给他。玛丽娅征求哥哥的意见，契诃夫说："列维坦喜欢巴尔扎克式的女人。"意思是上了年纪的女人。

契诃夫不想看到一场怪异的三人舞，而这场三人舞在列维坦的乡间寓所上演了。契诃夫频频给莉卡写信，收不到回信。他提心吊胆，脑子里满是想象的画面。

这是1891年的夏天，作家在莫斯科。列维坦来信了，得意扬扬地说："我在地球上这令人神往的一隅给你写信，在这里，大到空气，小到每一根蛛丝都浸透了莉卡的气息。"

作家正茫然，画家又来信了："我昨天给库夫申尼科娃和莉卡朗读你的小说《幸福》，她俩听了欣喜若狂。你瞧我的心胸是多么宽阔，竟给莉卡读你的小说！此乃真正美德之所在也！"

列维坦的两封信，显然要刺激契诃夫。他做到了。作家控制不住自己的想象力。令人窒息的三人舞每时每刻都在跳。

《跳来跳去的女人》动笔了。

一个青春盲动的弱女子付出了一切，最后发现，她唯一的收获是空虚。而小说暗示的中年妇女库夫申尼科娃，则是意志坚定，目标明确，抓紧年轻的著名画家不松手。一场三人舞跳下来，只有莉卡受伤。巴尔扎克式的女人应对这类事游刃有余，毋宁说，她还觉得好玩，刺激，玩出了新鲜感，她又是胜利的一方，有资格对败在她手下的妙龄美女品头论足。嘀，四十多岁战胜了二十岁……

1891年秋，正迈向世界级画家的列维坦，在乡下完成了风景画杰作《池沼》和其他作品。契诃夫研究者格罗斯曼教授写道："列维坦的这些画作都与他对那位灰眼睛、金头发姑娘的迷恋紧密相关。"

次年春，列维坦把乡间新作《秋》赠给莉卡。架上油画的芳香却让莉卡闻一闻就想吐。

迷恋产生风景画杰作《池沼》。

嫉妒、担忧、厌恶，催生名篇《跳来跳去的女人》。

画完了，写完了，与作品紧密相关的莉卡受伤没完。她在乡下写信给契诃夫，措辞与她的教养大相径庭，乃至出粗口，又连篇累牍抱怨身体不舒服。显然状态不佳，她弄不过那个大她二十三岁的女人。她原本想让契诃夫陷入嫉妒，没料到自己一步步踏入列维坦的陷阱。纵然青春意味着试错，但她未免错得太离谱。

1891年6月，莉卡离开列维坦的庄园奔向契诃夫。她写信再次抱怨身体不佳，作家复信说："亲爱的莉卡，有什么可抱怨的呢？明天我们就见面了……吻你一千次。你是一位多么漂亮的美人啊！"

莉卡奔向莫斯科、彼得堡和契诃夫在梅利霍沃的乡间别墅，情绪渐好，身体渐佳。《跳来跳去的女人》发表了，列维坦大怒，那位中年女士、沙龙的女主人镇定自若，依然把画家抓在手中。二人宣布跟契诃夫绝交。

莉卡跑契诃夫的家倒是跑得更勤。她迈出决定性的一步：和契诃夫一起长途旅行，从莫斯科走到克里米亚半岛，走到高加索。她精心设计了双人游的路线，为了保密，不惊动莫斯科，有些路段她和契诃夫分开走。

莉卡告诉亲人，她要和"一位太太"到南方旅行。她又通过担任交通官员的父亲张罗火车票。她大费脑筋，充满了甜蜜的旅行期待，这次为期数月的南方之行将是她和契诃夫的蜜月之旅。

然而，事与愿违。莫斯科发生了霍乱。莉卡再三写信催促，而契诃夫已经投身到艰苦的防疫工作中，劝莉卡暂缓张罗火车票。

莉卡勃然变色，给契诃夫发了一封怒不可遏的信，劈头就说："你总有借口！"保卫生命与投身爱情，哪一边更重要呢？作家别无选择。面对女友的盛怒，他复信说："高贵的、可敬的莉卡！我一收到你的信，说我对自己写下的信件不负任何责任，我真松了一口气。现在我毫无惧意地给你写长信，不必担心哪位大婶看过之后，硬逼我娶个像您这样的凶神恶煞做媳妇。从我这方面来说，也急于让你放心，你的信在我眼里只是香花。请转告史诺凯里堡男爵、大表哥和那些龙骑兵军官，我不会成为他们的障碍。我们契诃夫家的人与他们那些人正好相反，是不会妨碍年轻姑娘的生活的。这是我们的原则。因此，您是自由的。"

莉卡玩老一套，在信中提到男爵和龙骑兵军官，以刺激契诃夫。作家心平气和地开玩笑："您梦见那位黑眼睛、充满非洲式欲望的列维坦了吗？您是否继续收到那位七十高龄的情敌的来信，并假仁假义给他回信？"

接下来他话锋一转，严肃批评："莉卡，您心中有一条大鳄鱼！"

作家正色写道："实际上，我的所作所为幸亏总是听从理智的劝告。"

谁听从非理性的煽动呢？当然是情绪和念头都反复无常的莉卡。末尾，作家这么写："离我远点，远点吧！或者相反。莉卡，事已至此，反正都一样，您就让我由于嗅着您的馨香而晕头转向吧,帮我把您套在我脖子上的绞索勒紧好了。"

莉卡迅速回信:"我是多么想勒紧那根绳索啊!勒得更紧一些,更紧一些!可是我力不从心啊!"

1892年的夏秋,莉卡在莫斯科,契诃夫在梅利霍沃的庄园。两地书飞来飞去,作家越来越严厉了:"莉卡,你把剧本交给那个德国女士去翻译了吗?我早料到有这种事发生。你根本没必要从事正规劳动,因为你这个疾病缠身的人,不是心绪不佳,就是大哭大闹……祝你健康,金发女郎!下一次不要因为偷懒惹我生气了,也不要再为自己辩解。无论什么辩白,我一概不予理会,也不理解。"

莉卡通晓几国语言,母语又出色,本来可以做个收入稳定的好翻译,也受人尊重,可是放纵的生活把她的工作毁了。10月8日,她写信给契诃夫:"我过着放荡的生活,快来帮我结束这种生活吧,越快越好,快来拯救我吧!别了,米济诺娃。哦,这一切是多么肮脏和丑恶啊!"

莉卡信中的语气、句子,和《跳来跳去的女人》中的对话,以及话剧《海鸥》的台词惊人相似。年末,作家在彼得堡写信:"你写信说已经戒掉了烟酒,可事实上你仍在吸烟,仍在喝酒。"

莉卡在莫斯科的放纵跟契诃夫有关吗?估计有的。一些研究者认为,她从1889年起就害着单相思。契诃夫喜欢她,非常珍惜她,保护她,引导她,但并未考虑婚姻问题。此间他对婚姻抱着否定态度。再者,作家凭借良好的直觉看见莉卡的青春盲动。莉卡跟列维坦闹了一场短暂恋爱,很受伤,契诃夫又无意立即向她敞开怀抱,不重视她精心安排的南方之旅,于是她跑到首都去放浪。

放浪给作家看吗?自甘堕落吗?歇斯底里吗?自损健康吗?跳来跳去吗?总之,大把青春握在手,莉卡无所谓。

莉卡到契诃夫的庄园安静了一阵子,故态复萌,事无巨细地指责契诃夫。仿佛她所有的对生活的抱怨都要向作家倾泻。作家一如既往地宽容,开玩笑,她更来劲,无端生闷气,指责没完没了。抱怨越多在乎越多,古往今来的女人大约都这样。庄园每天都有客人来，客人走了，把莉卡的状态传向四方。金发女郎不在乎。

有一张三人合影挂在庄园的墙上，作家身边分别是塔季扬娜和雅沃尔斯卡娅，后者是来自莫斯科的著名女演员，"有一双美人鱼般勾魂摄魄的眼睛，一头金发，一张稍大而美丽的、玉齿闪烁的嘴。她活泼好动，有火一般的热情"。

这位大嘴美人公开追求契诃夫，从莫斯科追到庄园，她住下来就不肯离开，连演出都宁愿耽搁，把催她动身的电报撕给众人看。

在莫斯科剧院彩排时，每当安东出现在舞台，她就奔向作家，单膝跪地凝望他，用台词表达她的炽热爱情："我的唯一的、伟大的、奇妙的！"

这位话剧兼歌剧名伶，把她和契诃夫的关系大肆传播，两个首都传得沸沸扬扬。而在庄园，她委托莉卡传话，说契诃夫非常可爱，今生非嫁他不可。庄园那么多姑娘，她单单挑选莉卡传递她的心愿。恋爱中的女人诡计多。

莉卡想把契诃夫据为己有，看来不那么容易。莫斯科的家，梅利霍沃的庄园，姑娘们围绕在契诃夫身边。塔季扬娜写道："我们会娱乐，喝上几口香槟酒，唱茨冈（吉普赛）歌曲，会卖弄一下风情，我们也会谈论尼采和陀思妥耶夫斯基。"

她们把契诃夫比作海军大臣阿维兰，姑娘们则是舰队成员。

莉卡·米济诺娃面临这局面。她生得太好，莫斯科招惹她的男人太多。她钟情的作家又对婚姻抱着审慎态度。她活得混乱，而安静的作家正好是她的一服良药。她跟列维坦闹恋爱，等于一团火扑向另一团火。她烧得心如死灰，而画家的非洲式欲望还是那么强，转而瞄准其他女郎。那双猎艳手，依然是出色的丹青手。恋爱的结束往往伴随杰作的诞生，包括他送给莉卡的那幅《秋》。

1893年春夏，莉卡待在梅利霍沃。她努力。作家也在努力，要让混乱的金发女郎活得明白一些，用脑袋想问题，而不是一味拿身体去冒险。有一些下午或是黄昏，作家与她对坐在庄园浓浓的树荫下，两三个钟头不说一句话。

沉默有意味。安静是契诃夫随身携带的情绪，只要有他在场，莫斯科艺术剧院吵吵嚷嚷的演员们也会安静下来。他的安静是自内而发的，充盈了浑身的体细胞，一举手一投足，一个微笑或眼神，总是让他周围的人受到感染。

当某个朋友烦躁不安时，会有人建议说：到安东身边去待几天吧。

树荫下的对视，沉默中的交流。花开鸟鸣，云飞云停，晚霞倒映在波光粼粼的池塘。自然之美在作家心中早已扎下根来，哦，那要追溯到两三岁在故乡的光景。港口，海洋，草原……而莉卡在莫斯科长大，父亲是官员。男人们形成她的包围圈，那是她冲不破的雄性樊笼，又是她跃跃欲试要跳进去的陷阱。

1893年她二十三岁。

生命冲动意味着：冲力来自何处，她或他是不清楚的。

玛丽娅写道："莉卡毫无主见，思想混乱。"

作家与金发女郎长坐夏日的树荫，远足秋天的湖畔，温柔地望着她。她垂下长长的睫毛。"由于隐秘的期待而睫毛颤动。"

格罗斯曼教授写道："1893年12月，莉卡放弃了与雅沃尔斯卡娅毫无希望的竞争，开始了和……"

莉卡开始了新一轮的混乱，她和契诃夫的好朋友波塔片科好上了，或者说，接受了对方赠送了五十次的玫瑰花。波塔片科在作家群中以音乐天赋著称，他邀请莉卡同唱柴可夫斯基的歌曲，连其他庄园的人都跑来听。但是这个优质男人有老婆，而且老婆厉害。

契诃夫为这桩恋情忧心忡忡。安静下来的莉卡回莫斯科就不安静了。波塔片科信誓旦旦，要为她抛弃妻子儿女。她相信了，由于幸福而泪流满面。而契诃夫在乡间小路上皱紧眉头，浮想联翩。

次年春，热恋中的男女动身去法国。波塔片科的妻子旋即追到巴黎，展开了一场旷日持久的婚姻保卫战。又是一场三人舞，男主角则由名画家变成名作家。

契诃夫在梅利霍沃想：莉卡受伤是肯定的，只是伤到什么程度不得而知。

契诃夫太了解波塔片科和他的悍老婆。可有什么办法呢？两三年间，契诃夫眼睁睁看着他的金发女郎往火坑跳，唷，莉卡本人就是一团火。

火焰般的女人两次跳进了火坑。

作家是在1892年春，花一万三千卢布买下梅利霍沃的庄园的。这是一笔分期支付的巨款。包括父母在内的全家人迁往新庄园。迁居时，契诃夫医生带了大批药品和器材，自然全是免费的。盖房子精打细算，看病患不计成本。他写书挣钱不少，但家里的开销越来越大。庄园每天都有客人来，有时一来好几个，一住好多天。契诃夫常说要停止行医了，因为要写的东西一层层堆在脑子里。

写作有可观的收入，行医耗费大把银子。写作构建俄罗斯的灵魂，行医面对一个个具体的患者。两边他都放不下。

《契诃夫传》："在梅利霍沃，从一开始过的就不是悠闲的别墅生活，而是辛勤劳碌的日子。流淌在契诃夫家族血管中的农民血液立刻又显现出来，每个人都各尽其职。"

当年的杂货铺老板巴维尔，现在对农民很苛刻，人五人六的样子，那种暴发户似的"东家"派头，让契诃夫非常懊恼，毫不留情地加以遏制。慢慢地，巴维尔对农民的态度转变了。这位父亲更善于循规蹈矩，服从"上级"。

契诃夫早就是家庭规则的制定者。讲道理，挣钱多，操心广，使他的家庭地位不可动摇。

小弟米哈伊尔写道："安东对一切都感兴趣，什么栽葱种蒜啦，什么白嘴鸦和白头翁飞来啦，什么播种苜蓿草啦，什么雌鹅孵出黄嘟嘟、白绒绒的小鹅啦。安东总是一大清早、不到四点钟就起床，喝完咖啡就到花园里去，久久地观察每一棵果树，每一丛灌木。有时蹲在树干旁久久地出神。"

作家说："为了思考和写作，只好到花园里除那些可怜的小草，它们本来对谁也没有妨碍。"

劳心者深知劳动的乐趣：思绪总是自动飘，灵感一来便捉住。钓鱼，散步，除草，侍弄花枝，盯着浩瀚的星空发愣，都是作家思考的好时光。热烈谈话时，作家也在思索，"眼睛里露出漠然的神情，这对谈话对方可有点失礼……有时他回到书房，过一会儿再出来"。

1892年7月，作家写道："我们的樱桃多得很，醋栗没人去收。我还从来没有这么富有过呢。我在树底下吃樱桃，觉得奇怪，竟然没有人来卡着我的脖子赶我走。小时候，我每天都因为偷吃草莓被人揪耳朵。"

作家在书信中又说："我栽了六十棵樱桃树和八十棵苹果树，新挖了一个池塘，开春就会灌满水，足有一俄丈深。"

天天动手更动脑，时时活跃体细胞。从凌晨四点起床到晚上十点就寝，每天十几个钟头的劳心劳力，亿万细胞舒展。

"充满劳绩，诗意地栖居在大地上。"

莫斯科的贵族们哪有这种生活品质。彼得堡的有钱人哪有这种生存境界。

次年8月，作家写信说："由于讨厌的霍乱，总的说来夏天过得并不愉快。我又在做防疫站的医生，对霍乱进行跟踪追击。为门诊患者看病，走访居民点，走遍酒吧、妓院。"

9月，他致信大哥亚历山大："早起接待病人。到目前为止我已经看了六百八十名。寒冷，潮湿。囊空如洗。"担当繁重的社会责任，自己掏腰包。写作计划一推再推，而动笔就是钱啊。他免费收治的患者累计达数万人。

秋天，作家写道："我在地方自治局任职，出席保健委员会的会议，视察各个工厂，这些都是我喜欢干的事情。大家把我看作自己人，路过梅利霍沃的时候，都在我这里过夜。"

契诃夫接待新老朋友，永远是高高兴兴的。

这是典型的理想主义者的生存姿态。永远朝着更高的境界。

契诃夫又是非常务实的一个人。二十年行医，使他冷静客观。作家手术刀般的笔锋，解剖社会就像外科医生解剖病人。法国作家福楼拜也是这样。

仁厚的心肠，冷峻的目光。

人类杰出人物，值得我们细看。

莉卡又来了，她带来了波塔片科，爱情使她眉飞色舞。

契诃夫无言以对。

喜剧后面是闹剧，闹剧后面是悲剧。告诫没用。这一次莉卡的情火烧得更旺，燕子般掠过庄园新挖的池塘，她要契诃夫祝福她。

作家心想：烧就烧吧，反正是要烧的。

莉卡怀孕了，莉卡生下了一个玲珑可爱的女儿。大美女对怀中的小美人儿百般疼爱，身为父亲的波塔片科却开始冷漠。莉卡迁怒于波塔片科的妻子，恶言恶语泼向对方。她坚信自己正在坚守真正的爱情。

闹。从一个地方闹到另一个地方，两个年龄悬殊的女人都跳得很高，凶相对凶相。乌眼鸡。细眉如刀。莉卡向契诃夫诉苦："他的夫人想把孩子从我身边夺走，咳，多么丑恶的女人！我是多么可怜他，多么痛苦地爱着他呀！"

然而，可怜复可爱的波塔片科躲了，变脸比翻书还快。由于大人们反复折腾，再三胡闹，两岁多的女儿生病夭折了。莉卡哭天抢地……

契诃夫动笔写话剧《海鸥》，严格审视爱情。

此间，他的目光除了冷峻还是冷峻。非冷峻不足以抵达爱情。

作家与医生合而为一，把剧中人物的灵魂挖出来摆到阳光下，抛到戏台上。

1894年9月，契诃夫在意大利写信给莉卡："我身体不太好，几乎不停地咳嗽。我就像错失你一样失掉了健康。"

莉卡的信追随契诃夫的行踪，维也纳、威尼斯、米兰、巴黎……她求救于契诃夫，老调重弹指责他："一切罪过都在于你！"

莉卡强烈要求契诃夫到瑞士跟她见面。而作家去了莫斯科，担任地方法官陪审员。作家同时被任命为塔列日地区乡村学校的督学。契诃夫显然不只属于他亲爱的金发女郎。在梅利霍沃、塔列日等地，他捐建学校，捐建了一所又一所。

他致信友人："我又在兴建学校了……哪怕去寻死，也得需要两千五百卢布。"

莉卡的生活让作家想了很多很多。

中篇小说《三年》，写爱情的萌发和枯萎。

短篇小说《太太》《挂在脖子上的安娜》，写没有爱情的夫妻生活。

作家的弟弟米哈伊尔，正与一位伯爵小姐陷入情网，正式订了婚。可是伯爵小姐回莫斯科就失去音信。挠心抓肺的米哈伊尔冲到莫斯科，正好碰上他的意中人跟一个金矿老板举行婚礼。

契诃夫写道："米沙失魂落魄而归，缠着要我读伯爵小姐写给他的那些山盟海誓的情书，叫我解释这一心理课题。还是让鬼去解释吧！一个臭娘们儿不等穿坏一双鞋，就能撒五次谎。这大概是莎士比亚说的吧。"

1896年11月，话剧《海鸥》在彼得堡大剧院首演后，莉卡迅速写信给契诃夫，末尾署名："被您两度抛弃的米济诺娃。"

而契诃夫曾经对她说："我敢打赌，有朝一日你会变成一个能喊能叫的、尖嗓子的凶婆娘。"

作家并不想把莉卡视为他的作品的生活原型，但忧思深矣，作家抬眼看见未来的几百年，看见不同国度的成千上万的莉卡。

"金发女郎的奥秘是：既妩媚动人，又怪癖乖戾；既引人好感，又令人厌恶。"

这个关于女人的悖论如何解决呢？一万年都是难题。

作家开药方："要从小教育小女孩认识到，男人首先不是情人，不是未婚夫，而是与她亲近的、完全平等的人。"

契诃夫控制他和莉卡之间的感情。但列维坦和波塔片科都不会，前者只看重情欲和灵感喷发的契机，波塔片科的能耐是：把谎言变成诺言。然而，他不能承担自己的选择，他是懦夫，是个意志薄弱者。这位著名作家曾经把契诃夫拉去玩轮盘赌，契诃夫赢了一笔钱，马上意识到贪欲是个黑洞，从此不再玩。波塔片科一头栽进轮盘赌，输了几十回，眼睛都输红了，裤子都输进当铺……

《契诃夫传》："契诃夫具有强大的意志力，他很少求助于它。"

问题在于：具有自控力的优秀人物永远是少数。少数人夹在多数人中间怎么办？优秀者反思再反思，影响的还是少数人。剧作家契诃夫想通过戏台向大众阐释灵魂，还原生活的本相，拷问邪恶的世相，而观众走出戏院又回归大众……

放眼一百年，契诃夫戏剧对塑造俄罗斯精神的贡献殊难估量。少数人可以是"关键少数"。经典何以称经典？就是因为它永远击败多数。文化财富的累积严格服从残酷的淘汰制。一个李太白，让无数小诗人永无出头之日。

契诃夫在写作、生活、爱情与友情当中建立了平衡，很微妙的平衡。"契诃夫式的微笑"源于这种平衡。但这种微笑生发的概率太低，人类的绝大多数不可能建立这种平衡，不可能拥有契诃夫式的迷人微笑。凡事先考虑他人，其次才考虑自己。

《庄子》有云："至人无己。"

孟子却说：圣人五百年才出一个。

《海鸥》在彼得堡首演失败，几经修改后，在莫斯科艺术剧院的演出获得巨大成功。这是一种全新的话剧，但熟谙莎士比亚、果戈理、易卜生的莫斯科观众很快适应了它。莫斯科艺术剧院院长兼导演、演员康斯坦丁写道："演出结束后，门口聚集了大量观众，我手撑雨伞刚刚走到台阶上，就有人抓住了我，是一些中学生。我的一条腿被抬了起来。由于他们拖着我往前疯跑，我的另一条腿只能一步步往前猛跳。那把伞早已不知去向了，瓢泼大雨淋在我身上。大家都在高喊'乌拉'。妻子跟在我后面奔跑，担心我被弄成残废。"

《海鸥》在雅尔塔的演出同样大获成功。轰动的场面从首都蔓延到其他城市，包括外省的小剧场。各地报刊的赞词异口同声："轰动的，辉煌的，巨大的。"

莉卡正在巴黎学声乐，向媒体骄傲宣称："话剧《海鸥》取材于我的生活。"

康斯坦丁写道："使安东为难的是，必须应观众的要求登台，每天要接受他们的欢呼。安东躲到后台，从一个化妆室走到另一个化妆室，尽情享受舞台

契诃夫（中坐者）同莫斯科艺术剧院的演员们研究剧本《海鸥》

生活的乐趣。"有一天晚上演出结束，作家上台谢幕十多次。

话剧《凡尼亚舅舅》《三姊妹》相继在两个首都吸引了大批观众。20世纪初，《樱桃园》再创辉煌，尽管它的首演和《海鸥》一样不成功。巴黎和伦敦纷纷上演契诃夫的戏。后来在纽约百老汇，契诃夫戏剧是经典剧目。

一百多年来，契诃夫的作品成为全人类的精神财富。

中短篇小说巨匠，俄罗斯戏剧的奠基者，民族精神的探险者。"无限风光在险峰。"

契诃夫一直想写一部长篇小说，未能如愿。鲁迅也这样。

1899年，契诃夫卖掉梅利霍沃的庄园，举家迁往相对暖和的海滨城市雅尔塔。多少人为之心碎。作家身体不好，各地的人感到不安，他的家人、朋友、读者、观众，他救治过的病人，他捐赠的学校的师生，他牵挂的家乡父老。

作家写作二十五周年，莫斯科艺术剧院为他举行隆重的纪念仪式。作家几乎不停地咳嗽，参与者心情沉重。有些男人也跑出门去偷偷哭泣。

雅尔塔的冬天，作家有时候难受得不能工作，长时间坐在火炉旁。朋友问他是不是不舒服，他抬起头，扶一扶夹鼻眼镜说："没事，我很好。"

他勉强直一会儿脖子,头又慢慢垂下去了。若非特别难受,他不会是这个样子。熬着,坐在来访者的面前。

有时候母亲惊慌不已:"安托沙又咳嗽了一宿……"

这就是病中的契诃夫。他的若干日记、书信,笔者不忍摘录。

在剧院看彩排,他穿一件薄大衣坐在风口,几个钟头一动不动。人们劝不动他。他和晚年患病的鲁迅先生一样倔。康斯坦丁感慨:"一个健康的人感到自己精神饱满,心情愉快,这是自然而正常的。但是,一个病人,明知自己就要被死神夺去生命(契诃夫可是医生啊!),而他仍然会欢声笑语,内心充满光辉,为后代积累文化财富,这样的乐观精神和生命力是无与伦比的,至高无上的。"

是的,无与伦比的。静悄悄的高风亮节。静悄悄的病痛,不呻吟,不诉苦。不叫别人担心他。哦,这让我想起我的妈妈,弥留之际强忍巨大的疼痛,咬紧牙默不作声,不让我们担心……眼泪啊眼泪啊,妈妈的儿子多少次泪飞如雨。

19世纪90年代后期,契诃夫的身体时好时歹。病中的欢声笑语吸引着老人、小孩和姑娘们。病体稍稍见好,便是魅力四射。高尔基到雅尔塔来做客,列维坦、波塔片科也来了,"渡尽劫波兄弟在"。

列维坦的巡回画展,契诃夫抱病出席并撰写画评。他在巴黎写道:"与此地的风景画家相比,列维坦简直是无冕之王!"

波塔片科为契诃夫作品的版权奔走,立下功劳。

除了那些形形色色的压迫者和帮凶,这世上的坏人本不多。

是的,坏人本不多。然而,不多的坏人总是能量大。

病毒繁殖力强,癌细胞有惊人的增长速度。

托尔斯泰却说高尔基是坏人。什么缘故呢?因为高尔基爱戴契诃夫甚于爱戴托尔斯泰。年近八旬的老作家,越来越孩子气。一日黄昏,炉火旁的契诃

托尔斯泰、高尔基与契诃夫

夫对朋友讲:"托尔斯泰有一次对我说,高尔基是个坏人,我说:'高尔基是个好人。'他却说:'不,不,我知道他,他生一个扁鼻子,只有倒霉的人和坏人才生这样的鼻子。连女人也不喜欢他!而女人像狗一样,嗅得出谁是好人。'"

契诃夫笑道:"这老头儿嫉妒,这是多么奇怪啊!"

1899年10月,《凡尼亚舅舅》在莫斯科首演后,待在雅尔塔的契诃夫给一位名叫奥尔迦·克尼佩尔的女演员写信:"27日晚上开始收到纷纷发来的电报,当时我已就寝。又打来电话,我每次被叫醒,都摸着黑,光着脚去接电话,冻得要命。然后刚一睡着,铃声又响起来。"

年轻漂亮、演技非凡的奥尔迦致信契诃夫:"自您走后,我是多么悲哀啊,心情是那么沉重。如果不是维什涅夫斯基送我,我会失声痛哭的。只要没入睡,神魂便追随在您左右。您身体好吗?您冻着没有?您每天都吃午饭吗?饮食要多加强营养,要安心睡觉……"

俄罗斯人有岩浆般的激情,见面要拥抱,要亲吻嘴唇,分别后要强烈思念。托尔斯泰当着高尔基的面,盛赞契诃夫的短篇小说《宝贝儿》,激动得泪流满面，这位名满世界的大师，盖过帝王与总统的星球巨人，半点都不端架子。

高尔基回忆："那一天，契诃夫发着高烧，他坐在那儿，低着头，两颊出现红晕，仔细地揩拭那副夹鼻眼镜。他沉默了好久，最后叹口气说：小说有印错的地方呢。"

高尔基写道："回忆这样一个人是有益的，这会使你立刻恢复起勇气来生活。"

如果人类在将来某一天忘记了契诃夫、托尔斯泰、康德、贝多芬……那么，人类文明就可以宣告结束了。或者恰恰相反，人人都是契诃夫，可以忘掉契诃夫了。康德给出绝对的道德律令："不可把人用作手段。"

契诃夫在写给苏沃林的信中说："没有比所谓平凡的生存竞争更无聊、更缺乏诗意了。它会迫使人失去生活的快乐，迫使人冷漠无情。"

有一些隐形的、看不见的手，在算计并驱使着各国劳动者，狂吞劳动者的血汗钱。小鱼互相竞争，大鱼一口鲸吞。想想善于潜伏的冷血鳄鱼的尊容吧。

商人的儿子契诃夫很不喜欢资本家，反感"债券式生活"的苗头。而莎士比亚、歌德、席勒、斯宾格勒……早已关注资本逻辑将要带给人类的灾难。这种灾难一旦降临，将超过一切战争。

契诃夫在雅尔塔有个资本家朋友萨瓦，人不坏，肯出钱建戏院。有一次，契诃夫诊治病人后，"一面用肥皂洗手，一面板着面孔埋怨着，影射萨瓦：'一个富商出钱造戏院，向革命讨好，可是医院里没有碘酒，医生又是个酒鬼，还用蓖麻油来治疗风湿病……他们都是半斤八两，都是我们俄国的洛克菲勒。'"

洛克菲勒是指美国洛克菲勒财团的创始人。迄今为止，几个大财团左右白宫已经一百多年。两党后面有金融大鳄、能源巨头和军火商。美国人选总统更像选明星，要看鼻子和身高。

贵族普希金、托尔斯泰，平民契诃夫、别林斯基，都是凭借直觉，对资本家高度警惕。资本运行在一定界线内是有益的，但是人类固若金汤的贪欲会打破包括技术在内的所有限制。"技术本身朝着更高的技术"（海德格尔），金融化导致更多的金融化，二者强强合力，把自然变成"存货"，大把大把地加以索取。

这是人类面临的最大危机：自然的危机。

忍受着病痛的契诃夫，能让身边的人快乐起来。这表明精神的力量有多大。优秀者深知这种力量，平庸者消解这种力量。后者的数量真是足够多。物欲把人拉变形，肉身化生存愈演愈烈：有些人活一张嘴巴，有些人活一张牌桌。

物欲汹汹之辈，必定对大自然虎视眈眈。这几乎是个物理定律。

19世纪的契诃夫描画了形形色色的平庸者，恶劣者，压迫者，变态者，媚上欺下者，颓废者，自我放纵者，但他的目光始终是向上的。

现实的冷峻却孕育出博大的悲悯，令人联想诞生于人间苦难的观音菩萨。

哦，安东·巴甫洛维奇·契诃夫的笑容，接近了我佛如来的拈花微笑。

人间苦难有多大，拈花微笑的魅力就有多大。这就叫永恒。

从普希金（俄罗斯文学之父）、格林卡（俄罗斯音乐之父）、托尔斯泰（世界和平运动先驱）、列宾（俄罗斯风景画之父）到契诃夫（俄罗斯中短篇小说和戏剧之父），半个世纪涌现的大量杰出人物，让俄罗斯人赢得了文化自信。这种文化自信至少要管几百年吧。而俄罗斯人曾经长期对法国文化顶礼膜拜，教法语的家庭教师普遍受欢迎，其次是德语教师、英语教师。俄语倒是受到轻视。

19世纪上半叶，法国和德国文化有席卷俄国之势。国与国的文化交流可能不是坏事，但明显弱势的一方肯定会产生文化自卑，进而影响民族自信，受制于他国的文化入侵，自乱阵脚并长期乱下去。一堆乱麻。噪声喧天。

假如俄罗斯没有普希金、契诃夫、托尔斯泰、格林卡、列宾、别林斯基……价值观弱势的后果不堪设想。

俄罗斯人几乎都知道了：作家兼大夫契诃夫患有肺病。然而拥向梅利霍沃、雅尔塔的人数以百计。吃饭，喝酒，谈话，闹腾，远足，长时间守在他的身边，呼吸着他的气息。姑娘们和妇女们近乎疯狂地爱着他。哦，这个面色苍白的安东啊，有多少认识或不认识的男女爱着他，为他欢呼，为他忧心，为他垂泪。

高尔基写信给契诃夫："我从孩提时代就对您佩服得五体投地，您的作品既凄凉哀婉又扣人心弦，既令人悲痛欲绝又充满希望，总是那么优美动人，玲珑剔透。我多少次掩卷而泣，像被套住的狼一样怒不可遏，有时又久久地微笑。"

托尔斯泰断言："契诃夫是散文中的普希金。"

这位以文化伟力横扫欧洲的老人又说："契诃夫与陀思妥耶夫斯基多么相似啊！"病床上的托尔斯泰直愣愣地望着契诃夫，用结论般的语言说道："您是俄罗斯的，您是非常、非常俄罗斯的！"

不过，托翁不喜欢契诃夫的戏剧，总是问："你还在写那些糟糕的戏剧啊？当然啦，我敢打赌，莎士比亚比你写得更糟！"

契诃夫也常常批评易卜生不懂戏剧。

我们再来看一个关于爱的故事。

《淡淡的幽默：回忆契诃夫》一书中，有一篇回忆文章的题目是"我生活中的安·巴·契诃夫"，长达数万字，每个字都饱含深情。作者阿维洛娃，女作家。1889年，她在彼得堡认识契诃夫，从此神魂颠倒，尽管她的儿子才九个月大。

第一次相见的情形，她这么叙述："我们对视着，我感到他好像有点惊奇。"

旁边的人向契诃夫介绍阿维洛娃："她把您的短篇小说都背下来了。"

契诃夫的短篇小说可不止一百篇，几十万字。

随意的谈话间，恋情忽然发生了。阿维洛娃写道："我们只是亲切地互相瞥了一眼,但是这一眼却包含丰富的内容。我的心仿佛轰的一声爆炸了。"

她带着一颗炸开的心回家,麻烦了。丈夫米沙背着手,黑着脸,瞪着眼,气冲冲地说:你朝镜子瞅瞅你自己,面孔通红,头发蓬乱,还梳小辫子,真不像话!廖沃什卡在哭,而你这个做母亲的,却跟小说家卖弄风情"!

三年过去了,阿维洛娃努力做个好母亲、好妻子,努力细看米沙的好。可她在努力做好妻子的同时,忍不住要给契诃夫写信,石沉大海。她再写,接二连三地写,望眼欲穿,"折断门前柳"。邮箱里没有契诃夫的信。他沉默。为什么呀?为什么断绝音信?恋爱中的女人每个钟头都有几十个问号。

契诃夫终于复信,说:"不会再去彼得堡了。"作家在信中又提到自己的病。

阿维洛娃连日神不守舍。他的病她早就知道,她的哥哥、弟弟都是契诃夫的崇拜者,在报刊上搜寻作家的一切。接下来的时光叫作煎熬。相同的念头不分昼夜袭来:他不会再来彼得堡了。

有一天,哥哥阿寥沙叫她去苏沃林家做客,她的心又有点炸了。契诃夫到彼得堡一般住苏沃林家。哥哥拉她去什么意思呢?莫非、莫非……刹那间的目光交流啊,一千多个日子过去了它还在那儿。路上她不敢问哥哥。进门了,苏沃林逐一介绍客人,没有他呀!济济一堂的嘉宾,那么多的名人脸,被她处理成盲点。人不在,魂也不在。人在不知处,魂魄去找他。然而有个高大身材的人从沙发上站起来了。阿维洛娃晕了。阿寥沙、苏沃林乐得直笑。

原来,鼓里蒙着两个人。

"我们默默地互相握手。"彼此在心里说过多少次啊,见面倒不说了。泉水三年咕咕咕冒个不停,却突然没声音了。大音稀声。大念无语。接下来吃喝交谈,食物多得摆不下,葡萄酒、伏特加。"安东很高兴,他没有哈哈大笑(他从不大笑)。"宴会结束,她和他同坐一辆雪橇。他的皮手套很漂亮,她拿过去戴在自己手上,说:"手套是我的了。"亲密关系从手套的不分彼此开始。手套符号化了。

分手时,阿维洛娃邀请契诃夫第二天晚上去她家。她写道:"我提出这样的邀请，连自己也感到意外。"她家只有她一个大人。那时，孩子们睡下了。

契诃夫犹豫说："眼下我住苏沃林家，我自己做不了主。"

阿维洛娃坚定地说："不管怎样，我等你。晚上九点。"

"雪橇载着契诃夫驶走了，然后又转过弯来，在僻静而宽阔的街上兜了个大圈子。我们又继续谈判。"显然，雪橇未能摆脱她的引力圈。

谈判的结果是他明晚去她家。"这一晚到来了，我准备了几样下酒菜，伏特加、葡萄酒、啤酒和水果……"然而来了两个不速之客，一男一女，把酒肉全吃光了，还想把水果带走。十点半，契诃夫来了，那女客缠住他就不放，绕着餐桌跳来跳去，"她向契诃夫发动袭击，仿佛要一口把他咬定……她责备契诃夫浪费天才，尽写一些逗趣的小故事。他的作品缺乏精确性和数学性"。

作家被跳来跳去的女人缠到半夜才清静。阿维洛娃呆若木鸡。一点半，契诃夫起身告辞，缓缓对她说，他们不能再见面了。

阿维洛娃写道："而我呢，一动不动坐着，像死人一般。"

精心准备的烛光晚餐和长时间的亲密交谈化为泡影。

"我吃力地站起身来，送他出去。我家住四楼，楼梯上灯火通明。我站在楼梯上看他往下跑，当他跑到第二个转弯处，我喊了他一声：'安东·巴甫洛维奇！'他等了一下，回头两三秒钟，重又朝下跑去。我一句话也没说。"

阿维洛娃扪心自问："他会怎么想呢？我利用我们俩单独在一起的机会引诱他……"恋爱中的女人闪念多多，想东想西。一夜无眠，她翻来覆去地想。

"我又受了一两天的折磨，终于做出决定。我在首饰店里订做了一个小饰物，在饰物的一面写着：'契诃夫小说集'，在背面写：'267页6至7行'。"

她剪掉了印在礼品盒上的首饰店地址，让哥哥托人把饰物转交给契诃夫。考虑若干细节，认认真真费周折。头发又乱了，双颊如火。

《一个女人一生中的二十四小时》，呵，阿维洛娃可不止二十四小时，远远不止。"我这样做完全是由于忧愁和绝望。我把地址剪掉，使这不至于成为明显的表白，让他处于疑惑之中。"

267页6至7行,是契诃夫写在小说中的一段话:"要是你需要我的生命,那你就来把它拿去吧。"

在莫斯科的契诃夫收到礼物了吗?可怜的阿维洛娃,整整一年费思量。

"毫无疑问,安东收到了我的礼物,我等待,忐忑不安。我一会儿觉得他会亲自来看我,一会儿又期待他的来信,预先揣摩信的内容,比如:他满纸是冷酷的申斥,于是我马上回他一封尽可能尖刻的信;再比如他寄来寥寥几行字,仿佛表示,允许我和他继续保持通信与友谊。"

"我一再分析自己的思想,简直觉得厌烦极了。耳边总是响起他的声音……"

算下来一千五百个日日夜夜,为什么呀?阿维洛娃听说过,契诃夫对名满莫斯科的大美人儿莉卡·米济诺娃冷淡多年。究竟为什么?他考虑到自己患病么?不想连累姑娘们?殊不知,她们爱他简直要发疯,莉卡到梅利霍沃,一住就是两百天,还有塔季扬娜,还有那位勇于示爱的大嘴美女雅沃尔斯卡娅。

哦,男人们热爱他,女人们热爱他。他可不是随便什么人,他是安东,他是契诃夫啊。可怜的阿维洛娃一天到晚眼泪汪汪,她写道:"对我来说,有一点是清楚的,我爱契诃夫。这是最清楚、最自然,甚至最不可避免的事。"

"又到谢肉节①了。"

哥哥阿寥沙拉她去参加化装舞会。在大厅里,她在人群中一眼看见戴着面具的契诃夫!她也是假面。"由于兴奋过度,我全身发抖。他大概看出来了吧?"

是的,双方都看出来了。

乐队奏起假面舞曲。"我把肩膀靠在安东的肩上,两张脸离得很近。我凝视他的脸。我对他说:我爱你,爱你,爱你!"

假面舞会持续到深夜,喃喃情话说不完。可他总是岔开话题,凑近她的面具开玩笑。几天后,在彼得堡大剧院,契诃夫借《海鸥》男主角的一句台词,

---

① 耶稣受难日,人们不能吃肉的日子叫谢肉节。

说出小说集的某一页某一行，回答了阿维洛娃："年轻女郎不应该参加化装舞会。"

啥意思？这是责备她的爱情表白吗？

舞台上的男主角念另一句台词："如果你需要我的生命，那你就来把它拿去吧！"

《海鸥》剧本是在梅利霍沃写的，他没有忘记她！

"当舞台上出现那个小饰物的时候，我起初一怔，几乎屏住呼吸，低下头，仿佛剧院里的观众一齐朝我转过头来，脑袋嗡嗡作响，心房狂乱跳动……最后一次幕间休息，我跑遍了走廊和休息室，我能根据他的瞬间表情，知道他是否需要我。但是我总也碰不到他。"

找不到。尽管他的心可能留在了彼得堡。到哪儿去找心呢？

又是两年过去了，作家没有书信寄给阿维洛娃。前后六年两千天，没有一封信。这是契诃夫与莉卡故事的重演吗？淡淡的笑容，淡淡的幽默，淡淡的却是坚决的转身……四十年以后，阿维洛娃把她写给契诃夫的信件全部要回去了，永远珍藏心房里溢出的点点滴滴。从一头金发爱到白发苍苍。不过，她留下了回忆录。

1897年初，契诃夫出现在彼得堡剧院。阿维洛娃写道："我突然发现契诃夫坐在包厢里，就在苏沃林旁边，而我根本不知道他在彼得堡，为什么不写信告诉我他要来呢？"

二人见面了，但苏沃林很快把契诃夫拉走了。

"啊，但愿他也爱我！但愿……我在街道上和胡同里转悠了很久。"

春天，二人书信约定：在莫斯科见面。

契诃夫爽约了，阿维洛娃赶往莫斯科大饭店扑了空。从不失信的作家这是怎么啦？阿维洛娃急得团团转，驱车去了契诃夫可能去的任何地方，唯独忘了医院。

她心爱的契诃夫正在医院吐血。

苏沃林守着他，痛苦不堪地见证了伟大作家，"一面大口向杯子吐血，一面照样谈笑风生"。

阿维洛娃得了消息狂奔医院。医生护士绝不放她进病房。

双方僵持不下，病人传话了：希望见到探访者。

病床上的契诃夫握着阿维洛娃的手。他面色苍白，嘴角浮着微笑。他在一张纸片上写下："我非常爱……感谢您。"又把爱字划掉。他逗她，开起玩笑来。她也笑了，说自己的衣服象征海鸥。

"医生生气了，说：'安东·巴甫洛维奇！您自己是医生！如果明天您的病情加重，那么，不管是谁，我都不让进来。不管是谁！'"

"我和阿寥沙走回家，一路上，我不断擦去顺着脸颊滚下去的热泪。我对哥哥说：'你别可怜我，我心里感到温暖，温暖……'"

这桩情事须细看，因为它是契诃夫的人格标本。

第二天她又去医院，医生只给她三分钟时间，明确表示不希望再看到她。三分钟能表达六年的思念吗？她只是握着他瘦削的手，轻轻抚摩，不舍松开。哦，作家又微笑了。她忽然俯下身，亲吻他有血丝的嘴唇。护士小姐顿时热泪盈眶。

契诃夫出院后去了国外。阿维洛娃在家里翻开他的《关于爱情》。

"我急不可耐地、贪婪地读下去。契诃夫这么写：'那个苗条的金发女人一直留在我的记忆里。我很苦恼，在家里也好，在田野上也好，我一直在想念她……'大颗大颗的泪水滴落在纸上，我赶紧擦掉泪水，继续读下去。'可是我们从不互相吐露爱情。我温柔、热切地爱着，可是我反复思忖，问我自己：万一我们没有力量战胜自己的爱情，那将会导致什么样的结果？如果我一旦生病，死亡，那她又会怎么样呢？'我已经不是在流泪，而是号啕大哭了。"

《关于爱情》是写给阿维洛娃的，"苗条的金发女人"对此毫不怀疑。此后几年间，她和作家见面，通信，直到作家去世。

艰难的柏拉图式的爱情，契诃夫做到了，他是在命运的高度爱着对方，替对方着想。这一次他显然会求助于自己的意志力。十余年温柔地笑着，克制，苦涩，爱的欣悦与思念，都在微笑中。作家是如此迷人，阿维洛娃的三个孩子都喜欢他，依恋他。她的女儿把头靠在作家叔叔的肩上。

阿维洛娃亲眼目睹了这一幕，赶紧掉过头去。因为止不住的眼泪又夺眶而出了。

1900年1月29日，契诃夫四十岁生日这一天，他当选俄罗斯科学院名誉院士。作家欣然命笔："我的命名日和当选院士的日子，来了多少电报啊，多少书信啊，这一切都得答复，不然子孙后代该指责我不懂社交礼节了。"

探索人间爱情的中篇小说《带狗的女人》问世。

《农民》问世。

《我的一生》问世。

《海鸥》《凡尼亚舅舅》的巡演获巨大成功，各地观众强烈要求亲眼见到他们仰慕的作家……

"悲惨、阴沉到极点的"中篇小说《在峡谷中》，发表于20世纪头一个月，托尔斯泰赞不绝口。直面悲惨生活是欧洲文学的传统，悲惨被揭示出来，而不是被隐藏起来。包括大量无声的、平凡的、一点一滴的悲剧。

高尔基撰写评论："契诃夫是令人望尘莫及的。未来的文学史家在论及俄罗斯语言的发展时，将会说这是由普希金、屠格涅夫、契诃夫创造的。契诃夫的每一篇新小说，都在加强对我们来说具有深远意义的基调：振奋精神和热爱生活的基调。"

制造悲剧的力量是巨大的，持续的，难以查明的。契诃夫说："强者和弱者都是彼此关系的牺牲品，身不由己地屈从于一种不可知的操控力，这种力量存在于生活之外，非人力所能左右。"

温和与尖锐都抵达了极致，这便是契诃夫。

"哪里有深渊，哪里就有拯救。"

马丁·海德尔格晚年的常用词：泰然任之。

作家四十岁还单身，总是犹豫不决。莉卡跑到雅尔塔来了，三十岁依然那么漂亮，混乱的生活并没有把她打垮，为什么？她有一根可靠的、温暖的精神支柱。发现自己有问题，她总是奔向她的安东。安东在国外漫游，她写信一封封地追赶他。如今，莉卡是俄罗斯知识女性当中的一员。混乱在减少，韵味在增加。比如她在雅尔塔不再指责契诃夫了，她并不是那种他一贯嘲笑的唠叨婆子。

曹雪芹说女孩子都清纯可爱，一旦嫁人便可恶，仿佛青春少女与碎嘴婆娘只有一步之遥。欧洲的知识女性大抵优雅，尤其是俄罗斯的知识女性。曹雪芹早契诃夫几十年，那个年代，中国女人还在裹千年小脚。

莉卡与契诃夫可能吗？她去梅利霍沃一住两百天，次年，又奔向雅尔塔长居。她想嫁给据她说两度抛弃她的契诃夫吗？如花似玉的面容，魔鬼般的身材，更兼她美得成熟了，知错了，知勤奋了，不吵不闹了。

契诃夫把奥尔迦的信给她看，奥尔迦亲昵的称谓让莉卡傻眼："我的安东！"

莉卡的天性中带着火焰，而作家洞若观火。

人要发现自己的遗传基因如何左右日常生活几乎不可能，感性女郎更难，漂亮的感性女郎难之又难。男人们似乎联手助推这个。

莉卡的感性，还要加上她十余年的生活惯性。

莉卡·米济诺娃喃喃道："莫斯科的奥尔迦·列昂娜多芙娜……"

契诃夫回敬莉卡，半开玩笑挑妒火，他笑着说："莫斯科埃尔米塔日剧院的这位女演员非常漂亮，色艺双佳，如果我多待几天，非神魂颠倒不可。"

奥尔迦在《海鸥》一剧中扮演伊琳娜。

1899年春、夏，契诃夫三次前往莫斯科。复活节，他突然去拜访奥尔迦，而众所周知，契诃夫从来不喜欢做客，更不会只身登门拜访。这个消息在两个首都不胫而走。契诃夫和奥尔迦一同去观看列维坦的画展，观众惊喜不已。不久，奥尔迦到梅利霍沃回访契诃夫，几天后，"她完全失魂落魄地离开了"。

这位女演员写信说："那房子，那写出《海鸥》的厢房，花园，池塘，鲜花，牛犊，鸭子，那小径上的款款散步，令人心醉的还有温柔舒适的房间，和充满笑话和俏皮话的交谈。"她邀请契诃夫沿海路旅行到雅尔塔，作家欣然同意。不过，他等莉卡离开庄园后，才携手奥尔迦开始为期一个月的海滨旅行。

心爱者朝夕相处。大作家不欲而欲。他曾说过："情欲引诱不了我。"

分手后书信更频繁，有时候奥尔迦一天寄出去三封信。

"如果您愿意写信，那就写一封暖人的信吧……您的饮食要多些营养，要好好睡觉啊！"

"安东，您把女演员完全给忘了！您不愿意写信，这使我很难过。您为什么沉默不语？"

又是沉默不语，作家对莉卡，对女作家阿维洛娃……

苏沃林屡劝契诃夫结束单身的生活，契诃夫说："好吧，如果您希望这样，那我就结婚。不过我的条件是：一切都像我结婚前一样，那就是她住莫斯科，我住乡下。我的妻子要像月亮一样，不要每天出现在我的天空。"

奥尔迦再次来信："安东，我一直在给您写信，可是都没有寄出。为什么？我自己也弄不清。这个冬天我苦恼到极点，我急切等待我们见面的日子。"

有一天，她和她的全家人，以及音乐学院的尼古拉教授在大剧院看《睡美人》，她迫不及待告诉安东："这是多么奇妙、优美、充满柔情的音乐啊，尼古拉教授在柴可夫斯基乐曲的感染下谈起您，热情洋溢，激动不已，我真太高兴啦！"

她又写道："您当选科学院名誉院士，我们全家欢呼雀跃。萨沙叔叔简直爱您爱得要命！啊，我写得像女子学校的女生，要命，要命，要命！"

《凡尼亚舅舅》首演轰动的当晚，奥尔迦却陷入深深的自责："安东，真对不起，看在上帝的分上您别骂我吧。使我痛心的是我没演好您的剧本。明天我改正就是了。我一整夜没合眼，直到今天我还在号啕大哭。安东啊！"

多好的一个话剧演员。契诃夫回信了："哦，我是多么想去莫斯科啊，亲爱的演员。不过，您已经晕头转向，中毒太深，您已经不知道南北东西啦。"

奥尔迦："哎，作家呀作家呀，别把奥尔迦忘了呀！看在上帝的分上爱我吧！哪怕爱我一点也行，这是我所需要的呀！"

"可别忘了作家，否则我就投河自尽，或者娶个蜈蚣为妻。"契诃夫回应，"漂亮而非凡的女演员啊，来信吧，看在所有圣贤的面上来信吧。我像坐牢一样在发狂，在发狂。"

契诃夫像批评莉卡一样批评奥尔迦："亲爱的女演员，对你们这些表演艺术家来说，普普通通、平平凡凡的成绩已经不能满足了，你们要的是开枪放炮。津津乐道的所谓成绩，满员或没满员的票房收入，这些已经惯坏了你们。你们已经中了这种麻醉剂的毒，尤其中了票房的毒。再过两三年你们就会毫不中用！你们等着瞧好了！"

作家只一瞥，看透百余年。

票房惯坏了好演员，收入毁掉了好演员。

这类坏演员在20世纪90年代，摇身一变成了偶像派，靠脸孔赚票房，败坏戏德，蔑视演技，愚弄观众。再往后，更有批量产生的小鲜肉涂脂抹粉登场，男不男女不女，连年挟裹青少年，堵塞雄性渠道，打压数千年英雄气，威胁华夏民族赖以生存于这个险恶世界的战斗精神。唐朝宋朝明明朝，教训太惨重。

如果阴盛阳衰再来个二十年，男生的胡子减少，喉结缩小，腋下光滑，腿毛不生，嗓音变细，举止忍不住要婀娜多姿，目光迷离流盼，"巧笑倩兮"，雌性激素剧增……让屏幕小鲜肉通通见鬼去吧。

笔者闲笔写这个。立此存照吧。

俄罗斯的女性具有令人羡慕的温柔，识大体，顾大局，仁慈无边，这是战斗民族极宝贵的特性：雄性渠道千年畅通，男人才像男人，女人才像女人。两个世纪的几次大战，俄罗斯，这个星球上首屈一指的广袤国家寸土不丢。

俄罗斯的知识女性向往天才人物，这类故事多如秋夜的星星。契诃夫给女演员写信，给女作家写信，给倾倒整个莫斯科的莉卡写信，常常提到咳嗽，咯血，失眠，心律不齐，食欲不振，体重下降，浑身无力。然而她们不是奔向他就是守着他，倾听他，巴望做他的妻子为他生儿育女。她们扑向病榻吻他带血的嘴，渴望彻夜紧紧地搂着他，在医院里为他伺候汤药……古今中外，没有任何一个帝王、富豪获得过纯度如此之高的爱情。民间也稀罕。

她们图什么呢？哦，她们打心眼里爱他。

寒冷的俄罗斯，女人们都是火焰吗？

才华与人格的力量不可抗拒。

1900年暮春，奥尔迦与莫斯科艺术剧院的全体成员们前往雅尔塔，一路巡演契诃夫戏剧，蒲宁、库普林、高尔基等文坛巨人也去了。契诃夫在雅尔塔的白色别墅济济一堂，"一个角落里正在进行文学和科学辩论，而在花园里，人们像小孩子一样戏耍，另一边，蒲宁正在进行天才非凡的表演，安东那个乐呀。高尔基讲他的流浪生活，女演员们听得谁也不想走开，安东偶尔插话，妙语如珠。春天啊，大海啊，欢笑，诗歌，艺术，表演……"

欢乐的大家庭，要吃要喝要住好，忙坏了作家的妈妈和妹妹。"不过，张罗最积极的还是奥尔迦·列昂娜多芙娜。"

客人们在白色别墅住了十几天。女演员忙这忙那。她累，她微笑……

作家的妹妹玛丽娅写道："《海鸥》演出后安东再也逃不掉了，他不得不一次又一次上台谢幕。剧场陷入狂热之中，人们给哥哥献上饰有红绸的棕榈枝，绸带上写着：献给俄国现实的精辟阐释者。"

回到莫斯科的奥尔迦写信，称谓又进了一步："早晨好，我亲爱的！"

信的末尾，她头一次羞答答地叫一声："我的契诃夫啊！"

契诃夫则称："亲爱的、迷人的女演员，您好啊！"

7月初，她再到雅尔塔的白色别墅，在亲爱的安东身边待了一个月。

契诃夫写于8月9日的信，称谓终于变了："我亲爱的奥尔迦，我的娇美的女演员。"

接下来更是："我的小亲亲，我的宝贝，我亲爱的小狗儿……"

娇美的小狗儿回复："我的安东！我多么愿意坐在你的书房里，壁龛里，静静地、静静地在你身边，然后就跟你捣乱，尽说些傻话，故闹一通。"

恋爱中的女人都是小姑娘。

婚礼定下了。尽管契诃夫仍有顾虑，不让任何人知晓。

奥尔迦："我亲爱的丈夫！热烈地吻你！4月你能来吗？我们悄悄举行婚礼，你同意吗？热烈吻你并紧紧拥抱你！"

契诃夫："我就是到达莫斯科的当天跟你举行婚礼也行……我一切都准备停当了，只除了一件小事：健康。"

婚礼举行在即，作家坦率如初。

哦，这个安东。

1901年5月25日，契诃夫与奥尔迦在莫斯科普留希赫街一个胡同里的教堂举办了婚礼。连作家的妹妹都没有收到请柬。妹妹为此伤心不已。

婚礼一结束，他们沿伏尔加河旅行去了。整个夏季如胶似漆，耳鬓厮磨，呢喃如梦呓。他们如同合体一般，总是一同出现。乘坐在马车上，两人在悠闲的晃荡中相视而笑，甜蜜有如春草疯长，情不自禁长吻不休。河边青草地，淋着雨打着伞，世间所有的色彩都褪去，彼此眼中只有爱人那炽烈而渴切的目光。伴着水流哗哗的清音，瞥一眼狗尾巴草的摇曳，双唇胶着到绵绵雨停。吻破娇妻、小宝贝儿唇上的血泡（上火了）还在吻，河对岸起伏的青山像一幅中国水墨画。

"销魂，当此际……"

哦，契诃夫的幸福。我们的作家的幸福。

秋天，新婚夫妻分手，开始了两地生活。

奥尔迦原是莫斯科富家女儿，当演员是她最大的少女梦，冲出家庭的层层阻挠才得以圆梦。嫁给契诃夫，她动了放弃演艺生涯的念头。但丈夫总是摇头。不能让婚姻终结她日趋成熟的表演艺术，不能让她离开她酷爱十多年的话剧舞台。

凡事先为别人着想，契诃夫童年少年就这样了，大学时代铸就无私的钻石般的内核。而他忽略了他自己对俄罗斯乃至对人类精神有多么重要。作为医术高明的大夫他也过于自信,把自己的病往轻处想。很多书信表明了这一点。

九岁那年他在草原上病得奄奄一息,伏下难以察觉的疾病恐惧症。

契诃夫一而再、再而三地拒绝妻子的请求,从结果来看是不好的。伟人的犟脾气,真叫人扼腕叹息。1936年鲁迅先生病重时,也拒绝许广平、宋庆龄等人的请求,不去莫斯科就医。这一年10月19日,先生去世。先生的葬礼是20世纪中国民间最为隆重的葬礼,先生的遗体上覆盖着三个字:民族魂。

三个字讲一个道理:民族需要灵魂。

当年,大学生契诃夫写下这样的句子:"午间追荐死人,晚间举行婚礼,或者是死亡,或者是受孕。"

婚后不久,契诃夫着手立遗嘱了,为母亲、妹妹、妻子和小弟各留了一些财产,把大部分财产捐给教育委员会。这个举动表明,作家为死亡做好了准备,对国家的未来抱有信心。

妹妹与妻子闹不和,妹妹理亏,妻子隐忍。契诃夫两边劝又两边批评,理清了家务事。这方面他二十年前就有丰富的经验。

正直,公平,挣钱多。三位一体,维系家庭和谐。首先是正直。富裕人家常因各打小算盘而闹得乌烟瘴气。

1901年,《三姊妹》在莫斯科艺术剧院首演。

1902年,契诃夫着手划时代戏剧《樱桃园》的写作。

同年,契诃夫断然辞去科学院的名誉院士称号。这个称号给他带来终身荣誉,也带来永久性的家族荣誉。为何要辞掉呢?高尔基受到科学院不公正的待遇,契诃夫不能袖手旁观。这么大的动作,他轻描淡写。

同年,妻子奥尔迦因工作太忙而流产,伤了身子,此后再未受孕。

同年,契诃夫关注学生运动。

1903年,小说《新娘》问世。作家去莫斯科观看《樱桃园》排练。契诃夫文集出版。出版商马克斯耍手腕,以不到市场价格四分之一的七万多卢布买走版权。高尔基愤怒了,要状告出版商。高尔基说:"就是抵押老婆孩子,也要把契诃夫从奸商手中解脱出来!"

契诃夫不同意。合同既然签了,就按合同办。另外,他记得手头拮据时,马克斯帮助过他。作家对人性恶毫不留情,对朋友却宽容。

1904年,作家抱病写完小说《主教》,寄往莫斯科。

《契诃夫传》:"这真是一篇奇妙的小说,这是一个行将过世的人在晦暗、阴雨的冬日写出来的,可它放射着春天的光辉,回荡着庄严的节日钟声,充满乐观与光明。"

冬末,契诃夫与奥尔迦住进莫斯科的一栋别墅。恩爱夫妻最后的欢娱时光,大约是上帝的赐予。作家认为自己的身体一天天向好。

奥尔迦告别了舞台,她非常希望生个孩子,最好是生个儿子……

仲春河流解冻,病情复发。鲜花盛开的季节,肺水肿患者进入危险期。

契诃夫携娇妻去了德国南部的一个小镇。初夏和仲夏身体不错,契诃夫在信中这么写:"我的健康状况正在好转,我的腿也不痛了,好像从来没有痛过一样。体重增加,食欲很好。"

《契诃夫传》:"他已经养成在信中报喜不报忧的习惯,直到最后仍信守不渝地这么做。"

哦,想想他痛苦中的巨大意志力。意志抵达了死亡边缘。绝不牵累他人。

疼痛的、隐忍的、始终微笑着的契诃夫。

6月底,病情急转直下。

1904年7月2日,作家客死于德国小镇。抛下他热爱的一切和一切热爱他的人。

契诃夫的朋友布林写道:"7月4日我打开报纸,突然间,有如一把冰冷的剃刀划破了我的心……"

此后一年又一年,奥尔迦给亡夫写信,她写呀,写呀,一封接一封地写。希望用语言挽留他的音容笑貌。

"记得吗?你怎么轻轻握住我的手,当我问你感觉好不好时,你只是默默点头，微笑向我作答。当时我是怀着何等崇爱的心情吻你的手啊！"

"你还记得那迷人的小磨坊吗？它坐落在山脚，隐没在草丛中，只有水轮在闪闪发光。你是多么喜欢那些设施完善、清洁漂亮的小村，还有百合花圃、玫瑰花丛，你多么痛心地说：'亲爱的，我们的农民什么时候能住上这样的小房子啊？'"

"亲爱的，我的亲爱的，你如今在哪里啊？！"

未亡人追忆那最后一刻：

"安东脸上浮现出他那动人的微笑，说：'我很久没喝过香槟酒了。'……他安详地一饮而尽，静静地左身侧外，很快就永久沉默了。"

一百多年来，世界各国的凭吊者前往莫斯科的契诃夫墓地，捧着鲜花，带着香槟酒。他们当中的一些人，脸上洋溢着契诃夫式的微笑。

凡·高与高更
VAN GOGH & GAUGUIN

两团朝着永恒滚动的烈焰

如今的艺术,绝对要表现某种非常丰富的、非常快活的东西。

——凡·高

文森特·凡·高是荷兰人，生于1853年3月，父亲是大津德尔特村的教堂牧师，母亲出身于海牙的装订工世家，她有一双灵巧的手，种花插花尤其出色。凡·高家族自17世纪末以来，多以牧师、艺术品商人和手工行当为业。此三者，为凡·高的生活道路作了铺垫。他的伯父威廉是成功的艺术品商人。

牧师每天要走两三个钟头，去看望住得最远的信徒。19世纪的荷兰靠着强大的海军和残暴的殖民政策维系国家运转，殖民收入占比甚高，工业化进程正在缓慢迈步，速度低于相邻的比利时。荷兰的农村幅员辽阔，庄稼，树林，河流，村庄，教堂，城堡，风车，磨坊，牛羊，牧歌……古老的生活方式到处显现它的连续性。

牧师远足去看信徒，十七年风雨无阻。虔诚、善良与韧性给他的孩子凡·高留下印象。路上野花纷披，天蓝水碧，冬云夏雨，浓烈的色彩闪耀着神的光辉。

凡·高不足两岁就蹦向了原野，一次比一次蹦得远。先是追着父亲的背影，后来追着阳光和不羁的风。他的同窗亨利说："文森特独自行动，在村子周围转悠或走出很远，一连游荡几个小时。"

2007年在法国出版的大卫·阿兹奥《凡·高传》[①]载："凡·高家族酷爱漫游。"

童年、少年时期的凡·高有两种酷爱：阅读和远足。他是雨果、左拉、狄更斯的狂热崇拜者。

若干年后凡·高写道："许多风景画家对自然的了解，不如那些从童年起就满怀激情看过田野的人那么深刻。"

---

① 原译为《梵高传》，本书为统一人物名字，使用《凡·高传》。余同。

时至21世纪，自然这个话题变得越来越沉重。

自然，是她本来所是的那个样子。是河流的天然弯曲使河流成为河流，为何要把河流拉直呢？行星围绕恒星运行几十亿年，形成山脉、河流与平原：力与力的平衡。打破这种平衡将意味着什么呢？

海德格尔："不是把水电站建在莱茵河上，而是把莱茵河建在水电站中。"

近现代的人类活动以欲望为基础，以技术、资本为推进剂。"技术本身朝着更高的技术。"技术带给星球的破坏要让技术来解决吗？什么样的技术能让冰川停止融化、让物种不再迅速消亡、让热带雨林不再锐减？

凡·高用了一个词：激情。"从童年起就满怀激情看过田野……"童年的田野激情从何而来？从远古基因来，从凡·高家族几代人的漫游传统来，后者唤醒并强化了前者。笔者尝言：人类祖先的丛林野性何止百万年，而文明不过两三千年，哪边的基因重，一目了然。

去掉野蛮是好的，打压野性不好。在汉语的语境中，旷野，郊野，野店，野炊，野味，野花，野趣……都是令人遐想的美妙词汇。"野水泛长澜，无人柳自春。"我个人至今迷恋烈日下的远足，独自朝着不断后移的地平线恍兮惚兮。团红当路啼，"香风下高广"。红笑，红啼，红愁。凡·高对原野色彩的敏感令人想到诗人李贺。李贺转悠小城昌谷的野地，凡·高转悠他的大村庄。活动半径十余里，胜过走马观花十万里。

夏季的原野是什么概念？是五十种天籁、七十种芬芳、九十种色彩，是无穷变换的天光，是不计其数的鱼虾虫鸟。"人在天空之下，人在大地之上。"

扎扎实实体验大地之为大地，敏感色彩，线条，形体，乃是所有杰出画家的不二法门。少年凡·高漫游多少次？一千次吗？究竟是什么东西牢牢吸引他？他手捧《圣经》或是《海上劳工》《小酒店》。牧师父亲慈祥的面容，教堂晚祷的钟声，初升的太阳，落日的余晖，跳跃的陌上花朵，古老的磨坊，旋转的风车，忙碌的农民……这一切携同强大的远古野性基因，汇集成有神性弥漫的统觉，有诗意贯穿的通感。

漫游者，手头要有一本书。文字弹射思绪。

一个人的孤独的兴奋，大路小路走不够，淋暴雨很舒服，顶着烈日远足，爽得如歌如酒（我个人深有体验）。少年凡·高为什么走不够？只因他调动了捉摸不定的基因，延伸了家族传统。

不确定，模模糊糊，异质性的东西奔来眼底。真好。"人在大地之上"，人的谦卑、渺小与短暂，置身于大地之永恒、广袤与无限神秘。没有对象化思维，没有主客观分裂。远离了贪婪者、自大者的"宇宙式的狂妄"（罗素）。

人有内心纵深，山山水水才显现她的纵深。

凡·高"辞寡"。这个词是谢安用来形容王羲之和王献之的。孔子盛赞木讷："木、讷、刚、毅，近仁焉。"毕加索不爱说话，马蒂斯善于宁静，里尔克、契诃夫、艾略特、海明威、福柯享受沉默。海德格尔教授有著名的"课堂沉默"。

《论语》："天何言哉？四时行焉，百物生焉。天何言哉？"

《凡·高传》："文森特是一个少言寡语的孩子。"

凡·高的形象让我想起《海上劳工》中的吉利亚特。吉利亚特的沉默有如迎着海浪扑打的礁石。

凡·高在写给弟弟的书信集《致提奥》中，描绘一幅油画《朝圣者的行程》："时近薄暮，一条沙土路呈暗灰色，爬上了山坡，通往一座高山，山上坐落着圣城，披着落在乌云后面的太阳余晖。"

朝圣者的虔诚，诗意的行走，使普通的沙土路有了神的光辉。浑身上下每一个细胞都处于持久的舒展状态。一走就是大半天，有啥可说的？身体的野性契合大地的野性，有啥可说的？田野，麦浪，温暖的村庄，空旷悠长的道路，凡·高惬意写道："我还经常到赖斯韦克大路上走，雨后，我们在那里的磨坊喝牛奶。"

凡·高把弟弟提奥带上路了。多年后在伦敦郊区，他写道："这些日子，我几次漫游简直太美了……让我给你讲一讲昨天的漫步吧！这里一切看上去美极了，人有了这种眼光，真是无处不美！"

"赋予所有这些事物如此绚烂的美，如此强大生命力的，正是爱。"

凡·高酷爱书写，少言寡语的男孩酷爱在纸上表达。法国人称他"优秀的书信体作家"。

神性与诗意所能提供的爱的能量，任何精密仪器不能测量。这种爱，让一切人工智能永远弱智。好的艺术，都是捕捉不可言说之物。唐诗宋词为什么好？只因它言外的东西多。而在诗意、神性退场的年代，奢谈所谓"诗与远方"，是由于那些夸夸其谈者一贯的夸夸其谈。

深爱的人一言不发，显现了爱的自足，自得，自持。有啥可说的？风不是在说吗？云不是在说吗？溪水不是在说吗？夏风中翻滚的金麦田不是在说吗？天上的星星不是也在七嘴八舌说个不停吗……

内心强大从何而来？一定是起于情绪与思绪的双重饱满。饱满者自享受，自陶醉，优哉游哉，不须为外人道矣。平庸之辈是命中注定要平庸的，精神的高贵者只要向着更高，哪管那些混日子的实用之徒。不上网就上床，不打牌就打瞌睡。那么多人旷日持久活向刺激与空虚的循环，上帝要皱眉头。

童年少年的文森特·凡·高，非常非常幸福，《凡·高传》的作者阿兹奥，以及另一本流传极广的《凡·高传》的作者欧文·斯通，显然掂量不够。

凡·高家境尚可，干一点家务，不干农活（牧师家没有农事），勤劳的母亲身边有个女仆。他一本接一本埋头阅读，抬头痴想。不知不觉抬腿出门了，仿佛跟着文字的弹射追出去。两条腿习惯了自作主张，追鸟追风追色彩……亢奋又来了，他在艳阳照射的金麦田大呼小叫。据说凡·高家族有神经质的传统。平庸的家伙叽叽喳喳议论。祖母给了小凡·高一记耳光。凡·高的母亲气得几天不理他的祖母。

阳光颤动空气。阳光闪耀着芳香。原野上直射、斜射的万千光箭。无边麦浪有如金色的海洋。哦，怎能叫人不亢奋不喊叫？凡·高名画《乌鸦乱飞的麦田》直接源自他的童年印象。画面的色彩美得令人无话可说，金麦浪、黑乌鸦占据了你我的心房。但其深意又在画外，容后细说。

不特此画矣，他还有很多类似的作品，比如名作《向日葵》。

萨特说:"我们沿着画布走得如此之远,一直走到天尽头……艺术是对一切存有的总和的挽留。"

凡·高喜欢暖色调,尤爱金黄色,原因之一是他自幼怕冷。冬季的游荡他走得快,蹦蹦跳跳暖和了。跃沟过坎上山坡。他上村小学,老师是个酒鬼。他回家待了两年,自学,包括画画;换了一所城里的学校,严重偏科,除了写作与美术他几乎门门不及格。数学很不好,像后来的毕加索。十五岁他再次辍学。他独来独往的样子也不讨人喜欢。校长认定这个孩子没出息,老师们又认同校长。

凡·高遇到的校长在欧洲并不多见。而我熟悉的校长们,几乎都像凡·高遇到的校长。学生潜能何处觅?校园多年无消息。活蹦乱跳的孩子才是孩子。全面发展的孩子才是孩子。小孩儿应该比小狗快乐吧?然而,小狗们的疯玩、疯跑,能够抵达遗传基因赋予它们的巅峰兴奋。年年驮着大书包的小孩儿比小狗快乐吗?这是一个问题。如果你爱,你就会追问;如果你深爱,你就会刨根问底。

活着要像撵山狗,焉能变成圈养鸡?

凡·高摆弄画笔不知起于何时,大约两三岁。整个家族都鼓励他,常去巴黎、柏林、伦敦的威廉伯父,既有艺术的品鉴眼光,又见多识广,在家族众多男孩中,他希望凡·高做他的生意继承人。当然,这位成功的艺术品商人也看偏了。

凡·高十一岁的画作是献给父亲的生日礼物,"画了一座农舍和一间仓房",大家都很喜爱,父亲在画框背面郑重写了一行字:"文森特,1864年2月8日。"

凡·高的母亲善于绘画,她可能指点了儿子的习作。

1868年3月,凡·高退学,回到大津德尔特村。父亲板着脸。凡·高写道:"父亲防止我成为一个让家人脸红的儿子。"少年陷入忧伤,悄然漫步田园，周遭景物跳出了淡淡的灰色，浅浅的黑色。黄昏一点点浸入肌肤。沉默少年更沉默了。辍学的原因是个谜，他拒绝向任何人透露。人们猜测，他的性格与学校的纪律发生冲突，与苛刻的校长发生冲突。

浓稠的夜色中，凡·高伫立小山坡，像雨果笔下的吉里亚特伫立海边。《海上劳工》中那个住海边鬼屋的男子汉，为了他心中的少女德玉西特，毅然去跟海浪搏斗，跟章鱼搏斗，他奋战几十个昼夜，靠一个人的力量救出了卡在岩石间的大船。海上劳工战胜了咆哮的海洋，德玉西特却要嫁给别的男人。夜里，吉里亚特一步步回到大海，大力神般的勇士选择了自沉！

一个人的力量！黑夜包裹的少年攥紧了拳头。

要干什么？凡·高自己并不清楚。家族成员有两条现成的生活道路：当牧师，做画商。

"文森特又去游荡，穿越北布拉班特省的田野和森林。"

屈指算来，文森特·凡·高蹦跳田园、游荡乡野的时光当有十余年。他待在学校的时间短。这是一段决定性的时光，寸寸贴近自然的时光，预热艺术之躯的时光。孤独的兴奋拉开序幕，奏响了序曲。

荷兰加快了工业化进程，而画家们固守着牧歌与田园，跟欧洲其他国家完全一样。这个传统延续到21世纪，并且，毫不费力地越过这个世纪。

画豪车、画高楼大厦是卖不出去的，它们还不如画布上的几根草。中国水墨画，山水、花鸟、人物，倾向于自然的主调千年不变。谁去画钢筋水泥呢？

究竟是什么，支撑了东西方艺术的永恒格局？是人类的集体潜意识吗？是人类祖先隐秘而强大的野性基因吗？

艺术自律，而非他律。艺术为自身提供本质性根据。古典主义，印象派，野兽派，象征主义，立体主义，表现主义……杰出的艺术家们创造了观众，也创造了市场。全世界的贵族、有钱人并不能决定审美趣味，虽然他们是掏钱买画的主力。比如洛克菲勒家族买下凡·高、毕加索的画作。数百年来，他们倒是追随画家的审美眼光。先是不屑一顾，后来趋之若鹜。

这个现象饶有趣味，可作专题研究。

凡·高十六岁去海牙，做了古比尔画店的一名店员。他在这座海边小城待了四年，接触了大量好作品，认识了一些画家，频繁逛书店，出入博物馆。他看画展，总是展厅的最后一名观众。古比尔公司的总部在巴黎，巴黎画展上评出的获奖作品，源源不断送往欧洲诸国的分店。画展评审委员会的成员大都是安格尔的门徒。安格尔是法国古典主义画派的领袖，画风细腻，线条工整，色彩明快，构图十分严谨，对德加、雷诺阿和早期毕加索影响大。

海牙古比尔画店经营巴比松画派的作品，赢利不少。这个画派得名于巴黎附近枫丹白露森林边缘的巴比松村，确立了法国风景画的现实主义风格。画派的创始人让·米勒生于底层，长大后仍然潦倒，在巴黎过不下去，于是，迁居巴比松村。米勒画乡村，画动物，画枫丹白露森林，吸引了大批追随者，也吸引了画商，形成重要流派，引领了法国风景画的审美风尚。

少年凡·高迷恋安格尔（尽管后来他厌恶安格尔），崇拜米勒！两位大师就住在巴黎！

巴比松村与凡·高的家乡大津德尔特村，风景和情调多么相似！

凡·高写给弟弟的书信集《致提奥》："你要多多漫步，更加热爱自然……画家们理解自然，并教会我们如何去欣赏。"自然需要理解，下功夫去理解。这个话题的分量特别重，尤其是在当下中国的语境中。

凡·高一口气列出了六十个画家的名字。他学米勒的风景画，学得艰难。米勒画一个用镢头刨地的农民，能让人感觉到农具的力度，而凡·高画的镢头是"放在"地上的，没有动感，当然也缺乏力量。

凡·高憧憬着巴黎，雨果、巴尔扎克笔下的巴黎，米勒画上的巴黎。荷兰、比利时、西班牙的作家画家，谁不向往巴黎呢？作为画店伙计的凡·高卖画很卖力，受到经理赏识。经理向总部打报告，把凡·高派往生意最火的伦敦古比尔分号。

伦敦也不错！凡·高对莎士比亚的戏剧了如指掌，熟悉同时代的英国作家狄更斯与哈代。哈代描写爱敦荒原的长篇小说《还乡》，凡·高读了一遍又一遍……

这一年凡·高二十岁了，海牙的四年，预设了他未来的三个走向：画商，画家，福音传教士。他的伯父威廉对他寄予厚望，明确表示由他来继承事业和财产。

此外，爱情诗和爱情小说让凡·高处于持续的高热状态。狄更斯《大卫·科波菲尔》中的朵拉小姐太迷人啦，堪比莎士比亚的朱丽叶，莎士比亚的奥菲丽亚！

少年凡·高独自游荡的时光，无数次想象过他心目中的好姑娘，无数次心跳加速。"凡·高的一头红发非常扎眼，给人愣头愣脑的印象。他毫无爱情经历，属于初恋能使之神采飞扬或一蹶不振的那种人。"

凡·高赴伦敦，途经巴黎，看了卢浮宫和卢森堡宫的画展，看了古比尔公司总部的旗舰店。"年轻人看得眼花缭乱，能在这样的大公司供职，他十分得意，确信自己前程远大。"凡·高给弟弟提奥写信说，他陶醉了。

凡·高在巴黎逗留几天后赶往伦敦，坐火车，换乘轮船，再坐火车。"大英帝国的首都让他着迷。"他住进一个法国牧师的遗孀家中。这位太太和她十九岁的女儿欧也妮住在一起，把单间租给凡·高。白天他去画店上班，夜里回去。他几乎第一眼就爱上了欧也妮！每天见面，小伙子的情火燃大了。几个月朝夕相遇，一个桌子上用餐，凡·高简直爱得受不了，双眼持续发愣；又垂下头来，圣诫阻止他唐突美人。可是，各种爱情诗在体内奔突，爱的炽热场景在寻找它的突破口。

"圣诞节晚上，凡·高和房东母女一同度过，是他永生难忘的时刻。"

红头发小伙子像骑士一般献殷勤，努力让自己口齿伶俐。他讲圣诞故事，朗诵雨果写给朱丽叶的情诗。他火辣辣的眼睛射向欧也妮。他早已把她想象成雨果的终身情侣朱丽叶·德鲁埃。朱丽叶是戏剧演员，是"巴黎最美的女人之一"（引自莫洛阿《雨果传》）。她为雨果的写作辛勤付出，收集资料，抄写文稿，做出了全欧洲公认的贡献！她出版了一本《致维克多·雨果的一千零一封情书》！雨果八十岁生日，整个法兰西为他祝寿，六十万人从他窗前缓缓走过，每一双眼睛都满含敬意和祝福。雨果先生的身边，站着满面春风的朱丽叶·德鲁埃。

凡·高笃信上帝，热爱艺术品行业，在伦敦前程无量。这些都是明摆着的。尽管他的表白结结巴巴，但事实就是事实。他在公司有很不错的业绩，他的威廉伯父是公司股东之一。在伦敦，他会有一栋漂亮房子，如果欧也妮嫁给他，生下一串孩子，生活将是无限美好，体面，富足，有派头，就像威廉伯父。

1874年的春天来临了，伦敦冬季的浓雾消散了。凡·高饱满欲滴的爱情与盛开的春花同步。他表白了。火山终于爆发了，巨大的能量释放却遭遇了能量更大的暴雨，哗哗哗倾盆而下，把喷发的火焰堵回去。

欧也妮小姐拒绝了凡·高。

第二天，在画店上班的凡·高呆若木鸡。那个生龙活虎的小伙子突然消失了。他给家人写信："我渴望见到所有人，我渴望见到荷兰！"

他抛下工作回国了，锦绣前程不要了。而回国的原因他缄口不语，凭父母怎么问也问不出来。打击太大。他求助于《圣经》和绘画，每天疯狂地挥舞画笔。

7月，在妹妹米廉安娜的陪伴下，鼓足勇气的凡·高重返伦敦，依然选择了欧也妮的家。他又开始追求她了，开始了他孤零零的、愣头愣脑的爱情长跑。

欧也妮再次拒绝他。其实她早有相好，有个名叫萨姆埃尔的伦敦青年，现在以未婚夫的身份，骄傲地出现在凡·高面前。凡·高怒视他的情敌。欧也妮向他解释原委，他根本不听。他爱上了她，他在半年内变身为一座情爱火山。这一点恰似少年毕加索，对同班少女的失败的初恋将改写一生。

艺术家通常性子倔，大艺术家，全是十头牛都拉不回的那种人。

凡·高重新尝试的画商生涯，由于失恋而中断。在伦敦他干不下去，伯父威廉把他调到巴黎。巴黎的古比尔旗舰店富丽堂皇，文森特·凡·高将如何呢？"他变成了一个可鄙的职员，随口批评他负责销售的作品。"他嚷着要回伦敦。公司满足了他的要求，可是他并非回到伦敦的画店，他是为了重回欧也妮居住的城市。

这个火红头发的狂热恋爱者，彻夜徘徊在欧也妮家附近，次日上班没精打采。经理指责他，他却有理有据批评那些销路好的作品，导致顾客茫然不解，掏钱的手停在衣兜。生意明显下降了，威廉伯父赶来了，狠狠教训这个迷失方向的侄儿。他手捧厚厚的《圣经》，听伯父斥责。

上班还是老样子，夜里还是伤心徘徊。

凡·高给弟弟写信："要在世上有所作为，就必须让自我死掉！人活着，并不仅仅为了生活幸福。人生于世，要为社会作出重大贡献，达到高尚，超越几乎所有人一生的平庸！"

弗洛伊德讲得好："艺术是欲望的升华。"

公司耐心给他机会。伦敦干不好再回巴黎，让他远离他无限钟情的姑娘。三年多的时光，他在欧洲的两个重要首都逗留。"中魔似的频频出入博物馆，看各类一流画展。"包括1874年在巴黎举办的首届印象主义美术展，莫奈、雷诺阿、德加、毕沙罗等人首次亮相。凡·高盯上了这些人。他狂读莎士比亚、雨果和左拉。他向平庸的幸福生活宣战了，主要表现是：在画店抨击那些受顾客青睐的平庸作品，乃至嘲笑掏钱的顾客。顾客不买画了，他倒笑呵呵竖起大拇指。他本来就有高远的目标，恋爱的惨败迫使他把目标看得更高。

耶稣是受难的耶稣，凡·高是煎熬的凡·高。

宗教，绘画，恋爱，此三者，在青年凡·高的眼中是等值的。

印象主义冲击写实主义，并且骄傲地把新起的照相技术弃若敝屣。精确表现法要被印象派画家们一举粉碎！观众和美术评论家们都受不了，"首届印象主义画展引起公愤，多少人肆意辱骂。这也表明艺术夸张的色彩来势如此凶猛，要呼吁世界的包容尚须时日"。

印象主义与照相技术同步崛起，前者倒是在艺术领域扮演了驱逐后者的角色。艺术压倒技术。事实上，即便是古典主义也远远超越了照相技术。中国古代的写意画，更与精确表现无关。艺术从来就不是技术。后者的越界扩张倒是受制于由来已久的庸众。在西方国家，不愿意成为庸众的人向来很多。思想家们不断抨击庸众，从亚里士多德就开始了，近现代，呼唤超人的尼采影响甚巨。而技术进步制造的平庸者没法做统计，技术对自然的持续促逼所带来的危机更难估量。

所以，马丁·海德格尔说，唯有艺术才能拯救技术。

凡·高常去卢浮宫看画展，回画店看那些商品，越发不顺眼，屡屡批评顾客喜欢的抢手货，一副理直气壮的样子。圣诞节快到了，生意大忙，凡·高请假，去小城埃滕看望他父亲，请假一周却待了半个多月。公司下决心不要他了，要他自动请辞。他高高兴兴递上辞呈，措辞和书法都表达了他的心情。公司愕然，员工们看凡·高的眼光，像看怪物或火星人。他又赶火车坐轮船跑到伦敦去了，找了一份打小工的差事，只为靠近他那朝思暮想的意中人欧也妮。几年了，他天天想象她跟那个未婚夫分手，想象分手的细节，直到她解除婚约——爱情引发无穷无尽的想象。他捧着鲜花去敲门，是为了祝贺她母亲的生日！一簇怒放的鲜花遭到冷遇，那个情敌还故意搂着欧也妮小姐的纤腰。

孤独的漫步者，孤独的求爱者，吉里亚特不正是这样吗？凡·高步行一百六十公里走到韦林城，看望他妹妹安娜，哦，三百二十里。数日后，又动身去坎特勃雷小镇，探望一位朋友的父母，像当年他父亲去看望信徒。风中飘满了思索，暴雨送来他想要的那种窒息式享受。画家的眼光在打量一切。惆怅与欣悦交袭。好工作丢了，好姑娘欧也妮也丢了。同时丢掉的还有伦敦。

回到荷兰的凡·高，进了首都阿姆斯特丹附近小城的一家书店，当了店员。他头戴一顶皮帽，依然对顾客爱理不理。皮帽是欧也妮送的礼物。这可是大宝贝！虽然她不要他。他躲在书架之间读《圣经》，着手翻译成三种语言。人们看不见他低垂的脸，只看见那顶皮帽。帽子一整天纹丝不动。这使书店经理非常为难。凡·高的伯父威廉先生是经理的恩人。

凡·高宣称："我是一切的局外人。"

在家族的安排下，二十五岁的凡·高到阿姆斯特丹的神学院学习。

凡·高住进阿姆斯特丹的一所豪华公馆，锦衣玉食，还有仆人伺候。大伯父是海军少将，叔父是一流艺术品商店的大老板，姨父是著名牧师，姨父给凡·高请来的古希腊语教师芒戴斯，是荷兰最优秀的古希腊语学者。另外还有一位精通数学的年轻人。

"文森特不可能失败，他身后几乎有整个荷兰在支持他和鼓励他！"

可是，几天后，他写信给弟弟说："我的老弟，学习很无聊，怎么说呢？应该坚持啊。"考验学习意志的时刻到了，凡·高严惩凡·高，在寒冷的冬天睡马路边，不要被子，零下十几度蜷缩成一团，自苦造极也。他本来就怕冷。凡·高鄙弃畏学的凡·高。这也显现了家族的某种神经质。他还用棍子惩罚自己，打击躯体不留情，打得青一块紫一块。不能辜负整个凡·高家族。决不能。可是他越用力越乏力，神学院的课程让他痛苦。转向绘画，却是两眼放光。

他写道："在那拱顶下面，在那黑暗中，一些人来回奔忙，身上携带着光。日常所见的事物产生了一种异乎寻常的印象。"

凡·高盯上了人的光。人们的身份、外形、表情都不重要，重要的是光。这是艺术家"前现象学"式的日常领悟，是对价值判断的悬搁，是本质性直观。

首都有个学院派画家杰罗姆，在历届画展中大捞好处，赚得盆满钵满。他的周围聚集了一批学院派，抵制印象派画家。他画的女人都是风姿绰约的美人，有钱人乐于买去挂在墙上。资产者渴求什么？保持秩序，包括资产者早已固化的审美习惯。生存固化、审美固化与阶级固化是一回事。而凡·高拿米勒画的丑妇对抗杰罗姆的系列美人图。他说："漂亮的躯体动物也具备，但人的灵魂动物就没有。生而为人，不就是为了让我们的心灵变得更丰富吗？我更喜欢同丑的、老的或穷苦的女人打交道，她们有灵魂。是的，有灵魂！"

凡·高常常从豪门出发，穿街走巷去贫民窟，访问一个叫凯特的女人，凯特失去儿子，丈夫又患绝症。她戴黑面纱，一脸的肃穆。人们不敢接近这个不祥的女人。而凡·高跟凯特和凯特的患肺结核的丈夫成了好朋友。他打算陪伴可怜的患者度过最后的时光。然后，如果凯特同意的话，他要娶她为妻，亲手摘掉她的黑面纱。

首都的繁华，家族的显赫，大好的前程，在凡·高眼中显现为盲点。

这是决定性的视而不见。不特凡·高也，近现代西方一大批作家、画家、音乐家均如是。他们忠实于自己的切身感受，他们从自身的处境出发，形成坚实的、属于自己的感觉系统，自己的价值观……

父亲从埃滕来了，对儿子十分失望。凡·高长时间垂着头，无颜面对父亲。五年了，他总是让父亲伤心。送父亲去火车站那一天，凡·高描述："我送父亲到火车站，目送着启动的列车，许久许久还看得见列车和浓烟。等我回到房间，又看到父亲坐过的椅子，旁边的小书桌上还有昨晚摊开的书和纸张。尽管我知道过不了多久我们又能见面了，我还是像孩子一样感到不幸。"

这是一颗敏感一切的心。唯一不敏感的就是资产阶级的门第，资产阶级的做派，资产阶级自吹自擂的生活方式。这位红头发艺术青年，倒是敏感一切压迫者的伪善，敏感一切强势者的傲慢，敏感一切傲慢者的愚蠢。

凡·高听说法国有一个人跟他相似，放弃了锦绣前程，拿起了油画笔。这个人叫保尔·高更。

高更有一幅油画《裸体之观察》，被称为法国裸体艺术之最。英国作家翰森在《超越自然：高更传》中这么写："一般艺术家免不了将笔下的裸体女人完全予以美化，赋予她们光滑的肌肤，平坦的腹部，圆润的双肩，画中的人儿个个千娇百媚，身上无一处赘肉，无一道皱纹，美是美极了，却是严重缺乏生活，看上去仅仅是硬邦邦的实物而已。而高更在仔细观察之后，粉碎了前辈画家的惯例。《裸体之观察》中的琼丝汀全裸上身，坐在床沿上补衣裳，她的双肩因为拿针线的关系而略向前倾，连带着，她的背也伛偻起来……这个女人是被赋予了生机的，她可以是圣女也可以是毒妇。"

高更说:"我是个野人,虽然我是阿拉贡王国的后裔,但我仍然是个野人。"

美术评论家指出:"这幅《裸体之观察》没有丝毫虚伪。"这句话的言下之意是:流行已久的裸体画风格被虚伪统治。

荷兰的凡·高,法国的高更,不约而同要粉碎这种虚伪的统治。

高更的故事稍后再讲。毛姆具有世界影响的小说《月亮与六便士》中描写的那位画家,是以高更为原型的。

凡·高作为失败者回到父母身边,家族再次讨论他的前程。首都的神学院他未能毕业,做牧师不可能了,做个福音传教士还行。凡·高对《圣经》的领悟超过神学院的教授们。他精通德语、法语和英语。

凡·高去了博里纳日做传教士,那是个矿区。他每月的薪金是三十法郎。1878年12月下旬,凡·高给弟弟写信说:矿区极为凄凉,矿工的住房极为简陋。

"凌晨,凡·高穿上矿工服,同他的向导一起下了井,而陪伴他们的,却是在井下要干到死的男人、女人、孩子,以及病痛、事故、衰竭。这是他一生所能见到的最恐怖的景象。"美国作家欧文·斯通的传记小说《凡·高传》,对凡·高生活的矿区有非常详细的描写。

凡·高也在《致提奥》中提到:"这个矿区声名狼藉,死了许多矿工,下井和升井都同样能摔死。还死于有毒气体、瓦斯爆炸、地下水。绝大多数工人身体瘦弱,因发烧而面无血色,他们的样子疲惫不堪,皮肤粗糙,未老先衰。他们的女人也都脸色苍白,非常憔悴。矿区周围,矿工们住的棚屋破烂不堪,立着几棵死树,被煤烟熏得黑乎乎的,到处是荆棘篱笆、垃圾堆、灰土堆、堆积如山的无法利用的煤堆等。"

"我在七百米深的矿井下看到一处马厩,有七匹老马,马要拉好几辆翻斗车,拉到转运点,即升井外运的地点。"

"推车斗的工人许多还是孩子,女孩跟男孩数量相当。"

"矿工们像鬼一般工作着。"（鲁迅）

阿兹奥《凡·高传》："他把自己所有的一切都给了别人……正如他的绘画所表明的那样，脸庞都瘦成苦行僧似的皮包骨。他睡在地上，不顾寒冷，他的鞋子、钱都送了人，衬衣用来包扎伤员。他不洗漱了，也不刮胡子了，买奶酪喂老鼠，而自己只啃干面包，以表示爱所有生灵，连虫子他都要保护。"

凡·高的上帝死了，但是爱活着。毕加索的上帝死了，毕加索选择了对抗上帝，乃至取代上帝。后来波伏娃的上帝死了，还是少女的波伏娃痛苦地躺在地上哀叫，打滚，两排牙齿和一双纤手撕碎了地毯……

凡·高反复读《悲惨世界》，每个字都读进了血液，于是，看穷人更仔细，悲悯更深广。矿区的两年多，决定他的所思所想，决定了他的价值观。他自苦近乎自残，这是跟号称仁慈无边的上帝决裂吗？躺在严冬的寒风中，躺在刺脊骨的黑煤堆上。凡·高的眼睛被黑暗点着了。享受就是犯罪！他徒步五十公里走到布鲁塞尔，向牧师报告矿区的惨状。"他脏兮兮的一脸尘土，腋下夹着他的矿工素描。他一副流浪汉的样子，满脸红胡子，一对带着质疑和激动的蓝眼睛，模样有点吓人。牧师的女儿给他开门，吓得尖叫一声逃开了。"

回到矿区，他发疯似的画画。"我经常画到深夜，以便画定一些记忆，牢记所见事物引发的思想。"他跑到工头、经理的办公室，以矿工的名义要求公平分配。他被打手们赶出来，他又像公牛般冲进去，一声声怒吼，红头发根根竖起，红胡子在颤抖！工头威胁要把他关进疯人院。矿区没有医院，却有几所疯人院。

"矿工们起来反抗，要去烧毁矿井。"

几年后，凡·高在海牙写道："作为工人，我的位置就在工人阶级之中，我愿意在他们当中生活，在他们中间扎根越来越深。当我看到多少弱者遭受践踏，我就开始怀疑所谓文明与进步的价值。"

凡·高说："我画风景、人物，不是力图表现一种多愁善感，而是表现一种极痛深悲。"这种极痛深悲跟底层民众的生活状况紧密相连了。艺术宣言与价值观宣言同步。这等于背叛了他的显赫家族。

博里纳日的风景很美，阳光灿烂，而工人们永远暗无天日，很少有人活过四十岁。人人都有肺病，持续低烧，互相传染。童工们惨不忍睹，六七岁就下到七百米深的矿井……愤怒的凡·高去看风景，风景就呈现了它的激烈。

爱与怜，爱与恨，爱与痛，爱与绝望，爱与孤独，所有这些都显现了关联。后来，凡·高把博里纳日称为"欧洲夹竹桃和硫黄太阳之国"。

硫黄太阳是什么样的太阳？

1880年，二十七岁的凡·高一事无成，家族"潮水般的指责"让他难受。唯有弟弟提奥默默地支持哥哥，每月给哥哥一百五十法郎，这是一个不小的数目，通常是一家人一个月的开销。凡·高的钱多数用到穷人身上去了，另外就是买画布、颜料和书籍。在矿区，他给钱的方式令人不解，总是兜底掏出去，不给自己留半文。弟弟从来不问哥哥的钱用到哪儿去了。哥哥看上去连乞丐都不如，有时候几天才吃一块发霉的面包。提奥去博里纳日待过，亲眼目睹哥哥怎么过日子。哥哥火红的头发足有半尺长，一双鞋子饱经风霜。提奥瞅着哥哥的鞋子一言不发。

提奥在海牙工作，在布鲁塞尔工作，在巴黎工作，收入稳定却有限，他借钱也要给哥哥寄钱，负债一声不吭。他已经收到哥哥的一百三十多封信，每一封都加以珍藏。他是大城市的艺术品商人，深知哥哥的绘画几乎不可能卖出去。哥哥画矿工的鞋，画农民的鞋，数百张草图全是破烂的、饱经雨雪坎坷的鞋……

提奥在巴黎有了意中人，他要积攒结婚的费用。而他手中有了钱，一个习惯性的动作，就是先把一百五十法郎留起来。哥哥二十八岁了，伦敦恋爱失败后再也没有恋人。弟弟心疼哥哥。现在问题出来了，将要成为他的未婚妻的姑娘能理解他吗？每月寄一百五十法郎，在旁人看来几乎不可理喻。而且，提奥许诺会一直寄钱。

提奥建议哥哥到布鲁塞尔，首都的艺术精英多。

凡·高迁居布鲁塞尔，在南方大道七十二号租了一个房间。他写信给提奥说：在必要的时间内，他准备扎扎实实做一名平庸的画家。对于任何艺术家来说，平庸的阶段不可避免。他每天勤奋猛干。他的素描不确切，他在解剖学上的欠缺，妨碍他的目光附着形体。"他缺乏那种准确性，不能赋予线条以生命力。"

凡·高自己说："我认为比例的缺陷，是我迄今为止所作的素描最大的缺陷。"

名画家毛沃是凡·高的表妹夫，毛沃看了他的一些素描，点头肯定，说很有潜力。于是，凡·高离开布鲁塞尔到海牙去了。这等于正式走上了一条他父亲反对的画家之路。父子分别的那一天，凡·高言辞激烈，父亲又伤心了。他拒绝了父亲的钱，宣布了相对于父亲的独立性。

"上毛沃的绘画课，文森特进步非常快。除了基本技法，毛沃的主要影响，就是文森特过渡到色彩画的愿望越来越强烈。"

凡·高的一幅风景画卖了三十荷兰盾，买画的人还订购了一批画，由画家本人来定价。"真是奇迹！"凡·高写信对弟弟说。正在巴黎恋爱的提奥欣喜不已，哥哥终于踏上了坦途，找到了艺术自信。哥哥画画能挣钱，提奥也减轻了一些负担，也许过不了多久，哥哥将要走向辉煌！毛沃画风景，一个月能挣六千法郎，远比一般资产者家庭的收入多。凡·高的风景画非常独特，如果他一直画下去，不仅会越画越好，而且会越挣越多！整个凡·高家族都为他高兴，专门举行了高规格的酒会，为他的迷途知返额手称庆。凡·高喝醉了，喃喃自语：我要挣大钱……

毛沃先生说：文森特的风景画注入了强烈的情感色彩，在艺术史上是罕见的，重要的是，买画的先生们十分喜欢，他们掏腰包只会一次比一次大方。

提奥进一步分析：哥哥二十年来痴迷于孤独的游荡，对自然界的光、色、影、形的感受，迥异于其他画家。照这条路走下去，哥哥很可能独步荷兰，甚至引领欧洲！"然而，凡·高固执地要画人物，要画劳动者。他要为穷人搞穷人的艺术。麻烦的是，这种选择在模特上开销太大，穷人又不买艺术品。"

表现穷苦工农的劳动场面，例如一群矿区工人正在下井或升井，另一群

"煤黑子"正在清理臭气熏天的巨大的垃圾场。女人们在绝望哭泣，童工们瘦得皮包骨头，老马在七百米深的矿井，老农与病牛累死在田边……"谁愿意把这样的画买回去挂上墙呢？"

另外，毛沃要求他的学生先画小品，便于出售，等他名声大起来才画大画，融入著名的海牙画派，成为重要的艺术家。凡·高当即反问：海牙画派？

他的语调和表情都透露了不屑。毛沃大怒。这个表姐夫刚刚消气，凡·高又拒绝画石膏像，跟老师吵得很凶。红头发学生竟然把石膏像砸烂。师生反目了。凡·高失掉了引他上路，并让他赚钱的海牙名画家。

现在我们来细看，凡·高为何不画海牙画派式的风景画。

那个年代，销路好的画作有个共同点：无个性。事实上，美术市场的审美定势早就产生了，随之而来的是审美疲劳。有钱人家也希望把新鲜的风景画买回家，但这里有个分寸，只能有一点点变化，一点点个性。仅此而已。个性强烈，色彩振幅大，人物变形，构图夸张，有钱人接受不了。风景不能起来造反。有钱人骨子里谨守着秩序，他们的核心关切是永远守财，他们要主导社会的价值取向与审美追求。这是西方资产者不约而同的生活准则。资产者之间很容易达成默契，他们的鼻子异常灵敏。这庶几也是一种集体潜意识。他们互相斗争，可是一旦面对觉醒的穷苦大众，会迅速结成富人联盟。

他们要压榨生活中的穷人，他们要消灭画布上的穷人。

文森特·凡·高再三为自己辩解：他也很想挣钱，因为他很爱弟弟。画布、颜料和请模特，需要大笔的钱。可是他不能为了钱而抑制艺术冲动：长达二十年的艺术冲动。这一层，他连想都没想过。画那些抒情兮兮的、温文尔雅的、温吞水般的、毫无力度可言的所谓风景画，还不如扔了画笔呢。

让海牙式的风景画见鬼去吧！

凡·高对人嘀咕：鬼才去画那些鬼东西，一月挣六万我也不干！

一个月挣六千的毛沃先生听到了，真想揍那个红头发野毛鬼。

当时一法郎，相当于20世纪末的一百多法郎。

另外，如果凡·高挣钱的欲望压倒艺术冲动，那么，凭借家族的雄厚资源，他十年前就能挣大钱了，像他的威廉叔父，住巴黎的大别墅，穿定制西装，香车美女，仆从如云，有模有样地出入上流社会，蔑视中产社会，鄙夷小资社会。

凡·高所背向的东西，我手头的几本参考书查之未详。

凡·高说："景物也有个性。"

而海牙卖画和买画的人都不需要个性，或者说，需要冒牌的个性，适可而止的所谓激情。富人的集体潜意识，是要把占人口百分之八十以上的劳苦大众，处理成惰性群体。压迫者追求永远的压迫。画布上的平庸，乃是资产者固有的平庸，维系这种平庸，就是维系他们的利益。中产，小资，一般说来更平庸，盖因他们总是忍不住要去附庸阔佬，这个附庸冲动没完没了。小老板巴结中老板，中小老板又梯次列队仰望大老板，日复一日，形成生存固化与审美固化。

走遍全世界的海明威有句名言："富人大都是迟钝的。"

凡·高写道："刚抽穗的小麦，散发着某种难以言传的纯洁与温柔，宛如睡觉的婴儿，能让人产生同样的冲动。大路两旁被践踏的草，又疲惫又满是灰尘，就像贫民窟的居民。上次下雪的时候，我看见几棵卷心菜都冻蔫了，这种景象让我想起一群衣裙单薄围着旧披肩的女人。"

把握强有力的自然，捕捉色彩的最大振幅，保持婴儿般的敏感。艺术家的这个努力方向，乃是提升人类的美感，维系低沸点的欣悦。

19世纪80年代，凡·高的所感、所思、所言、所爱、所忧、所憎，至少在荷兰罕有知音。他的"自然联想"只属于他自己。他在城市行走的模样跟游荡乡野很相似，红胡子指向远方，红头发向蓝天致敬。

田野冲动，艺术冲动，底层冲动，爱情冲动，乃是凡·高生命中的四重奏，这里是指柏格森《创化论》所阐释的生命冲动。

冲动者通常不自知，冲力之源隐而不彰。不自知更好。

潜意识恰似宇宙暗物质，持续发力而自身隐匿。

凡·高的素描

"凡·高到海牙不久，就在街上遇到一个怀孕的妓女，身边还拖着一个小孩儿。"凡·高忍不住上前问询。穿金戴银的女人他是看不见的，他随时准备帮助比他还不幸的人。妓女名叫克里斯蒂娜，懒散、爱喝酒，沉迷于幻想中的幸福，就像露宿街头的乞丐幻想高堂华屋。"凡·高跟这个妓女建立起关系，负担她的生活，帮助她放弃街头卖淫的生活。"

凡·高说："碰到这种情况，任何男人，只要还披着一张人皮，都会这样做。"

事实上，除了他以外，海牙城任何一个披着人皮的男人都没有这么做。

克里斯蒂娜谈不上漂亮，"从文森特为她画的几幅肖像画来看，她似乎很有风度，两条长腿很美"。他们一起生活，她做了他的模特。

"文森特善于抓住面部表情，达到了非凡的准确性。"

凡·高在写给弟弟的信中说："她和我，我们是两个不幸的人。我们相依为命，共同承担生活的重负。正是这种关系将我们的不幸转变为幸福，把我们不能忍受的东西变得可以忍受了。"

"这里没人要她，她孤孤单单被人抛弃，如同一个可怜的残疾人，被人丢在街头。我收留了她，给了她全部的爱。"

一家三口，加上她肚子里的孩子，幸福生活悄然展开。小姑娘在凡·高身边跳来跳去，每个细小的动作和表情都富含生机。克里斯蒂娜进步很快，学会了摆模特的各种姿势。名作《索罗》诞生了，当然是若干年以后的名作。画面上有掩面哭泣的、白发萧然的男人，克里斯蒂娜裸体席地而坐，头埋在双膝间，看上去也在哭。她的一头黑发垂落在肩上。

这种不幸的形象被凡·高表现出来，正是一种针对他所爱的女人的心理疗法，对他自己也管用。不幸的人常常避开不幸。穷苦人一面哀叹，一面回避日常艰辛的细节，否则就很难过下去。正视苦难需要一颗强大的心。而凡·高悲天悯人的大心脏在海牙具有唯一性。他抵近苦难，进而表现苦难。这倒使生活中的克里斯蒂娜渐渐脱离了苦难。

强有力的艺术家，才能够强有力地表现不幸。

幸福生活悄悄持续了几个月，家族成员起了疑心。《索罗》寄给了提奥，提奥认为非常成功，却也对线条中流露的坦然、欣然感到疑惑。画家画苦难，艺术心境却有某种愉悦。愉悦从何而来？凡·高终于向弟弟透露了真情。

克里斯蒂娜将要生孩子了，真相瞒不住。凡·高家族义愤填膺，召开家庭会议，几乎一致同意要把文森特·凡·高关进疯人院。牧师的儿子，朝廷艺术品供货商和海军少将的侄儿，居然跟妓女生活在一起！并且他还宣称幸福，要跟妓女结婚！做两个来历不明的孩子的父亲！这不是疯子还能是什么？

凡·高写信反击他的高贵家族："那么好，先生们，这件事我告诉你们，你们这些人风度翩翩，彬彬有礼，只是你们的这一套全是虚假的。虚假！全是！"

提奥夹在中间。家族命令他中断对凡·高的经济资助。

凡·高正在一封又一封信中慷慨陈词，却发现自己得了淋病，显然是他深爱的克里斯蒂娜传染给他的。他感到不适有一阵了，一直不声张，尽管小便时越来越疼，直到疼得要命。他不能进医院，要用最大的毅力支持到她分娩的那一天。

然而，疾病比人强，凡·高终于痛得东歪西倒，进了医院，进行为期三周的极为痛苦的治疗。他疼得大汗淋漓，却关心即将生孩子的克里斯蒂娜。1882年6月，凡·高出院，克里斯蒂娜生下一个婴儿，她的性病也治愈了。

凡·高写道："哎呀，我真幸福！弟弟，多亏了你，今天我才流下幸福的眼泪。"

提奥顶着家族巨大的压力，依然每月给凡·高寄一百五十法郎。

不过，提奥接受了家族让他转达的附加条件：凡·高每月如果挣不到一百五十法郎，就不能跟克里斯蒂娜结婚。

凡·高来劲了，没日没夜地画，可是一幅画也卖不出去。毛沃和他的弟子们跟凡·高断绝了关系。凡·高的一位叔父预订了一批海牙风景画，也不了了之，大概是要表达对凡·高的怨恨。

凡·高的风景画情感激烈，色彩奔放，放在画廊显得突兀，不好卖。而他拒绝改变画风。他更感兴趣的是画人物，"他去表现劳动人民的社会作品，结果在现行的市场卖不出去"。这位画家却跃跃欲试，画巨幅油画，表现很多人的劳动场面。

提奥计划结婚了，同一个名叫玛丽亚的风尘女子，他带她回住处，是为了治好她的病。提奥显然受到哥哥的影响，心系底层了，而他在巴黎接触的一大批印象派画家都生活在底层，这些画家当中，甚至有人几十年坚持自己的画风，坚决排斥海牙画派一类的销路好的作品。

提奥负债累累却瞒着哥哥。他要负担六口人的生活。他按月寄给凡·高的钱，凡·高总是提前花光。画大画花销很大，画完了，又堆在本不宽敞的家里……

提奥在巴黎苦苦支撑，凡·高在海牙一味画他想画的素描、油画。"文森特的作品完全丧失了售出的可能性。"

巴尔扎克在《人间喜剧》中写道："金钱把它的法则强加给人。"

而人类杰出人物，抵抗着这种强加的金钱法则，不妨读一读马克思的《论犹太人问题》，不妨看看莎士比亚的剧作。米勒，凡·高，高更，贝多芬，里尔克，雨果，左拉，狄更斯，托尔斯泰，弗洛伊德，海明威，毕加索……

伟大的思想家、艺术家们都在抵抗金钱的法则。

1883年夏季，提奥来到海牙，向哥哥道出了一切，并且让哥哥明白：必须在艺术和他的四口之家间做出选择。凡·高顿时陷入巨大的痛苦。抛弃绘画等于要他的命，而抛弃克里斯蒂娜和她的两个孩子，等于把她和孩子一齐推向水深火热。

"在海牙火车站，凡·高遭遇了令人心碎的时刻。"

克里斯蒂娜重新开始了她的不幸，她的脸上满是凡·高初遇她时的那种麻木表情，一切听天由命。她必须麻木。必须心如死灰。这个场景，我们在托尔斯泰的巨著《复活》中见过。真实生活中的克里斯蒂娜复活不了。她将回到妓院，继续过那种备受凌辱的下贱生活，连同两个天真活泼的孩子……我们不难想见文森特·凡·高的心碎。

爱的极致指向了恨的极致。凡·高仇恨谁？这个不言而喻。

凡·高在海牙的两年，走出了一条只属于他的艺术道路。标志性的作品是《索罗》，克里斯蒂娜以及孩子们的多幅素描。他画了大量的渔夫、农民、普通妇女的极富魅力的肖像画。他逐渐抛弃素描的古典技法，走向一种粗放的线条轮廓。他抛弃了当时流行的精致的画具，比如，他不喜欢法贝和孔岱制造的过细的铅笔，改用木匠用的铅笔。"我更喜欢天然石墨，而不是价格昂贵的法贝牌细铅笔。"

在海牙，凡·高开始削芦苇为笔画素描。古埃及人就是使用芦苇笔写字和画画。后来到阿尔，他使用芦苇笔的技法就十分高超了。"安格尔使用现代铅笔，画出来的素描极精妙，极细腻，而文森特仍要重新找到粗放线条的老路。"

"凡·高的艺术只能是狂热的，疯癫的，在他的同时代人看来极其粗鄙。"

"这是在画吗？这是在吼叫。"

"凡·高的线条解放了隐蔽的力量，因为，目光追随印迹，要超越其停止的地方。"

"用不连贯的线条画风景，就会拖着，目光超越休憩状态，目光必须'工作'，而思想也随之工作，这就引发幻想，引向他乡，给予启发，将欣赏者送往所画题材的彼岸。"

"文森特可以画任何东西了，这种搬上画布的震荡，将欣赏者的目光带走，使之脱离现实主义的定见。文森特在某种意义上，通过形式，使景物去现实化了。"

凡·高自己说："我确信，一支普通画笔粗暴的宽线条，能产生更好的效果。要表现人物的粗暴、大气和活力，水彩画不是很适宜的方式。"

他又说："法贝牌或孔岱牌铅笔太冷漠，它们自身从来不投入画中。"

走在艺术探索之路上的凡·高，比一切正常人更正常。他超越了现实主义，把欣赏者的目光带得更远，远远超出了画布上的人和物。

海德格尔说："艺术让实存更加实存。"

为什么更加实存？因为艺术生发了更多的意蕴性的东西。艺术让人们活得更丰满，更具生命张力。笔者尝言：低沸点的欣悦维系着短暂者的生存；审美主导的生活维系着纯朴，也不依赖于能源的消耗，远离形形色色的概念消费。

萨特说："艺术是一种吁请，一种召唤。"

艺术品，乃是艺术家与欣赏者共同完成的作品。

1883年9月，凡·高到了荷兰东北部德伦特地区，临近德国边界。他在这儿待了三个月，住小旅馆，"一块乡村面包和一杯咖啡，我就吃这些"。提奥寄来的钱，他用来偿还在海牙的欠债。

凡·高写道："提奥，每次望见欧石南丛中那个可怜的妇女，怀里抱着一个孩子，或是紧紧搂在胸口，我的眼睛就湿润了。在那女人身上我认出她的形影，尤其看那虚弱的身体和破旧的衣裙，就特别相像了。"

他思念克里斯蒂娜，想两个失去庇护的孩子，真是柔肠寸断。

从海牙传来消息：克里斯蒂娜并未走上卖淫的老路，而是做了洗衣工，挣干净钱，以养活两个吃长饭的孩子。她是有自尊的！她更希望她的女儿有自尊！她绝不向他或提奥开口要钱。而提奥在信中隐瞒了她自食其力的勇敢与美德。凡·高不禁大泪滂沱，复迁怒于提奥。他简直怒不可遏。

其实，提奥迫于家族的压力，才隐瞒了克里斯蒂娜的实情。

矿区两年，海牙两年，使凡·高的底层之心坚不可摧。他写道："我更喜欢看翻地的农民，觉得他们在天堂之外更美。我的意思是说，在翻地这儿，我们越发关心严厉的告诫：'你吃面包，要靠额头上的汗水。'"

然而压迫者、剥削者、巧取豪夺者，会拿走劳动者靠汗水换来的面包。这个星球上累死累活依然贫穷的劳动者，几百年来是天文数字。

华尔街那些金融大鳄动个指头，会弄走亿万个劳动者的面包。

毕加索追问："如果仁慈的上帝存在，那究竟为什么，会有那么多的人受苦受难？"

罗素警告："人类要警惕两种权能，人对人的权能和人对自然的权能。"

凡·高幻想自己到海牙去寻找克里斯蒂娜，一把抱起两个孩子，左右亲吻个不停。事实上他去了纽南小村父母的家。他得继续还债。

"家里人接纳我犯犹豫，就像犹豫要不要收留一条皮毛乱蓬蓬的野狗。这条狗爪子湿漉漉的就要进屋，它将妨碍所有人。"

父子每日论战不休，仿佛早晨起床就是为了唇枪舌剑。连洗漱都在争论，牙刷敲破杯子。"文森特终于厌战了"，他提着破行囊要走，父母的心又软了。

另一场战斗发生在他与提奥之间。弟弟给他寄钱，但不能指定他如何花掉那些钱。他回家半个月就跑到海牙，找到克里斯蒂娜。后来一有空就去，一有钱就寄。这位书信体作家写信对提奥说："我希望爸妈明白，怜悯的界线并不在社会规定的哪个区域里。我在克里斯蒂娜身上看到一个女人，看到一位母亲，我认为任何一个男子汉，都应该保护这样的人。对此，我从来没有感到过耻辱。"

他直接指责提奥："你和其他一些人，你们就是希望我离开她。"

"这个女人品行端正，她在做工养活她的两个孩子。……至于我们的友谊，兄弟，已经大大动摇了。"

凡·高又对弟弟说："我事先声明，我决定和她共同享受属于我的一切。而你的钱，我只有在毫无顾虑地看作我自己的财产时，才愿意接受。"

"我再重复一遍我在这个问题上的想法：要知道，事关一个生病而被抛弃的可怜的女人，我们一直能做到什么程度：一直到无限。反之，我们的残忍也同样可能无限。"

追求爱的绝对的凡·高，与追求艺术绝对的凡·高，乃是人格和艺术完全统一的凡·高。他在妓女身上洞察了人性的光辉。

凡·高的母亲不慎骨折，半年躺在床上。凡·高尽心护理母亲，父子关系也随之缓和。"皮毛乱蓬蓬的狗"原来细心而又周到。母亲是他绘画的启蒙者，"她不大能接受儿子在艺术上拒绝妥协，不过，她对儿子做的事感兴趣，随便画点什么都让她开心。文森特正是为了母亲，画了纽南小教堂的那幅名画"。

在纽南他不卖画。当地人不理解。

他的人物素描非常准确，传神，几分钟就画完一幅。纽南的人纷纷表示愿意掏钱买，他说没时间。在海牙，他也没时间画顾客喜欢的风景画。他画纽南的家庭织布工人，他们的妻子做织布帮手，完全受巨大的织布机的控制，夫妇二人每天起早贪黑而收入微薄。"文森特拿这些被机器碾压的人，去比较博里纳日的矿工。"他放下画笔的时候，总是拿着左拉写矿工生活的小说《萌芽》。

三十岁的凡·高，与黑色、蓝色时期的毕加索走着相同的道路。

艺术从不同的方向对抗技术，是西方近现代以来的一大传统。人的异化是作家和艺术家接力批判的对象。为了什么？为了保卫自由。

顺便提一句，从2019年9月起，法国禁止小学生和初中生使用手机。

纽南村的农民鱼贯进入凡·高的画室，他画下他们的面孔。"这些农民的眼神、表情画得有力度，有启示，很鲜明，出神入化。这些被打入地狱的面孔，就好像从黑夜走出来，酷似他们'靠额头汗水'栽种的黑不溜秋的土豆。"

1885年3月，凡·高画出《吃土豆的人们》的第一幅草图。不久，杰作诞生在简陋画室和农民们留下的气味中。

"这是一种左拉式的表现主义的现实主义宣言。类似鬼脸怪相的东西抛到世界上，被打入地狱的人的'盛宴'，吃着大地最容易产出的食物。没有天光，整个画面只有一盏矿灯似的油灯照明，像米勒吗？然而米勒的农民在大自然中，阳光直射他们的劳作。可是在文森特的画上，则是禁闭的昏暗的屋子，肮脏得令人恶心。一双双灰色的手，指关节粗大。田园世界丝毫没有美化，而是抛向世界的控诉：就是你们这些有权有势的人，把其他身份不如你们的人变成这个样子。"

黑面孔、黑土豆、粗大的指关节、矿灯下的昏暗屋子，都写满凡·高的控诉。

悲悯情怀与苦难意识，让凡·高背离了自己的阶级。离经叛道是家族对凡·高的评判，走向自我的真实是凡·高决绝的选择。

又如他的《乌鸦乱飞的麦田》，前文中仅从画面说到了给予人视觉上的冲击。现在，我们通过凡·高的艺术选择，窥见他想要表达的更多的东西：劳动者汗水的结晶与好逸恶劳的索取者的贪欲，金黄明亮的希望与黑暗聒噪的掠夺，厚重压抑的天空带来的迷茫困扰。多重矛盾的呈现，使这幅画有了因冲撞而产生的力量，有了表达与控诉的语言。

目光转向苦难的凡·高，把大脑产生的印象涂抹到了珍爱的画布上。

《吃土豆的人们》与《乌鸦乱飞的麦田》可以并读。

大幅油画《吃土豆的人们》创作之时，凡·高的父亲去世。父亲深深影响了他的孩提时代,掀起他心灵最初的涟漪。像父亲那样,走很远很远的路……长期以来他一直手捧《圣经》,他关注任何地方的穷苦人。他在神学院学习,朝着牧师父亲的背影前进,可是他屡屡败下阵来。辜负了父亲,辜负了凡·高家族。他选择了孤愤的艺术家的道路,断然拒绝平庸的市场,拒斥平庸的顾客,这导致父子一次又一次争吵。

父子之争,说到底是价值观之争。

父亲抱恨而去,儿子永远愧对父亲的亡灵。

油画《静物:翻开的〈圣经〉》,凡·高几个小时就画完了,它是一个开端,跟父亲重新对话的开端。父亲活在画上。大部头《圣经》赫然居于构图中间,像牧师的职责一般咄咄逼人。它翻到第53章《耶西书》,呼唤它的读者。左侧有一个烛台,烛火已熄灭,表示生命离去了。背景呈黑色。翻开的《圣经》前面有一本左拉的小说《生活的乐趣》,斜放在阅读架上,磨损的书皮表明它被反复阅读。柠檬黄书皮与小说的标题同义,指向金色的、快乐的生活。柠檬黄要挣脱黑色背景的统治。这幅名画仿佛预示着凡·高的金色时期的到来。

黄色是爱情之色,幸福之色,法兰西思想之色。"黄色是生命和阳光的纯金。"

《四棵树的秋景》,使画家本人也激动不已。"这幅颤动的、明亮的油画解放了他。"

凡·高从黑色出发走向黄金色。毕加索从蓝色出发走向玫瑰色。

值得注意的是:冷色是他们的底色。

1885年秋,文森特·凡·高从纽南小村去了港口城市安特卫普,进美术学院深造,主要想完善肖像画的技法。美术学院的院长查理也是个画家,"他表现一种矫揉造作的现实主义场景:少女像,东方化的生活场景,有耶路撒冷的城市景观……文森特认为他的作品生硬而虚假"。

美术学院的学生凡·高,戴着皮帽,穿一件牲口贩子穿的蓝罩衫,闷头闷脑走进教室。他手头的调色板，是从一口破箱子上拆下的木板。他三十二岁了，看上去足有四十岁。高颧骨和粗大的指关节像个工人。他不讲话，画油画飞快。他对轮廓的重视程度远不如色彩，"安格尔的徒子徒孙们对文森特起哄"。

这个怪物影响了课堂纪律，院长把他打发到石膏像素描班。他用木匠的铅笔画素描，拒绝去买法贝牌或孔岱牌铅笔。他在课堂上削芦苇笔。他吃冷面包，没人见过他吃热饭。异类，疯子，穷小子，神经质怪物……素描班的同学继续围攻他，拿他的英国式皮帽取笑。他愤怒地攥紧拳头。皮帽动不得，是否有故事呢？于是有人替他编故事。"文森特怒目而视，要打架。"嘲笑声与喊叫声此起彼伏。

凡·高给维纳斯画了肥臀，素描老师从画架上夺过去，一把撕碎。凡·高对老师吼道："一个女人总得有臀，有屁股，还有骨盆，以便怀个孩子！"

凡·高的素描课排名垫底。他参加的绘画竞赛也是排在最后一名。

而凡·高的素描正在走向超越时代的巅峰。

他写道："鲁本斯给了我强烈的印象，我觉得他的素描棒极了。我是指头部和手的素描。他用纯红色线条，几笔就画出一张脸。画手也同样用毛笔线条。"

《凡·高传》称："文森特找到一位金发女郎，用有力的笔触画出来，那种令人诧异的随意性，以及'半成品'，有意不画完，宣告了20世纪形象绘画的一个大潮流。他使用排笔和毛笔画肖像，正如在海牙，他使用山石笔或软黑铅笔，大肆画素描，画得极快，拿超现实主义作家的话来说，叫'自动创作'。"

"凡·高成功的运气之一，是不是多亏他是自学者？他只以伦勃朗、哈尔斯、鲁本斯、米勒、德拉克鲁瓦为师。他坚持与过去的创造者对话，比他上美术课收获更大，而课堂上讲这些大师的过程，都是经过那些愚钝的教师仔细筛选过的。"

身强力壮的凡·高在安特卫普累垮了，画下去与活下去成了两难选择。他给提奥写信："我要对你说，自从来到这里，我只吃过三顿热饭。由于颜料的花费……"

颜料花费大大超过了食物。由于长期营养不良，他的牙齿出了问题，"因为牙疼，我吃东西总是囫囵吞下去"。这又伤了胃，他的胃疼越来越频发。

港口城市有的是妓女，单身汉文森特憋情火十多年了，情路无处觅，欲火有消息。可是他发现自己处于持续的低烧状态。他热爱的妓女克里斯蒂娜曾经把淋病传染给他，眼下他患上致命的梅毒。这种病引起的并发症，将有可能在几年内，把一个强壮男人变成一堆烂肉。

"文森特意识到，他的身体有局限。他毁坏身体，作为画家也自毁了。他内心萌生了深深的不安，因此开始考虑画自己。"

凡·高画了《吸烟的头盖骨》。死亡近在咫尺。他写道："希望能活到六十岁。而一个人将近三十岁才开始创作，那么至少应该活到四十岁。"

凡·高能活到四十岁吗？

他用艺术嘲弄时间，死神也在嘲弄他。梅毒先从损伤他的肌肉开始，威胁他那只画画的手。他去找大夫，却拿不出钱，留下一幅油画。医生尽心治疗后把他赶走。在纽南他像一只毛发乱蓬蓬的野狗；在港口小城的街上他像一条丧家犬。"他画出第一批自画像素描，表现一副六神无主的样子。"

仓皇的、忍饥挨饿的、忍受梅毒与胃病折磨的日子里，画家审视着自己的面孔。自画像没有一丝自怜。真实永远是艺术家唯一的目标，尽管真实常常意味着残酷。超现实主义仍以现实作为基点，以潜意识的自动涌现作为突破口。

凡·高画矿工，画农民，画自己，画风相当冷峻。这是他所画的对象的直接呈现。冷峻的后面是一腔热血，这个牧师的儿子、雨果的追随者，有对苦难的高度敏感，对穷苦人的深广怜悯。胃疼，牙疼，肌肉酸痛，一块又一块冷面包，陌生的城市举目无亲，持续发低烧却一直伴随着滚烫的灵感。

他要表现的，他要摧毁的，每天交袭他的画布。

所幸他染上的梅毒不算太严重。那位医生医术高明。他运气好。

在安特卫普，凡·高购买了一些日本版画，这种艺术后来对他的绘画产生重大影响。日本版画那种自由的线条和着色，画面的天真，在版画上一目了然。喜多川歌麿、葛饰北斋等浮世绘大师，进入凡·高的视野。

1886年2月，戴皮帽的凡·高出现在巴黎，寄一封短信到蒙马特尔大街十九号，提奥的画廊，约提奥中午在卢浮宫见面。兄弟见面了，哥哥从此能吃饱饭了，提奥带他去好多家餐厅、咖啡厅、画廊。

弟弟望着哥哥狼吞虎咽……

凡·高给安特卫普美术学院的一个学生写信说："巴黎，就是巴黎，全世界只有一个巴黎，法兰西的空气澄清思想，带来大大的益处，全世界都受益。"

不到一百年，巴黎发生了四次革命，震撼了全世界。悲壮的巴黎公社起义发生在1871年。从那个时候起，凡·高把自己视为工人阶级的一员。

巴黎是一座反抗的城市，又是一座时尚的城市，浪漫的城市，疯狂的城市。"据说喝一品脱葡萄酒，人就像山羊一样活蹦乱跳。"蒙马特尔山丘，目睹了无数的酒店、妓院、舞厅。"新雅典"咖啡馆是雷诺阿、德加等人经常光顾的地点。蒙马特尔山的"洗衣船"，先有雷诺阿，后有毕加索。

一个叫贝尔纳尔的美术青年认识了凡·高，他是资本家的儿子，"父亲把画笔和调色板扔进了火炉，儿子照样成为画家"。在科蒙尔画室，身穿劳动服、头戴高筒皮帽的凡·高跟贝尔纳尔一见如故。在巴黎，反叛家庭的青年到处都是。凡·高反叛家族，一步步走到今天，他的书信和他的作品证明：他走得非常稳健。

提奥带哥哥看他的画廊，"雷诺阿、莫奈的作品还不值画框的钱"。

提奥多年来经营印象派的画作，用学院派的作品弥补亏空。他赚钱不多，完全不像威廉叔父。他把印象派画家毕沙罗介绍给凡·高。"白发苍苍的毕沙罗永葆青春活力，他有一种宽厚大度的眼神，类似雨果或文森特本人的眼神，甚至能够爱不同于他的东西。他曾是看中塞尚、高更的第一人。"

毕沙罗看《吃土豆的人们》，惊叹作品的感染力。毕沙罗的儿子、画家吕西安后来回忆："我就知道这个人会疯的，或者把我们这些人远远抛在后头。但我毕竟不知道，这两种预言能够应验。"

关于凡·高发疯的问题，西方人议论很多，包括大夫们的诊断和猜测。我个人觉得，用"存在的疾病"来阐释凡·高的所谓发疯，应该是另外一种可以尝试的思路。当生存能够展开的时候，凡·高能经受住各种常人难以想象的压力，还去关注别人的苦难。他自己受苦，不以为苦。生存展开的总方向就是他的艺术境域，只要这条路在延伸，他的精神和肉体就能舒展，"有一种宽厚大度的眼神……甚至能够爱不同于他的东西"。这段话是形容三十多岁的凡·高。

他是一名虔诚的信徒，是自然美的洞察者，二者叠加，几乎带给他无穷的能量，使他披荆斩棘，所向无敌。但是，艺术道路一旦出现大面积封堵，进退失据，失掉艺术自信，他的生存的未来支撑点就会严重倾斜，随时面临垮塌。这倒不是常人所说的，把生命的全部赌注押在绘画上。没有这回事。凡·高的生命冲动起于孩提时代，无数次孤独的远游，生命冲动跟艺术冲动渐渐并轨。

火焰只是燃烧，并不设计燃烧。

海德格尔："人是人的未来。"

生存展不开，是眼下数量可怕的抑郁儿童和痴呆老人的共同困境。可怕是说：它的喷发态势显现了它的后劲十足。不仅是儿童或老人，现在随处可见的青年、中年也犯此病，生存是收缩的，意蕴是稀薄的，念头是单调的，举止是固化的，生命早已失去自我更新的能力，区区两三个瘾头的循环，就足以打发一生，命中注定要活得昏昏欲睡，活向低级趣味。海氏讲的"现实通道"，对他们而言真是固若金汤。"存在的疾病"这个概念，对他们同样有效。

1886年，生活在巴黎的凡·高生机勃勃，他有了画室，吃得也不错，还常有葡萄酒和苦艾酒喝。毕沙罗、吉约曼、劳特累克，这些巴黎名画家欣赏他的油画，他即将认识伟大的塞尚、杰出的修拉。

"劳特累克为文森特画了最美的肖像,是他在巴黎咖啡馆生活的极好见证。色粉画,表现文森特的侧身,对着一杯苦艾酒,正在跟一个人争论。这个坐着的文森特,蜷缩着身子,随时准备跳起来,身上积蓄着巨大的力量,有一股令人畏惧的激情。他争论时言辞那么激烈,学识那么渊博,论据那么充分,巴黎所有见证人都指出了这一点。劳特累克完全'感觉到了'文森特。"

凡·高活得浑身是劲。生存强劲展开。然而,在巴黎他见到了他早闻其名的一个人,这个人在两年后,几乎扼杀了他的艺术自信。

"在文森特一生中,保尔·高更极其重要。"

高更是另一团滚动的火焰。两团火焰相遇会发生什么呢?

凡·高与"相当漂亮"的姑娘阿戈斯蒂娜·塞加托里坠入爱河。当初是妓女克里斯蒂娜,现在是巴黎"小鼓手"咖啡馆的女店主阿戈斯蒂娜,劳特累克为女店主画过一幅肖像画,确认了她非凡的美貌。

凡·高为阿戈斯蒂娜画了两幅肖像画。第二幅的背景是金黄色,这是凡·高首次用了这么多金黄色,胜过千言万语,表达他对阿戈斯蒂娜的激情。

他的一系列自画像,麦田、森林内景、塞纳河边、头戴草帽的自画像,侵入强烈的黄色。贝尔纳尔说:"凡·高看到了爱的大光明。"

"一大幅画布搭在背上,凡·高就上路了。傍晚他满载而归,就像一个流动的小博物馆,一天的全部激情,统统收集在一起了。"

"小鼓手"咖啡店打烊后,凡·高和阿戈斯蒂娜陷入另一种激情。妙龄女店主整夜扑向她的文森特,反正她次日午后才打开店门。文森特爱得嗷嗷叫。

她的肖像画和他的自画像,两种强烈的金黄色互相致敬,彼此缠绕,结伴燃烧。这两团火不是一团消灭另一团,而是燃得更旺。火舌舔火舌,铀原子裂变。凡·高爱起来像一头野牛似的,当初他一再冲到伦敦去找欧也妮,又再三冲向洗衣女工克里斯蒂娜。

"文森特几乎对他的每一个好朋友讲阿戈斯蒂娜,给人的印象是,他能津津乐道一整天。他一日喊她的芳名不止一百次。他和他的漂亮姑娘互相叫着昵称,从早到晚叫不够。提奥为哥哥的幸福激动得流泪。"

哦,多么好的提奥。

凡·高吸引阿戈斯蒂娜的是他罕见的激情,巨大的创造力,是无休止的燃烧状态。她是意大利女郎,天生热爱艺术。她能领悟凡·高作品的诸般妙处,像劳特累克一样,她"感觉到了"文森特。她亲手做意大利菜,不断变换花样,款待她的火焰情郎。

凡·高顿顿吃热饭,低头是美味美酒,抬眼是他的标致姑娘……阿戈斯蒂娜有绝佳的身材,她做他的模特。画家画得双眼喷火时,她让"小鼓手"咖啡馆熄火停业。顾客来打门,门内没反应……

凡·高在阿戈斯蒂娜的咖啡馆举办第一次日本版画展,后来又举行第二次画展,挂出自己的油画,以及劳特累克等人的作品。他在一家"大沸腾"大众餐厅举办了第三次画展,吸引了大批观众。"文森特的作品有上百幅,在整个展厅非常突出!"矜持的大画家修拉先生也来了,向凡·高伸出了手,并邀请凡·高去他的画室,详谈点彩派。而印象派大师塞尚对凡·高说:"你的画是疯狂之作。"

高更也来看"大沸腾画展"。这是1887年的年底。提奥对高更异常关注。他让哥哥与高更先生走到一块儿,三个人举起了香槟酒……

在巴黎,凡·高兄弟经常散步,从蒙马特尔高地一直走到巴黎附近的乡下。画家西涅克回忆:"凡·高,身穿一件铅管工的蓝工作服,往袖子上画小色点儿。他紧紧靠着我,大喊大叫,手舞足蹈,举起刚画完的一幅油画:他给自己和行人涂上了色彩。"

凡·高这次在巴黎一待两年多,每天都是这种状态。

尼采:"艺术是生命的兴奋剂。"

文森特·凡·高已经兴奋了三十年,家乡野地的色彩点燃他,无数次远足浸润他,法兰西书籍照亮他,巨大的人间悲悯引领他,成功的爱情和失败的爱情,都会激荡高贵的灵魂。他总是穿铅管工的工装,戴奇怪的皮帽,有时叼滔不绝，有时半天沉默，像一块大石头。"文森特无处不去，成为所有人的朋友。他在知识方面慷慨助人，受到所有画家的喜爱。"

凡·高这种总是处于兴奋状态的生命体，巴黎的衣冠楚楚的资产者永远望尘莫及。

我在《先贤与中国》的序中写道："生命是要讲强度的，生存要讲密度。"

凡·高在贝尔纳家的豪宅作画，不断提醒朋友的父亲，一定要让贝尔纳走艺术家之路。那位资本家一忍再忍，脸色一变再变，显然很不高兴了。而凡·高说得起劲。劝说未果，他一怒之下离开豪门，跟资本家的叛逆儿子另租了简陋画室，一起画。讨论，辩论，面红耳赤。贝尔纳后来成为间隔主义画派的开创者。

旅居巴黎期间，凡·高的一系列自画像登峰造极。"他的自画像在1886—1887年间，一下子就达到顶峰。"

西方人的自画像始于文艺复兴，第一幅自画像是意大利画家利比在1485年完成的，到凡·高，已历四百年。文艺复兴诞生了个体，个体有书写、绘画等表达的自由。我就是我，决不仅仅是群体当中的一员。

"文森特的自画像，就是这位艺术家身处极端的社会环境，重申个人。不管是痛苦还是快乐，我，通过画布上的这些色彩和笔触存在。处境越艰难，死神似乎越来越近，这位不知疲倦的艺术家，似乎越要给我们上这堂鼓舞士气的精彩大课。"

我思故我在。我画故我在。漫长的文艺复兴解放了个体，但是，文艺复兴也导致了个体的膨胀，对象化思维的泛滥，主体权能的急剧上升。"主体性的起义"带来全球危机。这是题外话。

凡·高的一系列自画像，是对灵魂毫不掩饰的追问、拷问。所有的情绪、所有的内在分裂照单全收。直面自己，向来不易。追问乃是持续的追问，审视乃是无休止的审视。撕开面具毫不留情。

毕加索曾经诅咒镜子，盖因镜子里的面孔呈现了他的魔鬼相，助长了他的死亡恐惧感。这使毕加索长期不敢画自己……

　　油画传入中国已逾百年，出色的自画像很少，未闻自画像影响普通人，带动他们的"面孔审视与追问"。对人性的刨根问底，也是中国传统文化的一大弱项。两千年礼教，遮蔽太多，太多。李泽厚呼吁"孔夫子与鲁迅的融合"，这是要进入历史的强对流张力区。说得简单一点：让个体有生长的空间。

　　1919年，年轻的鲁迅在东京呼吁他亲爱的祖国："沙聚之邦，转为人国。"

　　1888年2月，凡·高去了南部的阿尔古城。仅仅两年多，巴黎对他的吸引力下降了，咖啡馆的经常性讨论，生发了"咖啡馆激情"，面孔多，声音杂，趣事轶事每天都有。咖啡馆与画廊形成画家们的生活方式，同时催生"内战"。画家们互相看不起，乐于暗中拆台。在德国，有些音乐家们内战很起劲，例如作曲家沙里莱对莫扎特心怀嫉恨，甚至要把莫扎特置于死地。在俄罗斯，普希金常常为作家之间的不和扼腕叹息。托尔斯泰跟屠格涅夫要拿枪决斗……

　　毕沙罗对修拉好，高更就不理毕沙罗。艺术家难免孩子气，斗起来个个是好手。巴黎的画界派系林立，轮廓主义，综合主义，分色主义，表现主义，印象派，点彩派……俨然政界党派纷争，或是军阀割据。

　　"凡·高实在弄不明白，甚至发起火来，只因他看到一些画家拼老命都难以维持生计，居然还内斗，用他的话说，进行'大家都倒霉的内战'。"

　　咖啡馆式的沙龙激情，时间长了要变形。野性的凡·高受不了这个。他的直觉是要追着燃烧的色彩，而巴黎五光十色。他听说过《道德经》："五色令人目盲，五音令人耳聋。"日本浮世绘深深吸引他的，正是那种单纯的明亮。

　　巴黎有爱情，爱情也不行。如果爱情妨碍了凡·高的艺术，他宁愿一走了之。阿戈斯蒂娜是一个"非常漂亮的女人"，她生得太好了，蒙马特尔山上的作家艺术家，天天光顾"小鼓手"咖啡馆，青睐她、撩拨她的男人不止一百个。她歇业关门，他们就集体打门……凡·高吃醋又厉害，当初在伦敦吃欧也妮未婚夫的醋，几近荒唐，他简直要泼醋。弟弟多次提醒他：太漂亮的女人不适合他。太漂亮的女人会拖累他的艺术。太漂亮的女人会让他自燃。

总之，千娇百媚意味着：凶多吉少。

凡·高与阿戈斯蒂娜分手，具体原因不详。别了，巴黎。别了，蒙马特尔高地迷人的咖啡馆。别了，漂亮的意大利女郎阿戈斯蒂娜。

凡·高"纠缠爱情"的力量很大，伦敦和海牙分别提供了见证。这一次却走得利索。他走向古老的小城阿尔。唯有艺术的力量大于爱情。

他说："我总有一次，要走向吸引我的东西。"

凡·高神秘的"两年周期"：博里纳日矿区、海牙、纽南、巴黎，都是两年期。

那么这一次呢？未来全欧洲的目光聚焦的"这一次"。

法国南部普罗旺斯区的小城阿尔，有两万多居民，有巨大的竞技场，曾经与罗马竞技场争荣耀。阿尔的斗牛赛每年吸引大量观众。这里的军营声势显赫，军官的挥霍和士兵的消费使餐饮业、娱乐业兴旺。

凡·高给弟弟写信说，他尝到了阿尔女人的妩媚。"她们懂得在一件黑衣服上嵌一种粉红色调，或者做一套白色、黄色、粉红搭配的服装，诸如此类，从艺术角度看，就无须改变什么了。"

对凡·高这样的流浪艺术家来说，不同地域的妓女们更能展示当地风情，他不必为她们闹心，更不用为意中人魂牵梦萦。付出去几个法郎就有风情。艺术之外，生活要尽量简单。他租了一个画室，称作"黄房子"，与他多年来追求的色调相吻合。他买了椅子、茶壶和花瓶，既是生活用具，又用以画静物画。天天用而且注定要长期用的东西，人的体温就留在上面了。

"画一件物品，就是将其据为己有的方式，这种静物显露一种幸福，一种纯洁的室内宁静。在文森特看来，蓝黄配就是幸福与生活的和谐，红绿配就是死亡和邪欲的一致，而黑红配则是惶恐不安的合一……"

小城阿尔春暖花开，色彩大片大片地涌现，杏、梨、桃、李，"都由这高涨的激情,画在这蓝天下,画在这疾风里"。

《致提奥》:"我沉浸在工作的发狂状态,只因果树花枝繁茂,而我要画出一座欢天喜地的普罗旺斯果园。我要画的多极了,你会清楚地看到,粉红的桃树一定是怀着激情画的。我使用了大量颜料和画布,但我希望终归没有白花钱。"

"由于刮风,我画画非常麻烦,只好在地上打木桩固定我的画架。我照样工作,这简直太美了。"

阿尔的季风整天刮个不停,凡·高在大风中奔跑,速度比风还快。有时风刮得太猛,把木桩都拔出来了。画家写道:"刮风天也是我必须出去画画的日子,有时我不得不把画布铺在地上,跪着作画,画架根本就立不住。"

地上强对流,心中强对流。激情像海浪铺得无边无际。看似寻常的花果,看似寻常的色彩,却连月让艺术家兴奋得哇哇叫,风中画笔挥不停。画家眼中哪有寻常物啊,天地万物皆是神奇。

下雨的日子,他待在黄房子画静物。他跟咖啡壶一样安静。

凡·高在写给妹妹的信中说:"如今的艺术,绝对要表现某种非常丰富、非常快活的东西。"

凡·高在阿尔的卧室

"我预先要告诉你,所有人都要以为我干得太快了。你绝不可相信。"

果园花开的4月,凡·高画了十五幅油画和五张素描,他把转眼即逝的风景抢出来。他在季风中把刮走的油画抢回来。他写道:"不正是自然的冲动、情感的真挚在引导我们么?这种冲动有时极为强烈,干活儿还不觉得在干活儿,笔触接踵而来。笔触间的关系犹如一篇演说,或者一封信中安排的词语。"

词语自动跑来。笔触自动落在画布上。笔触与笔触的关系犹如词语和词语,一气呵成,或是娓娓道来。

海德格尔说:"一切艺术,本质上都是诗。"

"我们要倾听诗人的言说。"

现在我们倾向诗人凡·高的言说:"在阿尔,色彩确实非常丰富,绿色是新鲜的时候,就是一种丰富的绿色,我们在北方很难见到,这也是一种静心养神的绿色。绿色蒙尘而发红的时候,也并未因此变得难看,景物倒是呈现出千变万化的金黄色调:黄绿色,金黄色,粉黄色,或者青铜色,或者黄铜色,总之,从柠檬色到暗黄,例如,一堆捣烂的果粒的黄色。至于蓝色,从水中最深的蓝,一直到勿忘草、钻石蓝,尤其是透明蓝、绿蓝、紫蓝。"

《致提奥》:"大中午我还在干,顶着烈日。在麦田里没有一点阴凉,就是这样,我像一只蝉似的在享乐。"

我们不妨重温尼采:"艺术是生命的兴奋剂。"

画家为什么如此敏感原野、色彩呢?大风中,烈日下,文森特·凡·高总是在奔忙,在凝伫,在享乐。"干活儿不觉得在干活儿",美来自四面八方。细胞持续燃烧。简直乐得手舞足蹈。从2月到5月,再到往后的八九月,凡·高式享乐不消停。从黄房子朝火车站方向走的路上,有一家餐馆,"一法郎就饱餐一顿",吃肉喝酒解解馋。阿尔盛产葡萄酒。他从未动过画火车、画工厂的念头。

"艺术大师莫奈,也不画工厂和铁路。"

"文森特喜欢画桥梁和磨坊、风车,经常写信说,阿尔那个地方让他想起荷兰。"

几乎同时，保尔·高更也拒绝现代世界，从巴黎跑到布列塔尼的阿旺桥村，隐居作画。

夏天，凡·高写道："现在这里没有风，阳光灿烂，火辣辣的燥热正好成全我的好事。黄色多美啊！"

1955年，有个驻扎过阿尔的军官，在诗人阿拉贡主编的杂志《法兰西文学》上宣称："凡·高是个十足的野蛮人，一个油盐不进的家伙。他的色彩那么夸张，不正常。"

当杰出的艺术家把人类带向新境界的时候，类似阿尔军官的所谓"正常人"会大批出现，密密麻麻，叽叽喳喳。从艺术视角看，正常就是不正常。

持续燃烧的生命体美不胜收。凡·高只是沉醉，丝毫不曾想过要去影响全世界。他把自己的作品一概称为"习作"。作品这个词是神圣的。

《凡·高传》："文森特画向日葵系列，背景先采用淡蓝色，继而，他像其他伟大的创造者那样，明白了：他不能打折扣。他必须把心中牵念贯穿到底，于是，他推动这种动机，直到画这些黄花时，插在一只黄色花瓶里，放在黄色的托架上，或者置于黄色的背景中。向日葵在法语中也称'太阳花'，他不是不知道。接触这种融化状态的黄金并非易事，每次都要这样大胆行动，敢于违反他的时代的气质所传授的一切……睡个好觉，第二天又出发，他还要画得更出格，走得更远。这些黄色并非来自他一时的任性，他事先就有了，'看到了'，'产生幻觉了'，入魔了，然后才有魄力画一片金黄的天空，下面的补充色，则是采用狂放的紫色，或者，因靠近这种熔金而燃烧起来的蓝色。"

这是要达到色彩的最大振幅。

凡·高自述："要加热到足够的高温，熔化这些黄金，以及花卉的这些色调，不是随便什么人都能做到的，这需要一个人的全副精力，全部注意力。"

年轻的普希金说过类似的话。艺术需要全力以赴，耗尽所有的能量。

真理常常有它的偏执形态。或者说，在偏执的形态中，真理得以显现。好的艺术家都是极端体验者，盖因庸常的东西遮蔽太久，非极端，不足以洞察形形色色的遮蔽。

何谓创造？创造就是破坏，创造就是摧枯拉朽。不破不立。

阿尔丰富的色彩涌向凡·高。《向日葵》《乌鸦乱飞的麦田》《阿尔景观》，杰作一幅接一幅。据说眼下价值数亿美元的油画《向日葵》，依然是世界第一。《阿尔景观》的近景，画了一排成对角的鸢尾，中景是麦田。亢奋的凡·高写信给贝尔纳尔："一片金色海洋！嗨，真的，多好的主题啊，这片黄色海洋，有紫色鸢尾的一道栅栏，背景是俏丽的小城及其俏丽的姑娘们！"

凡·高多次给阿尔农民帕乡斯画肖像画，他说："我要画这个了不起的人，正午，在收割的火炉当中。可以用闪光的橘红色，犹如烧红的烙铁。"

《罗纳河上的星夜》《卸煤工人》《邮递员鲁兰》，也是阿尔时期的极重要的油画。"在这些野兽般的日子里，凡·高为色彩而斗争，时刻计算色彩之间的关系。他自己讲：必须平衡六种主要颜色，红，蓝，黄，橙黄，紫，绿；创作和干巴巴的计算，神经紧张到极点……仅仅半小时，必须同时想到上千件事。"

阿尔的邮递员鲁兰，永远兢兢业业，凡·高从鲁兰手中接过一封又一封信件，主要是提奥的信，信中夹着钞票。鲁兰近两米的块头，憨厚的笑容，质朴而温暖的言语，还有那双从不让人失望的邮递员的手，凡·高对这些太有感觉了。骨子里他跟鲁兰完全是一类人，是利他主义者。凡·高画鲁兰，每个笔触都充满敬意。

"鲁兰受过良好教育，心胸豁达大度，在酒馆随时准备为改造世界而畅饮。无论在艺术上还是在任何事物上，鲁兰这类人立马就拒绝资产阶级的偏见，他们看到文森特的绘画或奇装异服，丝毫不反感。文森特和他们相处也无拘无束。"

凡·高为鲁兰一家人画了肖像画。大胡子鲁兰成为艺术史上最出名的邮递员。

9月，凡·高自况："我画画熬了三个通宵，白天补觉。"

"我虽然孤单一人，却没有时间思考和感觉。我像一辆绘画的火车往前开进。要知道,我的自我感觉好极了。"凡·高发明了一种插蜡烛的帽子灯,以便在夜里作画。燃料充足的火车只管往前冲。生命冲动越是强劲,力之源头越模糊。没有时间思考和感觉,这倒不如说,思考与感觉融入了时间,隐入了时间。

他画《夜咖啡馆》,他说:"这是我画得最丑陋的画作之一。我在摸索,采用红色和绿色,来表现人类可怕的欲望,到处都是差异最大化的各种绿色与红色的搏斗。"

"我力图表达咖啡馆这类场所,人可以倾家荡产,可以发疯,犯罪。我通过对比淡粉色、血红色和酒糟色,对比刺眼的黄绿色和蓝绿色,这一切,都置于地狱般的熔炉、淡硫黄色的氛围中,力图表现一家小酒店有多大的黑暗力量。"凡·高对左拉的小说《小酒店》了如指掌。

《乌鸦乱飞的麦田》,那一条条田间路是封闭的,不通向任何地方,唯一通向的是黑暗之门。油画名作《黄房子》则是幸福时光的有力表达。"床铺,地板,全都披着可食用的金黄色,据说这是阿尔幸福时光的特色。"

"这一年夏末,别的杰作一幅接一幅出来。这些画作无不显示宁静、充实,洋溢着浓浓的诗意。"

吴冠中先生为什么说"笔墨等于零"?这些年我时有困惑。数百年来的西方画家,把色彩的差异性表达发挥到极致,而且,色彩表达对应自然界的紧张与和谐,对应人的多重撕裂与重新弥合的强烈愿望。中国水墨画受制于传统文化的格局,还是受制于绘画工具?也许兼而有之。水墨画倾向于玩弄趣味,追求闲情逸致,而支撑这一类追求的,却是对深度现实的回避,对人性冲突的回避,对社会矛盾的回避,对善恶交锋的回避。于是,温吞水式的水墨表现层出不穷。流水线生产的所谓艺术品数以亿计。

一万年正确的老庄式哲学背景,委实过于正确了,它失掉人与自然、人与人、人与自我、人与社会的内在紧张,失掉"当下性"。

到处铺呈的宁静和谐,由于失掉对立面的持续撞击,而令人昏昏欲睡,令人审美疲劳。当宁静指向宁静之时，宁静就从它自身脱落。这是铁律。

王维的山寺宁静从何而来？王维自问："一生几许伤心事，不向空门何处消？"我在《品中国文人·王维》中，续写两句作答："空门由来消不尽，晨钟暮鼓亦伤情。"

东汉以降诗僧万千，为何只一个王维成诗佛？为何诗僧们的诗加起来也不及王摩诘？

文学史、美术史应当有追问：什么是强对流张力区？

古代水墨画，也主要倾向于闲情逸致么？像元曲，像明清戏剧。唯有《红楼梦》这样的小说，才让我们领略了什么叫质疑、愤怒、反抗、呐喊，什么叫旷世悲剧。曹雪芹别号梦阮，"步兵白眼向人斜"。

鲁迅说："悲剧是把有价值的东西毁灭给人看。"

艺术表达悲剧，是要减少生活的悲剧，是要提升人们看清悲剧苗头的能力。

一切艺术的观看与倾听，源自生活方式的心理积淀。

今年我去江浙，看向往已久的昆曲，听评弹，努力想看得津津有味，末了，只想提前溜走。抽掉了江南固有的生活方式的戏曲，无非是活动着的古董，如同人潮滚动的可怜的绍兴、乌镇，如同巴掌大的、莫名其妙的苏州园林。说它莫名其妙，是因为它来得突兀，它一天到晚整体叫卖，嘲笑古典意蕴。整体叫卖符号化了。钢筋水泥森林的重重包围中，来一点亭台楼榭的点缀，荒诞感很难避免。孤零零毫无生活意蕴的所谓古典，所谓古镇，应该发明一个现代词。潮涌而去的旅游者解压而已，跟风而已，脚跟脚图个热闹而已。人潮赶景点，就像乡下赶场，然而赶场的农民既不虚荣也不矫情。那些蜻蜓点水、浮光掠影的小资式游客，照例吃，照、闹。照个没完，忙着发微信显摆，急于朋友圈互夸。那些东张西望的晶状体，更像一个个用了优质润滑剂的滑动的玻璃球。

所谓心灵窗口，我们看不见。

凡是诗意死掉的地方，冒牌的诗意就会显得很热闹。

凡是扯眼球的东西，都有枯竭心灵之效。

笔者闲笔写这个。严格意义上的漫游者永远是少数吗？

"笔墨等于零"，兼攻水墨画和西方油画的吴冠中先生，肯定深有体会，方出此语。依愚见，水墨画不大可能催生凡·高式的燃烧的生命体。

到齐白石、张大千、黄宾虹、潘天寿等现代绘画大师，水墨画的可能性是否已经穷尽？当代水墨艺术，是否只是漫长的余韵？中西绘画有互补的空间么？今天的中国有相当可观的美术市场，日进斗金的水墨画家多如牛毛，孕育了非功利的艺术空间。也许，创造性作品的出现只是时间问题。

1888年秋天的凡·高旋风般去度假，背个超大行囊，穿过狭长的丛林湿地，去五十公里外的海滨城市圣马利亚。"从童年起，文森特还是头一次度了三天假。"可这是什么样的度假啊？短暂的地中海之行诞生了《星空》。

画家写道："现在我看见了大海，完全感到留在南方的重要性。还必须进一步夸大颜色，非洲近在咫尺！"

"姑娘们身材苗条，亭亭玉立，神态有些忧伤而神秘。"

激动不已的凡·高徒步返回阿尔，沿途找个山坡，趴在草丛中给弟弟写信："我觉得这地方越来越美了。我从来没有这么大的运气，在这里，自然之美异乎寻常！"

"有房子做伴，有工作陪伴，我简直太幸福了！"

阿兹奥《凡·高传》："文森特终身不幸吗？让别人说去吧，我可不信！极少有人有他那种幸福的天分。"

幸福的天分是说，野性基因，爱的传统，起于孩提时代的自然激情，合铸凡·高幸福的能力。一支粗糙画笔最大限度激活了他的潜能。舍此无二途。这种幸福的能力，人类不多见。每一秒钟都像反射朝阳的露珠。

在阿尔，凡·高的幸福抵达了巅峰状态，然而，命运在这样的时刻突然出现断裂。

这要从本文的另一位传主保尔·高更说起。

两位创造性大师，两团朝着永恒滚动的火焰，似乎注定要烧到一起。

高更比凡·高大五岁，原是巴黎的股票经纪人，收入很可观。他的妻子玫蒂生下了五个孩子。高更的母亲是西班牙贵族的后裔，又有秘鲁土著人的野性血统。他的童年在秘鲁度过。后来做了海员，在海上漂泊了六年。舱小，压抑，时光漫长而单调。海员们在大海上一漂就是几个月，一旦靠岸，放纵不羁。体格健壮的高更比其他海员更放纵，他又是一名出色的击剑手。有个信任他的好朋友请他转交情书，他把朋友朝思暮想的女友据为己有。他在商船上闲溜达，把船长钟爱的少女勾搭上手，后来这女孩儿要他的地址，他留下的门牌号，竟然是巴黎的某个妓院……这些事见于英国作家翰森夫妇的《超越自然：高更传》。

英国作家毛姆的《月亮与六便士》，畅销全世界，在中国发行量巨大。小说主人公的原型便是高更。这位画家在巴黎穷困潦倒，朋友帮助他，把他带回家，他天天吃得好睡得香，却把人家的漂亮老婆拐走，事后又内疚。

高更长得有力度，高颧骨，小眼睛，厚而宽大的嘴唇，牙齿结实，皮肤粗糙，浑身是毛。《高更传》："他深刻的五官、慑人的眼神、健壮的体魄和权威性举止，给人留下强烈印象。"

高更和凡·高一样不英俊，或者说，不屑于英俊。他们有相同的烈焰般的激情：女人们凭借直觉，所看到的那种一般男人根本不具备的激情，并且是旷日持久的激情，毫不做作的激情。在巴黎他衣冠楚楚，社交场合举止有度，笑容适中。商界需要这个，从服装到表情有公司规定。有钱人跟有钱人拱手为礼，面呈微笑打哈哈，腹中小算盘响个不停。

高更，凡·高，这两个男人单看外貌，就跟西装革履的公司化人物不合拍。

学院化，机关化，公司化，生存固化的概率比较高。人被他所扮演的社会角色所霸占。不轻易妥协的法国人发明了一个词：被生存。这是自由的反义词。

凡·高与高更的不同，是凡·高做艺术品商人时间短。高更做股票交易所的经纪人，很成功且时间长。

高更的孩子一个又一个生下来，玫蒂作为家庭主妇尽管操心，但过得蛮开心。丈夫有钱有地位，体面的生活只会越来越体面。名门贵族的后裔嘛，肯定是这样。铁板钉钉的事儿。什么秘鲁土著人的血统，这位巴黎阔太太早都忘了。

可是后来的某一天，人到中年的高更突然从玫蒂娘家、丹麦的哥本哈根消失了，只留下一封信。谁也没想到，高更先生居然放弃家庭做穷画家去了。他把大儿子带在身边，父子在巴黎一起受穷，寒风中踯躅街头贴广告，挣小钱勉强糊口。儿子一天天瘦下去。高更可以重返股票交易所，他不去。可以画那种卖得出去的学院派风景画，他也不画。

为何如此固执？巴黎的印象派画家们把高更点着了。

1876年，这一群画家在巴黎搞画展，莫奈的一幅《日出·印象》引发轩然大波。它是拙劣、糟糕、失常、疯狂的同义语。学院派画家和美术批评家群起而攻之，观众骂声不绝。但印象派由是得名。

"印象派与装饰艺术是全然对抗的两大画派。"印象、感觉的千差万别乃是人的专利，早就该取代装饰艺术的主导地位。"装饰艺术完全与现实脱节，他们的画面都是千篇一律的光滑，僵化的沉静。"

总之，僵化的沉静要守住它的地盘，精致与光滑要保持它靠买家支撑的地位。风景不能在墙上喧嚣躁动，不能奔放热烈，更不能起来造反。

印象派呐喊：到野地去！到赤裸裸的生活中去！

"印象派画家所指的现实生活，不是极少数达官贵人，而是农民、工人、洗衣妇、清道夫、陋巷男女顽童、舞女妓女、杂技演员……"

被侮辱与被损害的沉默的大多数，要登上画布。人和风景都要造反。尤其是色彩，强烈的色彩，不可测的振幅。这是灵魂的旋涡！

印象派牢牢抓住不放的色彩优先，最具反抗力。

少数人长期霸占社会资源，还要霸占艺术，霸占人们的视觉与听觉，霸占戏剧，挟裹中下层的想象，以便控制他们的记忆，牢牢掌控他们对生活的理解。印象派要摧毁这个类似丛林法则的东西，挑战资本通吃的野蛮而糟糕的局面。

印象派的另一波攻击，是要在艺术领域，完全压倒照相技术。照相技术是划时代的，但绘画远远高于这种闯入艺术领域的技术。19世纪学院派的精确表现法，无非是向技术献媚，甘当技术的奴仆。

印象派同时开辟了两个战场，一个战场挑战资本，另一个战场挑战技术。这是持续了半个世纪的惊心动魄的战场，战果辉煌。后期印象派，新象征主义，野兽派，立体主义，达达派，抽象派……先锋艺术家们继续冲锋陷阵，为后来者开辟道路，扩大地盘。

20世纪以及21世纪，人们耳熟能详的大画家，印象派几乎占据半壁江山。印象派画家对其他画派的影响也是巨大而持久的。

大约是1876年，高更在巴黎认识了毕沙罗、塞尚、莫奈、马奈。马奈对高更说："那些司机和铲煤工人，他们的勇敢，他们的信心，足以表现他们是当代英雄，我要画他们！"高更买了很多印象派画家的作品，他也开始画了！

1881年，《裸体之观察》问世，可谓惊世骇俗。

然而这些画家一直穷。毕沙罗曾经穷得揭不开锅，一个儿子饿死。马奈、莫奈长年拮据。莫奈的模特死于贫病交加。雷诺阿亦穷。塞尚过得好，倒不是因为他卖画。这一群后来全球公认的艺术大师，受穷，受歧视，他们追求的画风却长期不变。有些人穷到死。何以如此？我想，这跟他们的个性有关，认准的东西就一条路走到黑。西方人的个性原本比较强，艺术家的个性又强于普通人。

更为重要的是，19世纪的西方作家，已经形成批判现实主义的滚滚大潮，开20世纪现代派文学反异化之先河。绘画、音乐与文学同步，堪称两百多年的同盟军。哲学大师们具有决定性的影响力。

金钱的逻辑几乎在这个星球上独大，但是，思想与艺术，始终是金钱逻辑的阔嘴猛牙啃不下的硬骨头。

19世纪80年代，巴黎股票经纪人高更对印象派画家亦步亦趋，出入咖啡馆。莫奈对这个业余画家不感兴趣，雷诺阿甚至懒得跟他说话。在新雅典咖啡馆，毕沙罗想让莫奈和雷诺阿帮一下高更，同意一起办画展，遭到一致回绝。有钱人高更，入不了穷画家的眼，尽管他买了不少印象派作品。他不断献殷勤，他总是掏腰包，大师们还是老样子，懒洋洋叼着烟斗，连余光里也没有他。塞尚的绘画技巧已然登峰造极，高更几番请教，塞尚根本不理睬这个"礼拜天画家"。

1887年，高更去巴拿马运河工地干苦力，边干活边画画。他不再是礼拜天画家了，他每天画。西装领带都扔了，他穿粗布工装，他甩开膀子干苦力，全身晒脱皮。挣钱付路费，去大洋中的法属马提尼克岛。

高更说："我要去做野人。"

高更在巴黎、在哥本哈根说："我本来就是个野人。"

野人是什么人？野人是对抗文明的人，是挣脱文明束缚的人，是奔着激情去的简单的人，是本真的人，是自由的人，是粗线条的人。文明太复杂了，一个文明人必须活得复复杂杂，必须挖空心思盘算利益，必须面具重重，必须人五人六，必须谨小慎微。总有些身居高位的文明人还必须心狠手辣，必须巧取豪夺，必须制造大量谎言以占据舆论高地。

在法国、德国、英国、俄罗斯、西班牙、荷兰、意大利……拒绝文明的野人很多。野人层出不穷，终于彻底改写了文学史、美术史。

高更沿着野性血液指出的方向前行，背向巴黎，朝着布列塔尼的阿旺桥村。"他见识了金钱，在社会上取得成功，又有能力鄙视这种成功。"

然而艺术上的成功还遥遥无期，尽管他已经画了十几年，苦苦探索了十几年。"高更的作品中显示出一种强有力的自然，但是还没有找到自己的独特语言。他的绘画时而像毕沙罗，时而像塞尚，时而又模仿德加的画法。塞尚就指责高更'剽窃了他的小小感觉'。高更是个敏感的、直觉型的人，他在绘画中产生的想法，要升华到意识层面比较吃力。他需要借鉴别人的思想，以便更能看清他本人。"

强有力的自然是什么样的自然？直到19世纪中叶，这种强有力的自然从未在画布上出现过？把自然纳入丰富的感觉、多变的印象，纳入艺术家的符号系统，应该是前所未有。一大批印象派画家如此兴奋，如此百折不挠，"九死其犹未悔"，很可能是因为：这种艺术唤醒了自然，强化了感觉，燃烧了生命。

"绝对性的窗口"打开了。要牢牢记住19世纪。

毕加索晚年感慨："绘画比我强。"

艺术像阿尔4月的季风席卷人。风力太大，肉身承受不住。艺术把画家们的神经绷得紧，一个个目如射，目如炬，行如虎豹，思如雷暴闪电。吃穿住无所谓了，甚至感觉不到。持续亢奋的生命体吃啥不香呢？这叫感觉的最大化。笔者尝言："感觉的丰富性乃是一切生活质量的前提。"

高更于1888年初，来到布列塔尼的阿旺桥村，这是他第二次前往他理想的地方。村里有的是野人，还有一群比他还穷的画家。他是首领，单是他抽烟斗的动作，众弟子就竞相模仿。他简直像花果山水帘洞那位造反的美猴王。

富家子弟贝尔纳尔，携带他十七岁的妹妹玛德莱娜，来到阿旺桥村，同时带着凡·高的嘱托。玛德莱娜"美丽而又聪敏"，四十岁的高更爱上她。高更爱上的女人一般都跑不掉，他的才华和他的蛊惑力都不同寻常。快如闪电的击剑手，不消三言两语，玛德莱娜着迷了。他可没时间去软磨硬泡。心明眼亮的巴黎少女，知道她自己在干什么。高更也是她哥哥的偶像！

此间，高更的油画《讲道的幻视》完成，时间将证明这是一幅杰作。"日本绘画和原始艺术的影响显而易见。"在巴黎已有名气的贝尔纳尔，对高更崇拜得五体投地。才气横溢的小伙子才十九岁，他看到了高更的价值。高更在马提尼克岛和阿旺桥村的一系列作品，足以媲美某些印象派大师！

玛德莱娜不乏艺术眼光，她与未来的大师坠入爱河。

高更像凡·高一样，时常手捧雨果的巨著《悲惨世界》。他自视为冉·阿让式的人物，他要揭示文明世界的悲惨，热切向往原始人单纯明亮的生活。他去巴黎，主要是为了卖画，他挣了钱就寄往丹麦的哥本哈根。玛德莱娜赞赏他的举动。

贝尔纳尔向高更转交凡·高的信件，代表凡·高向高更致敬，邀请他去古城阿尔一同作画。画家们一起画画是个传统，有利于相互取长补缺。修拉曾经大力提倡，点彩派的画家纷纷响应。凡·高曾经与贝尔纳尔一起在巴黎作画。

早在1888年2月，高更写信给刚到阿尔的凡·高，表达友情。提奥在巴黎买了几幅高更的画，他和哥哥都对高更钦佩有加。不过，一种跨度很大的新艺术，短时间内鲜有人问津。高更向凡·高兄弟示好，想卖画，亦属人之常情。他要承担一家之主的责任，他不能让自己的一群孩子长期生活在丹麦。

在凡·高这一边，邀请高更到阿尔的愿望越来越强烈。一封又一封信件寄往阿旺桥村，信中有些语调，近乎卑躬屈膝……

当初在巴黎"大沸腾"餐馆，提奥把高更介绍给哥哥。凡·高从此开始沸腾，紧紧盯住高更的画作，打听高更的行踪，要求弟弟关注高更，必要时资助高更。凡·高在高更的马提尼克作品中，一眼就看到了"高妙的诗意"，他写道："高更所画的一切，有一种温存、伤感、令人称奇的特点。别人还不理解他，而他心中苦不堪言。"

高更说："伤感是我的琴弦。"

他抛家别子，一直想方设法挣钱，不惜下苦力，打小工。这个击剑手和内心坚硬的男人有温存的一面，凡·高确实目如射。大师迅速看见了大师，而凡·高本人的艺术已如日中天，他在巴黎的自画像和肖像画系列，他到阿尔后画的《向日葵》《乌鸦乱飞的麦田》《邮递员鲁兰》《诗人的花园》《卸煤工人》《星空》等等，日后都是西方乃至全球绘画的巅峰之作，不过他自己，谦卑得无以复加，写信总是说习作，从来不敢提作品二字。

这种谦卑跟他长期读《圣经》有关。福音传教士的谦卑深入骨髓。

凡·高的艺术生命早已进入燃烧状态，但这种状态尚不足以使他确认自己的价值。巴黎的画评家们很少提到他，好像他不存在。他在巴黎也好，在阿尔也罢，谁在乎呢？连弟弟提奥对他的看法也是摇摆不定，认为哥哥的画作只能算中等水平。画廊摆放凡·高的作品已经摆了十年，无人问津。几位印象派大师称赞他，但大师们的画也在画廊蒙尘。

十几年间，印象派画展搞了八届，画家们依然在困境中挣扎。

艺术探索岔道丛生，开山立派的宗师更是如此。凡·高自信心不足，不自信倒是绰绰有余。他写信给高更说："我觉得比起您来，我的艺术创意太过一般了。我的胃口总是很粗俗。什么我都忽略，不会表现事物的外在美。"

他越把自己看得微不足道，就越把高更想得完美。谦卑的内驱力源源不断。他有能力看清同行的优点，却一再无视自己的长处，尽管他宣称幸福，非常的幸福，"像一只蝉似的在享乐"，可是享乐并不能证明他克服了艺术道路上的障碍。也许，他怀疑自己在阿尔傻乐。

他穿铅管工的服装，戴英国式高筒皮帽，夜里戴一顶插满蜡烛的"光帽"，忽而趋前，忽而退后，有时候灵感喷涌，他就通宵干。太阳都升起了，光帽还在黄房子画室闪前闪后。他这副傻样全城皆知。他上街，小孩儿跟在后面起哄……

打击凡·高的东西多于赞赏他的东西，从2月到9月，一面在享乐，一面起怀疑。他确认了高更的天才，这种确认使他本人变得渺小。于是他无限期待高更光临阿尔小城，挥一挥巨手为他指点迷津。黄房子装饰一新，添了家具再添家具，包括漂亮的梳妆台、穿衣镜，迎接那位高更狂恋的美少女玛德莱娜。另外他买了十二把椅子，准备在黄房子筹备沙龙：众多艺术青年把高更奉为首领。

"1到9月份，文森特有时不免泄气：高更还会来吗？高更能喜欢阿尔这个特别敌视外地人的地方吗？这样的等待，每天都在摧毁一点他的心。"

高更迟迟不动身，是否由于玛德莱娜？凡·高甚至想到阿旺桥村去，放弃阿尔，放弃他得心应手的黄房子画室。

10月，高更终于答应了。凡·高狂喜不已。他写信催促弟弟，花五百法郎买高更的新作《布列塔尼妇女》……

高更与玛德莱娜分手了么？他毕竟是五个孩子的父亲，一直和玫蒂频繁通信，而十七岁的玛德莱娜迟早要嫁人，要生孩子。她跟着哥哥进入艺术界，反叛资本家父亲，但并不反对结婚。后来她嫁给高更的朋友、单身画家拉瓦尔，不幸丈夫有肺病，又让她染上肺病。夫妻相继死去，玛德莱娜只活了二十三岁。

如果十七岁的玛德莱娜跟随高更到阿尔，那么，她的命运将会改写。

10月下旬，高更坐十五个小时的火车抵达阿尔，时在半夜，他在火车站附近的"夜咖啡馆"等到天亮，才去敲黄房子的门。这个细节表明，高更也能替朋友着想。他渴望成功，想跟孩子们团聚，他的许多书信以及回忆录《前前后后》，提供了证明。毛姆的《月亮与六便士》，似乎夸大了高更的自私。

高更走进黄房子，可能由于疲倦，并未因墙壁上的巨幅油画而感到欣喜。凡·高是为了迎接大师才画的《诗人的花园》《向日葵》，大师只礼貌性地点点头。

《向日葵》画在高更卧室的墙壁上。可惜"二战"期间，这幅画毁于战火……

"文森特乐不可支，安顿，闲聊，散步，以便让尊贵的老师发现阿尔的美景和美人儿。高更却不那么兴高采烈。"

高更写信给贝尔纳尔："我在阿尔一点也不适应。觉得地方太小，景致和居民都小里小气。"他开始思念布列塔尼了。阿尔的狂风也让他感到不适。

一个月以后，高更对阿尔的印象改变了。他说："我待了几周，才明确把握住阿尔强烈的味道及其周围一带的情况。"

高更需要一个孵化期，他必须了解花草、树木，渗透环境的氛围。

两个画家一同作画，如果天气好，风不大，早晨就从黄房子出发，傍晚归来。平时，凡·高一个人走出黄房子，已经引人注目了，现在是两个穿肥大的粗布工装、叼自制烟斗的男人,背着画架、画布和颜料,旁若无人的样子。市民又开始指指点点,小孩子又开始追着起哄。有一天,凡·高在画室一口气画了十六个小时,歪在椅子上睡了一会儿。高更起床洗漱,背了画架出门。头戴插满蜡烛的帽子灯的凡·高跟在后面,坚硬的红头发露出来,红胡子迎风乱飘。阿尔人大笑。

阿尔人完全没料到的是,若干年以后,阿尔小城全球皆知……

"文森特向来躲避阿尔的包括历史遗迹在内的所有景点。"他拉着高更往果园跑,往墓园跑,往野地跑。避开所有的景点,这也是高更的习惯。景点一旦成形,它的风貌就会打折扣,更不用说人挤人的可怜的景点。

景点这个词的反讽意味,凡·高与高更早已洞察。

鲁迅先生在上海十年,未曾去过一个公园。

"阿利斯冈墓园很美,引人沉思默想。一条长长的林荫路,高大的树木掩映路两旁的坟头。整整一周,文森特和高更每天到这里作画。"

凡·高完成了四幅油画,高更画出两幅构图,回黄房子画室再接着画。"两个人都画出了特别出色的油画。晚上去逛逛阿尔的妓院。"

凡·高在葡萄园逗留,画了一幅《红色葡萄园》,表现具体的劳动场景。高更的作品则加入了想象,《收获葡萄或悲惨人生》,他笔下的两名女工头戴布列塔尼的头饰。左侧,有个布列塔尼的高贵形象,戴着重孝,"而近景一个人物似乎受一具秘鲁木乃伊的启发,双手捧着脸坐在那里,一对杏眼,脸庞呈古铜色"。

凡·高非常喜欢这幅油画,让弟弟赶快买下,至少要出四百法郎……

高更写信给玛德莱娜的哥哥贝尔纳尔,说:"这是我在阿尔所看到的葡萄园的印象。我画上了布列塔尼妇女,管他'准确性'呢!这是我今年最好的一幅画,等颜料一干,就寄往巴黎。"

说印象,不说景象。高更把布列塔尼奔放的妇女画到阿尔背景上。伟大作家维克多·雨果的母亲是布列塔尼人,这在法国妇孺皆知。像木乃伊的那个杏眼女子是玛德莱娜么?高更是否凭借她的面相,猜测到她即将遭遇的悲惨命运？

毕加索总是画哭泣的朵拉，仿佛和他生活了多年的朵拉小姐从未笑过。毕加索的直觉，准确得可怕。他像魔鬼般地看透命运：朵拉后来疯了……

两个黄房子怪画家合作愉快，持续了一段时间。"文森特竭力说服高更，多画肖像画。"肖像画在凡·高看来特别重要，他在巴黎画了一批肖像画，到阿尔接着画，最出色的是《邮递员鲁兰》。

"文森特认为肖像画是重大种类，但是很难找到模特儿。高更善于跟女人打交道，他说动了火车站咖啡馆老板娘，来到黄房子，身穿阿尔妇女的传统服装，给他们当模特儿。"

高更写道："我也画咖啡馆油画，文森特很喜爱，我喜爱的程度就差了。咖啡馆下流的色调并不适合我。"

文森特·凡·高毕恭毕敬，于是，问题出来了。他把高更同他的父亲形象同化了：小时候的牧师父亲，他唯有仰视，赞美，模仿，追随。他怀疑自己的作品。高更对他的赞赏有限。凡·高会猜想：高更如何看待他的巴黎系列、阿尔系列？

核心关切，一般人不会轻易讲，在凡·高，根本就不会问。不问的东西又横亘在心头，日复一日。由压制而入梦，潜意识活动频繁。

高更致信贝尔纳尔："文森特的绘画还杂乱无章。"

这位阿旺桥村的艺术首领细看了《向日葵》之后，又写信说："凡·高既没有丧失他的独特性，又从我这里受到一种富有成果的教育。而且，每天他都向我表示敬意。"

师徒关系在阿尔确立，并且隐含着影影绰绰的父子关系。高更乐于扮演这种角色。他指点凡·高的绘画，凡·高言听计从。他想要改变黄房子的陈设，凡·高马上就办。不过，凡·高做的汤太难吃了，高更先生吃不下去……

凡·高的生活习惯也是杂乱无章，画具、家具堆得乱糟糟。高更六年的航海生涯，使他能把狭小的空间布置得井然有序。这些都是生活小矛盾。真正的麻烦在于：凡·高在绘画的细节上极其较真。他一直用自削的芦苇笔，按自己的眼光挑选画布和颜料。他对高更说："我再说一遍，画肌肤，切勿用普鲁士蓝！用了就不复为肌肤，而是树木！"

类似的斩钉截铁的断语，高更先生听了会怎么想？

高更对贝尔纳尔写道："文森特和我，一般说来，我们很少谈得拢。他鄙视的安格尔、德加、拉菲尔，全是我赞赏的人。"

下雨天，高更心绪不佳。也许他会想起在阿旺桥村，他在暴雨中冲向玛德莱娜的那个场景，蓝裙少女也冲向他。二人浑身湿透，紧紧搂抱，像一棵分杈的树。巴黎少女竟有秘鲁土著女孩儿的力量！他不想画她，以免人们有机会盯着画布上的玛德莱娜。下雨天，也让他想起他的孩子们的眼泪⋯⋯

"在这种天气，两个人只好关在小房子里。"

高更写道："他和我，一个完全是火山，另一个也在沸腾。"

两年前，他们在巴黎"大沸腾"餐馆第一次见面。这耐人寻味。大沸腾意味着：不是一般意义上的情绪沸腾。

高更："他非常喜欢我的画，可是在我作画的过程中，他总认为我这一点不妥，那一点欠佳。他是浪漫派，而我呢，我总是倾向于一种原始状态。"

凡·高在绘画的细节上挑剔高更，却在绘画的总体上看轻自己，怀疑自己走错了路。高更在作画，他忍不住要过去看，忍不住要说这说那，还晃动他的粗关节手指。高更在马提尼克岛和阿旺桥村作画时，不要任何人在旁边观看。现在他一忍再忍。

突然间，争论爆发了。凡·高一如既往地面红筋胀，嗓门儿很大。高更说："队长，您有道理。"争论常常以高更的妥协结束。

高更写道："为了节省开支，我们的小饭馆取消了。我用一只小煤气炉做饭，而文森特到附近去购物。"

凡·高买回来的东西，高更不置可否。而高更做的饭菜又不合凡·高的胃口，凡·高有胃病，时常牙疼。清洁工每隔两周来打扫一次黄房子，可是打扫之后过不了两天，画室又是乱糟糟的。凡·高动手收拾，由于笨拙而弄坏了高更的调色板。不愉快的事情时有发生。两个男人对坐吃饭，喝苦艾酒。高更低着头，不想看凡·高乱蓬蓬的红头发、参差不齐的红胡子。

高更刚到阿尔时的权威性下降了。《凡·高传》："高更原以为找到了一条小狗，不料碰到了一个真正的强手。"

高更明显不高兴了，不断提到阿旺桥村的好日子，提到贝尔纳尔兄妹。他沉默了，发出沉重的叹息。凡·高诚惶诚恐，担心高更要走，去找他的玛德莱娜，或是去哥本哈根跟家人团聚。凡·高对待朋友绝对真诚，何况对他仰慕已久的高更。

"只要高更提到布列塔尼，文森特就会觉得那个地方无比美妙，并且，不惜抛弃普罗旺斯的自然风光，所谓的'灼热的普罗旺斯枯燥乏味的小自然'。"

当凡·高表示想去布列塔尼的阿旺桥村时，高更应之以沉默。

日子一天天过去，高更窝着火。凡·高又大谈肖像画的重要性……

"首领高更"在阿尔越来越不耐烦。敏感的凡·高又去请教老师关于绘画的方向性问题。老师微笑着说：要加入想象，要尝试画一些抽象画。

凡·高从命，但是他后来写信给提奥："高更在阿尔，我不由自主想尝试尝试抽象画。抽象艺术是一条迷人的路，可是这个领域又充满魔幻。我的老弟！人很快就面对一堵墙了。"

高更鼓励凡·高充分发挥想象画画。凡·高再次从命。这一次他将踏入危险的魔境。

凡·高自废武功，想走高更走的艺术道路。他依赖高更，而高更日益受不了黄房子。凡·高写信向贝尔纳尔抱怨："我们面对的是一个野性十足的人。"

如果高更想回阿旺桥村追回他的玛德莱娜，那么，这理由真是足够充分。

凡·高无奈地写道："在高更身上，血性和性欲要胜过雄心。"

凡·高本人的血性和性欲不是同样强烈吗？区别在于：他的雄心在二者之

上。如果非要他选择画画与爱情，那么他会放弃后者。

事实上，沸腾的高更之所以沸腾，主要还是因为艺术。否则他不会离开布列塔尼。"布列塔尼的妇女比阿尔的妇女更有意思。"

两个男人都窝火。每天在一起，又难以沟通。高更画画，有时候画得兴起，却突然听到身后凡·高的大嗓门……高更走出黄房子，不是去咖啡馆，就是逛妓院。凡·高像一条影子般跟着。总是这样。高更在凡·高打瞌睡的时候悄悄溜走，独自去逛妓院，避开凡·高带他去的军队夜总会。他自由出入阿尔的烟花巷，找他喜欢的当地女人。凡·高默认了。然而，体格强壮的高更，熟悉无数城市、港口妓院的高更，在阿尔小城染上了梅毒。他和凡·高都不知道。

可怕的梅毒潜入了大师的血液。

凡·高画了两把扶手椅，他自己坐的椅子和高更坐的椅子。"文森特的黄昏粗木椅是白天画的，后边是蓝色墙壁，椅子上放着他的烟斗和烟袋。黄色与蓝色相配，足以表明阿尔的幸福时光、文森特白天的内部世界。不过，我们还记得，父亲去世后他创作的第一幅画，画的就是逝者的烟斗和烟袋。而这幅画，就好像文森特已经死了：从前的文森特死了。"

构图与色彩都是自动来到凡·高手边。画家凭借直觉启动潜意识的开关。而指向未来的直觉显现了可怕，尽管它还不明朗。诗人们都是先知，精神触角不断延伸的先知。"高更的扶手椅又回到《夜咖啡馆》的色调，红绿配，象征邪恶的欲望，凶暴，犯罪……点燃的蜡烛表明扶手椅的主人还活在世上，不过，这种色调的表达，营造了一种阴森的、电光蓝色的气氛。死亡在这幅画中飘荡。"

《凡·高的椅子》《高更的椅子》，法国作家阿兹奥对这两幅世界名画的解读很深入。对色彩、构图的理解，西方人早已形成传统。理解一个画家，要从他的作品系列入手，从他的符号系统入手。孤立地看某一幅画，看不出个所以然。

 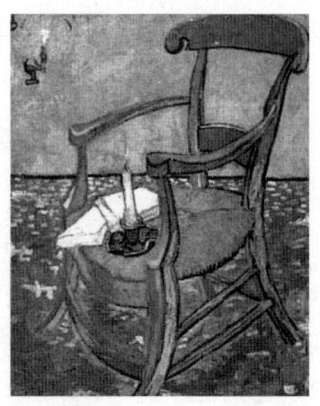

凡·高的椅子　　　　　　高更的椅子

凡·高的《埃腾花园记忆》是个危险信号。"文森特认为这是一幅失败的画，透出一种病态，他在咬牙切齿或者做怪相……他的绘画动感的和谐，让位给了不协调的、尖利而好斗的杂糅。"

"凡·高闯入想象的深渊，就等于唤醒了魔鬼。他的心理承受能力不强，很难再浮上现实的水面。这就等于为吞噬的烈火打开了门。他一直遵循印象派式的现实主义，不仅是一种审美观，而且一直是他一种本能的护卫，一种自我保护。主题的真实，将他牢牢固定在现实中，把他从自身的脆弱中救出来，否则就是做怪相的疯癫。"

凡·高走的路是对的，然而面对他所崇拜的高更，就怀疑自己走错了路。不仅怀疑，他已经着手画想象的东西，甚至有了画抽象画的冲动。固守他的现实风格，追求色彩的最大振幅，表现动感的和谐，多年来他的这一目标是如此明确，然而他把高更请到阿尔，却把自己的目标丢了。谦卑心理破坏了他的艺术直觉。

《高更的椅子》《埃腾花园记忆》，透出他的惶恐不安。死神在画布上游荡。

凡·高在犹疑中做出可怕的决断：否认高更到阿尔来之前的他的所有"习作"，包括《向日葵》《邮递员鲁兰》《乌鸦乱飞的麦田》《诗人的花园》

《星空》等一大批油画和素描。他写信给提奥说：不要售出他在高更到达之前的画作，如果无处存放，就寄还给他。

凡·高对弟弟写道："高更稍微向我指出，到了我该变一变的时候了。"

"你留下你喜欢的几幅画，余下来的，碍事的，都寄回我这里。"

《凡·高传》："他说明这些画的用途：用作资料。"

"阿尔的一系列天才之作，就这样被他自己贬到了草图的档次！"

"幸好这一年的作品都寄给了提奥，否则，后果不堪设想。"

《向日葵》《邮递员鲁兰》等"习作"，在凡·高把它们作为另一个艺术开端的资料用完以后，很可能被毁坏。黄房子小，容不下许多大油画。

"如果这些作品在手头，文森特将会怎样大开杀戒！"

凡·高要告别凡·高。那个"像蝉一般在享乐"的凡·高，在1888年靠近年底的时候，已不复存在。

值得注意的是：高更只是"稍微向他指出"，到了他该变一变的时候了。这并不是首领的语气，而是商量的口吻。黄房子画室的讨论是常事。凡·高不是也在提醒，乃至批评高更么？

两个人的性格，在阿尔，在黄房子，起了决定性的作用。

高更是海员，是出色的击剑手，有刚毅的外表和冷静的内心。他的生活自信与艺术自信都明显高于凡·高。他确认自己的价值，而凡·高正在加速度否定自己的价值。高更沿着他开创的"革命性艺术道路"一往无前，而凡·高在艺术的巅峰时刻却要推倒重来，另起炉灶。

色彩的配搭，构图的暗示，无休止的惶恐纠缠着死亡。内心深处泣血……

然而另一个文森特·凡·高也在反抗，重新回到以前的风格，回到《向日葵》《邮递员鲁兰》或者《罗纳河的星空》，回到他十年来孜孜以求的动感的和谐。文森特骨子里是温和的、热情的、利他的。这是他的本性。

凡·高生怕高更离开阿尔。老师走了他怎么办？而且是在这几乎要命的时刻。

艺术上的反抗、找回秋天前的那个阿尔凡·高，季风中无限幸福的凡·高，这股力量，与一切推倒重来那个凡·高的力量在搏斗。可惜后者占了上风。

两团朝着永恒滚动的烈焰，那个火势，是一团吞噬另一团。

责任在高更吗？做这样的结论未免有失公允。

应该指出的是：两团能量巨大的烈焰，本不该碰到一起。

两个大力神般的、极敏感的、性情刚烈的野性男子，何必一起作画？何况他们正在做着开宗立派的伟大的艺术工作。

凡·高有脆弱的一面，这构成了他的致命伤。自苦，自戕，并且是极端性的，例如在矿区，在神学院学习的时期。但他无论怎么自戕，比如拿棍子击打躯体，寒风中蜷缩于街头……都没有在根本上伤及他的艺术。

换言之，画家并没有伤入五内。

这次不同了。

《凡·高传》："高更画了一幅文森特正在画向日葵的肖像，这是一幅想象画。画上的文森特夹在两条斜线之间，画架的斜线和西装的斜线，把他往下拖，拖向深渊。文森特绘画的手在抽搐，躁动，不听使唤，那张面孔深陷，扭曲……无论从哪个角度看，这幅画都是一次猛烈的攻击。只要对比一下劳特累克给文森特画的彩色粉笔肖像，就一目了然了。"

"据高更说，文森特一看到这幅画就嚷道：'这正是我呀，但这是发了疯的我！'"

1887年，劳特累克在巴黎给凡·高画了那幅"最美的肖像画"，可是，仅仅过了一年，高更在阿尔画的凡·高肖像逼近了深渊。高更惊人的直觉就像凡·高，或者像后来的毕加索。

高更回忆："当天晚上，我们去咖啡馆，凡·高喝了一点低度苦艾酒。猛然间，他把酒杯连同酒掷向我。我闪身躲开，上前拦腰抱住他，一起出了咖啡馆，穿过站前广场。几分钟之后，文森特就倒在床上，几秒钟就呼呼大睡了。早晨醒来，他非常平静，对我说：'我亲爱的高更，我隐约记得昨晚冒犯您了。'"

高更原谅了凡·高，但表示要离开阿尔。"请允许我写信给您兄弟，告知我要回去。"

高更给提奥写了信，请提奥寄来售出画作的钱。他写道："文森特是个很聪明的人，我非常钦佩他，离开他很遗憾，但是我重申一遍：这是必要的。"

《凡·高传》："要注意，高更承认文森特的聪明，而不是才华。"

高更不承认凡·高的才华吗？恐怕不宜下此断语。阿兹奥《凡·高传》中还有一些类似的语言。《凡·高传》的作者倾向于他的传主，如同《高更传》的作者翰森夫妇倾向于高更。

靠近年底和圣诞节了，高更想念家人实属常情。二人一起作画不愉快也是事实。高更早就想走了。受邀到阿尔来，他原本不情愿，过了半年才从阿旺桥村动身。

几天后，二人去蒙佩利埃参观博物馆。火车上又争论开了，凡·高写道："争论好似通了高压电，争论完了，我们的头脑累极了，像一组用完的电池。"

后来在圣雷米，凡·高回忆："高更和我互相较劲，神经绷得极紧，直到耗尽生命的力量。"谦卑的凡·高，抗争的凡·高，走向绝境的凡·高：三个凡·高同时登场。

时间靠近了1888年的圣诞节。

可怜的凡·高，已经迷失了他生命中最宝贵的艺术方向。他随意改动高更房间里的那幅油画《向日葵》，减弱了金黄色，涂上一些他自己都不理解的蓝色。他一杯接一杯饮苦艾酒，不惜花掉买画布的钱。"凡·高确信了自己微不足道，他的绘画毫无价值。他完全变了一个人，无论看什么都要通过高更的眼睛，通过高更的观念、高更的作品、高更的判断。"

生存展不开了。条条路都被堵死。高更要走！凡·高的这个念头大于其他所有念头的总和。噩梦连连。无端浑身冒冷汗。画也不是，不画也不是。他长时间瞅着那只画画的手。他搞不懂他的手了。心手不相应了。连同他的调色板,他的帽子灯,他的扶手椅……那些失败的凡·高向他蜂拥,辍学的中学生,画店的异类店员,屡屡让父亲失望的儿子,伦敦的失恋者,神学院的颓唐者,美术学院总是排名垫底的人……不同时期的失败者凡·高,都跑到阿尔来了,跑进了黄房子。

巴黎的两年他多么风光啊,他搞了三次个人画展,他认识了塞尚、修拉!他不缺面包和酒。哦,他还有他的女店主、太漂亮的阿戈斯蒂娜。多少个激情的昼夜,感觉中有几百个上千个!他经常和贝尔纳一道,去巴黎的郊区画画,"乐得手舞足蹈",回回满载而归。

1888年2月他到了阿尔,他放弃了大美人,放弃了全球艺术之都,奔向大块大块的南方色彩,艳阳下夺目的色彩。当时的阿尔还堆着满城积雪,不久,积雪融化了,果园开花了。他手中的画笔没日没夜挥不停,嘀,要把阿尔的风景抢出来!嘀嘀,大风中他来回奔跑,使劲钉木桩,稳固画架;他跪在地上画,呼啸的季风跟呼啸的芦苇笔,看看谁的力量更强更猛烈吧!《向日葵》,《向日葵》和《向日葵》,哦,远不止《向日葵》……

然而他把高更请到阿尔,请进精心布置的黄房子。他曾经是传教士,一直是伟大的雨果的追随者,骨子里洋溢着利他主义。可是他忘了,像他这样的人,世上本不多。每个人的生存路数有不同。凡·高是极端利他,而高更先生并不是极端利己。高更到阿尔两个多月,生炉子,做饭菜,洗衣裳,收拾乱糟糟的画室。高更在布列塔尼的阿旺桥村,却是众星捧月般的首领,连一双袜子都没有洗过。

高更要走。凡·高崩溃。

"高更一心要扬长而去,把文森特丢在绝境,丢在一片废墟中:他那伟大的梦想,他那遭践踏的绘画,他那被摧折的激情,他那丢失的纯洁,他那惊奇的儿童般的遭挫辱的眼神,都统统化作了废墟。"

谁践踏呢?这个指责高更的词可能有点过了。

有一天半夜,高更突然醒来,看见一个庞大的黑影站在他床前。

高更本能地坐起，摆出格斗者的架势，却和颜悦色问："文森特，您怎么啦？"

高更回忆："文森特一声不哼，回到隔壁呼呼大睡了。"

这种情形接连出现，以致高更在凡·高现身于床头之时，总会醒来。有时他点着蜡烛睡，倏然惊醒，凡·高和凡·高映在墙上的影子都显得巨大。烛火摇曳……

《凡·高传》："凡·高想袭击高更吗？这个解释难以接受。这种事不可能发生在文森特身上，我们还记得在博列纳日，他宁可自己饿肚子，还要喂小老鼠。"

凡·高到高更的房间，是要确认高更是否还在。对他来说，高更就是神灵。神灵退场，他将跌入黑暗与混沌。他不会攻击他的老师。不可能。在他三十几年的生涯中从未攻击过别人，哪怕是在学校当众受辱的时候。自伤倒是屡屡发生。一旦到了情绪的极端状态，他总是伤自己。他温柔得连一只小老鼠也要疼爱。

凡·高半夜站在高更的床前不动，是因为床上酣睡的人对他引力太大。早在巴黎，凡·高就认定了高更绘画的价值。

另外，如果高更觉得凡·高要攻击他，那么，他会闩上房间的门。

既然凡·高几个晚上都出现在床前，那就说明击剑手高更并未防范。

12月下旬，离圣诞节越来越近了。

《致提奥》："老弟啊，我认为高更对阿尔这座宜居的小城失望，对我们一起作画的黄房子失望，尤其对我失望。"

凡·高这封信大概写于12月中旬。他固执地认为，高更留在阿尔对他的绘画帮助极大。高更要走了，开始搬东西。"高更每走一步都是重重的一击，敲得凡·高心都碎了。"

圣诞节之夜，可怕的事情终于发生了。

高更将要乘坐火车离开阿尔，提前一天住进旅馆。《高更传》："黄昏来临，高更走出去透透气，不料凡·高尾随于后。高更听到短促、急碎的脚步声,心知不妙,扭头一看,果见凡·高手拿剃刀直奔而来。"

《凡·高传》:"文森特手上拿着一把剃刀吗?高更回到巴黎时,恰好对贝尔纳尔叙述了这个场面。而贝尔纳尔在写给朋友的信中,叙述那个场景,并转述高更的原话,却没有提到剃刀。"

高更对贝尔纳尔是这么说的:"我离开的前一天晚上,文森特从我身后追上来。我转过身去,因为一段时间以来他变得很怪,我总得提防点儿。他对我说:'您一句话也不讲,我呢,我也沉默不语。'我回旅馆过夜去了。"

《凡·高传》与《高更传》,在这个关键点上各执一词。谁说的接近真相呢?

那天晚上,高更回旅馆睡了。圣诞夜他终于摆脱了黄房子,摆脱了凡·高的半夜突袭式纠缠。阿尔之行他还是蛮有收获,画了几幅好油画。提奥在巴黎卖力推销他的作品。凡·高兄弟都崇拜他,就像贝尔纳尔兄妹。玛德莱娜在巴黎呢,他想到这个就有一股子发自肌肤的愉悦。巴黎的冬天,炉火之旁双双纵情。很久未见玉颜了,她那少女的身体,她那明亮的眼睛,那洁白的牙齿,那饱满的红唇。他爱得辗转床第,肌肉隐隐约约有点疼。

爱意使肌肉隐痛,这倒是一件新鲜事,他不会把隐痛跟阿尔的那些妓院联系起来。他惬意翻个身,睡意蒙眬了,这时候他似乎看见他的五个孩子,连同孩子们辛苦的母亲玫蒂……

早晨有人打门,高更翻身坐起。

黄房子出事了。

高更奔出旅馆。

黄房子门前聚集了很多人,戴瓜皮帽的警官在人群中。

"高更与警官一同进去。楼梯上满是血迹,文森特倒在床上,蜷缩成一团,一动不动,浑身裹着血污的毯子。高更轻轻摸了摸身子,确认还热乎,才松了一口气。"

凡·高干了什么?他割掉了自己的小半块耳朵。

既然高更铁了心要走,凡·高就只能自残。这不是自杀。昨夜他追上了高更,但手里并没有剃刀。他对高更说:"您一句话不说,我呢,我也沉默不语。"这句话的言外之意应该是:以行动对行动。高更已经不作任何解释了,而凡·高在沉默中迅速抵达了自残冲动。他回到黄房子,喝苦艾酒,拿起了那把剃刀。

《凡·高传》:"我们所认识的那个文森特,那么自信,那么全身心投入艺术的文森特,色彩已经达到了高度张力,而且高度信赖自己、内心充满喜悦、下决心要搞好一番事业的文森特,已经死了。"

人是人的未来,而1888年圣诞节的凡·高已失去未来。他和他的画都死了。强劲展开的生存忽然被堵死,条条路都通向深渊。太阳是"黑太阳"。向日葵强烈的金黄色,往前一步便是血光。凡·高自残时犹豫过吗?他曾经用棍子打伤自己的身子。他躺在煤堆上,以己之苦,念及矿工们的无边苦难。他睡马路,寒风呼啸,紧紧裹作一团。自幼怕冷的凡·高用寒冷来惩罚自己,恨不得冻成一根冰棍儿。

凡·高拿起剃刀不会犹豫,他一向动作快,几小时就能画完一幅大油画。他割下了小半块左耳,用手帕包裹了,还跑到附近一家妓院去晃了一圈。没料到失血那么多,回来上楼梯,步步滴血。他倒在了床上,也许是昏倒。

《凡·高传》:"文森特割下自己左耳的一块肉,肯定是耳垂,也许稍微大些。在这件事上,传闻越传越玄,说他贴着头割下耳朵。保尔、加舍大夫等几个目击者,他们都见证割掉了耳垂。"

"传闻不管怎么失真,总能左右大众的看法。"

"拉封丹的砂锅和铁锅的形象很贴切:铁锅在无意中撞碎了它的同伴。"

高更给提奥拍了电报,提奥坐火车赶到阿尔。一路上,提奥心碎。

提奥匆匆赶到医院,看见哥哥被锁在一张病床上。他说服了医生,把哥哥转移到普通病房,而不是当作一名癫狂病人。凡·高精神正常,只是嚷了一句:"高更先生走了吗?"提奥告诉哥哥,是高更拍电报让他到阿尔来的。

凡·高问:"你去过黄房子么?"

提奥点头。

提奥看了黄房子,看了哥哥春季画画的那些果园,拜访了邮递员鲁兰。冬季的阿尔色彩单调。提奥长时间注视黄房子里的几幅《向日葵》。普普通通的花朵光芒四射。提奥确认了一点:哥哥有能力把任何寻常之物变得不寻常。

提奥回巴黎,把哥哥托付给三个可靠的人:鲁兰、牧师萨尔斯和医生雷伊。

提奥正在张罗自己的婚事,他的未婚妻叫约翰娜。

1月1日,凡·高给提奥写信,说他又要踏上他的"小路",很快又能画开花的果园了。又说他实在抱歉,让提奥跑了一趟,无端多花钱。他割下耳垂这件事,不过是"艺术家的一时狂放"。

凡·高给高更写信,希望再次见面。高更婉拒。

凡·高回到了黄房子重新作画,《割耳朵后的凡·高》大约画于1月上旬。鲁兰每天陪着他。凡·高的妹妹威廉米娜写信感谢鲁兰,鲁兰复信说:"我认为自己不配您这么感谢,不过,我总要尽力,不辜负文森特朋友及其所有亲人的厚爱。"

然而鲁兰要调往马赛,1月下旬就要动身。凡·高落入惆怅。

割耳朵后的凡·高

更糟糕的事情是黄房子的房东趁他住院期间，同一家酒吧兼烟店老板签订了转租合同，要把凡·高的合同废除，把画家赶出去。房东找了一帮有钱有势的人做后台。"文森特花大钱装修好的房子，现在要用来开酒吧了。利益方沆瀣一气，显然要把他挤出这座城市。"

无助的凡·高大发脾气，暴跳如雷，没用。弱者吼破嗓子还是弱者。利益相关方合伙对付他，撕毁合同，霸占房子，不过是小菜一碟，不过是举手之劳。利益方要他早点滚蛋，或者干脆强行关进精神病院。

"三十来个公民写了一封请愿书，呈递给市长，要求将文森特关押起来。警察局长就派人把文森特关进精神病病房，也不需要什么理由，就把黄房子给封了。更为严重的是，文森特抽烟、看书、绘画的权利都被剥夺了。"

欧文·斯通《凡·高传》："有九十个阿尔人向市长呈交请愿书。"

直到3月20日，凡·高才给提奥写信："他们把我关了很长时间，上了几道锁，还有看守。"

日后为阿尔小城赢得了永久性世界声誉的画家写道："我有三个月没有画画了，要知道，他们若是不妨碍我，把我逼急了，我本来是可以工作的。"

"这么多人整一个人，而且整的是一个病人。"

失眠折磨着凡·高。他原本睡眠好，一觉能睡十六个钟头。他找大夫开药，还是要失眠。黄房子周围夜色稠。伸手不见五指的浓稠夜，浸入痛苦的灵魂。

爱的大光明，到头来落得个黯然神伤。

阿尔图书馆馆员朱利安回忆："当时我还是个自命不凡的小青年，我们一伙人，全是愚蠢胡闹的小青年，看到那个身穿肥大工作服、头戴便宜草帽的男人，孤独而默默地走过去，我们就叫嚷笑骂来取乐。我本人也朝他扔过卷心菜根！那时我们年轻，而他那样子又很怪，牙齿叼着烟斗，走向田野去画画。他高高的个子有点儿驼背，他总像是在逃跑，不敢看任何人。他从不惹事儿，即使喝了酒。只是在割掉耳朵之后，大家才害怕了。现在我经常想念他。这个人很温和，是一个很可能喜欢得到爱的人，而我们却把他丢给他那天才的巨大孤独。"

圣徒凡·高随时准备帮助比他更不幸的人,可是,比他幸运得多的人却处心积虑整他。不是少数人,而是很多人。"这么多人整一个人。"

"接连三天,文森特反复说有人要下毒害死他。"

提奥拍电报要他立刻去巴黎,他回信说:大城市的喧嚣对他一点好处都没有。同时他恳请弟弟不要到阿尔来。有些事他不便明说,他在阿尔的处境实在是糟透了。他不想破坏一年来弟弟通过绘画和文字对阿尔留下的好印象。

这个有大爱的男人,备受歧视与欺凌。黄房子回不去了,他每天围着它打转,闻闻油画的气味也好。起哄的人群追着骂他,扔东西,包括扔石头,扔牛屎。

总有一些少年儿童在黄房子附近等他,笑嘻嘻手拿家伙或烂菜。总有一些妇女饶有兴致戳他的脊梁骨,说得煞有介事,唾沫星子横飞。市长、商会会长、法官、警察局长都认为他是危险的坏人。

利益勾连的官、商、警察、法官,欺负一个极其善良的病人……

春寒料峭,城里的积雪正在融化,衣裳单薄的凡·高走在阿尔的街上,冷就冷吧,冻就冻吧,这没什么。可是他心头冷。向往太阳与太阳花的男人心头冷。爱任何人的凡·高,几乎任何人都欺负他,羞辱他,打他,蓄谋整他,跟踪监视他,集体驱逐他。画家没有一滴眼泪。心中的坚冰坚不可摧。爱自然,爱人类,爱小动物,哦,他是多么喜爱阳光灿烂的阿尔。

邮递员鲁兰从马赛来看他,他一下子就哭了。伟大的艺术家号啕大哭。

《致提奥》:"老弟,你听着,无论经历什么事,我都无权怨恨阿尔。只要想一想我在这里见过,并且永远不会忘记的一些人。"

博爱。正能量。阳光心态。这一切的背景却是深不见底的人间黑暗。魔鬼比上帝还要原始……

在巴黎忙婚事的提奥,委托画家朋友西涅克来看他。西涅克据理力争,终于让画家得以进入黄房子,但只能待一小会儿。

西涅克回忆:"文森特带我去看了他的画,很多都很好。所有的画都非常奇特。"三十年后这位画家补充，"是出色的杰作！"

《凡·高传》："黄房子当年的情景，白灰粉刷的墙壁上挂满了画，多幅《向日葵》，《阿利斯冈墓园》《夜咖啡馆》《诗人的花园》《凡·高的椅子》《高更的椅子》，多幅自画像……还有贝尔纳尔、高更的油画。"

西涅克在欣赏，凡·高却在凭吊。

"傍晚，文森特就躁动不安，要喝调颜料的松节油。"

面对黄房子的"习作"，他的心情极为复杂。那些画等于他的命根子，他又屡次加以鄙弃。他落入自我纠缠的强迫性心理，这比跌进深渊更可怕。这是一种无可名状的、无休止的恐惧。

失去艺术自信，关进精神病院，三个月不允许动笔。夜里严重失眠。白天受尽侮辱。

2013年的某一天，中国画家周华君先生第三次到阿尔小城，站在凡·高画过的吊桥上，忍不住再次为大师的遭遇掩面哭泣……

高更到阿尔的两个多月，使凡·高割掉耳垂。可是，几天他就恢复了，要画他的果园系列，他的人物系列。他还刮了胡子，头戴那顶欧也妮小姐当年在伦敦送他的皮帽，叼着烟斗，画了自画像《割掉耳朵后的凡·高》。换言之，他正在走出阴影。

然而，接下来的三个月却足以把他逼疯。这是1889年春。

凡·高到阿尔的大半年，表现强有力的自然，追求色彩的最大振幅，享受世间罕见的艺术激情。到秋天渐渐迷茫。年底，冲突爆发，其中包含自我冲突。次年春，凡·高遭遇更大的摧毁力。当全城人都视他为疯子的时候，当有钱有势的人合力整他的时候，当他被赶出黄房子流浪街头的时候，当他一夜又一夜睡不着的时候，当他苦苦思索不得其解的时候，什么样的力量能阻止他发疯呢？

换成任何人，谁能化解不可解的内心冲突？

印象派艺术家原本兴奋，亢奋。凡·高又是一个长期孤独的亢奋者。

很可能，小城阿尔把表现阿尔的伟大艺术家逼疯了，尽管后来有反复，却缓缓朝着不可逆，朝着间歇式发作。有些往事，有些场景，他的神经碰不得。

小城把大师逼向间歇式疯狂。

笔者出此语，乃是发自"出离愤怒"的写作状态，这类似超现实主义的自动写作。词句来找我而不是相反。

1889年4月17日，提奥和约翰娜在荷兰结婚。

4月17日，凡·高被正式赶出阿尔的黄房子。

对凡·高来说，巧合的日子有双重意味：婚后的弟弟手头更紧；黄房子作为艺术象征宣告失败。

当地人赶来围观，喝倒彩，扔烂菜又捡回来，说是比那些从黄房子搬运出来的怪画值钱。房东笑称："怪物不画怪画，怎么能叫怪物呢？"酒吧兼烟店的老板马上附和。围观的人众又起哄，尖叫，搞笑，娱乐。简直乐不可支。真是太高兴了，赶走疯子的这一天值得纪念。

有人喊：红头发，把你的右耳也割下来吧！

凡·高逃走了，跌跌撞撞，很狼狈。这是习惯性动作，人们追骂他的时候他就逃跑，以免暴怒时出手伤人。

搞笑青年做出朝《向日葵》撒尿的姿势。小孩儿踢画框，妇女拍手尖叫。

欧文《凡·高传》有许多这一类描写，本文还是省略吧。

凡·高向阿尔医院提出申请，住进数十公里外圣雷米的一家精神病院。在写给妹妹威廉米娜的信中，他提到自杀。他的书信数以千计，提自杀是头一次。

伟大艺术品的诞生地与伟大艺术家的葬身地，将是同一个地方吗？

毁了，黄房子。凡·高单是装饰高更的房间就花了三百多法郎。搬出来的东西胡乱堆放，椅子炉子被人偷走。烟店老板调包他的听装好烟丝，提奥从巴黎寄来的烟丝。好在《向日葵》等油画扔在露天坝。阿尔人不缺煤炭和柴火。

《致提奥》："老弟，近日我要用慢件托运两箱子画，不少要销毁，你不必为难……箱子里装了一大堆粗劣的画，应当销毁。"

阿兹奥《凡·高传》："艺术史要大大感谢提奥，他根本没有理睬哥哥的指令。"

同时也要感谢阿尔人，没有把那些油画弄去当柴烧。

光天化日无处藏身的凡·高，将去圣雷米的精神病院。病院有各种治疗精神病患者的酷刑，电击，震动，灌催吐药搅动肠胃……

凡·高有可能受刑吗，当他持续亢奋之时？《凡·高传》提到可怕的水刑。

凡·高不怕受刑，他担心的是开销：院方提出的价格是每月不少于一百法郎，其他花费另算。提奥来信说：全部都可以接受。

凡·高放心了。1889年的凡·高三十六岁。这一年4月的阿尔城，所有的果园鲜花怒放，似乎向表现她们的画家致敬。季风刮个不停，凡·高在风中奔跑，依然钉木桩稳固画架，依然跪在地上画。"从圣诞节到文森特动身去圣雷米，他画了三十二幅油画。"其中要减去不能画画的三个月。

5月8日，脑子里装满色彩的凡·高，满怀激情地走向圣雷米的精神病院。

他离开阿尔唯一感到遗憾的，是向日葵还没有开。

1889年夏天，保尔·高更在小渔村波尔笛穷困潦倒。这个小渔村靠近阿旺桥村。此前他在巴黎搞画展，受嘲讽；借住老朋友史克夫的家，领教了朋友老婆的冷脸子。他五年没见过他的孩子们了，但玫蒂拒绝他去哥本哈根。

在阿旺桥村，有个少女请高更给她画肖像，满以为画布上充满娇美天真。高更作画时不让她看。画完了，题款"美丽的安吉洛"，少女一看却愣了："她的两颊涂了两团圆球形的胭脂，一个毫无生气的苍白的鼻子。左上角还有个裸体小偶像，这不是讽刺她挂在脖子上的十字架么？"

少女气得要哭，拒收这幅画。两年后，《美丽的安吉洛》由高更的恩师德加买去。后来成了天价之作。

此间，高更完成了《猪女郎》《门》《放牛女孩》《布列塔尼女孩》《女人与波涛》《波尔笛近郊》等作品。阿尔的两个月显然对他有帮助。高更善于博采众长，虽然塞尚说他"剽窃小感觉"，贝尔纳也由于类似的原因疏远他。玛德莱娜指斥他。这位十八岁的巴黎姑娘爱上哥哥的朋友拉瓦尔，继而盛装出嫁。

艺术走高，生活走低。伤心事一桩又一桩。高更在小渔村弹吉他，不停地抽烟，眺望大海中的小岛。一群阿旺桥村的门徒跟着他。10月天冷了，海风阵阵如刀割，这群候鸟般的年轻人纷纷走掉。高更三餐不继，还断了烟草。

凄凉的11月，更凄凉的12月。高更写信给玫蒂："我每天穿着工作裤作画，这是我唯一的财产。我不跟任何人说话。"

玫蒂回信只说钱，她要养孩子。高更向她哀叹："我在北风呼啸的海边拖着老迈的身子徘徊。从1月到现在我只赚了九百法郎，除去画具颜料，连糊口都办不到。"戒烟草，戒苦艾酒，戒三流妓院。高更渴望回巴黎，苦于没路费。他生怕病倒在小渔村。史克夫借钱给他。到了巴黎他还是穷。想去丹麦，老婆再次拒绝他。巴黎画展，他卖出去一些油画，又可以抽好烟了。莫奈的一幅荷花卖了三千法郎。印象派画家们正在摆脱贫穷。

"6月，高更与模特儿朱丽特在画室同居。他的心向往热带。"高更向往着大洋中的小岛国塔希提。岛上的原始风光距离现代文明更遥远。

凡·高在精神病院画画，"橄榄园将是圣雷米的重大主题之一"。

《致提奥》："啊！我亲爱的提奥，这个季节的橄榄园，你若能看到该有多好！橄榄园的沙沙絮语，传递某种非常私密、无限古老的意蕴。真是太美了，我都不敢画出来。"

海德格尔讲的"植物的朦胧欣悦"，凡·高显然能感受到。他把这种欣悦表达出来，带给人类。艺术家帮助人们感觉强有力的自然，感受色彩的张力，色彩的振幅。如果没有19世纪的这一批画家，则很难想象20世纪的美术走向。

美是真理。

海德格尔名言："艺术把真理设入自身。"

凡·高在疯子中间挥动画笔，《橄榄园》《有柏树的麦田》《日出的麦田》《红色葡萄园》《蓝蝴蝶花》《星空》《柏树》等作品,诞生在精神病院。

凡·高说:人就是麦子。"既然我们吃面包,那么我们就是用麦子做的。"

以这样的生存姿态向自然、向田野表达无限的感激,乃是这个蓝色星球最高意义上的永恒真理。

感激者乃是谦卑者,决不会向自然伸出贪婪索取的魔掌,把自然变成"存货"。

"文森特的狂放,如果不是通过色彩来表达,那就寓于线条中。柏树弯弯曲曲升上天空,犹如地狱的黑色火焰。"

圣雷米附近的精神病院,病人受刑的惨叫声仿佛来自地狱。凡·高有力的笔触也把他自己拽出了精神困境。艺术是敞开,艺术是疗救,艺术以排毒的方式治疗身心。凡·高式的艺术疗救法日后将在法国推广。

然而,小城阿尔又来照面了。

1890年7月5日,凡·高收到弟媳妇约翰娜的一封信,她欣喜地告诉他,她已经怀孕了,她和提奥希望生个男孩,取名叫文森特·威廉,跟凡·高的名字相同,并希望凡·高做孩子的教父。

凡·高回信说,孩子取名提奥更好一些。他在病中,也不宜做孩子的教父。

提奥夫妇决定给将要出生的孩子取名文森特,是为了帮助哥哥进一步康复。从5月到7月,凡·高的画作证明他一切正常。"他说,有十二幅油画正在制作中。"

7月中旬凡·高去了一趟阿尔,取他寄放在雷伊医生家的油画。在阿尔他待了多久不清楚,也许几天,也许半个月。清楚的是:画家发病了。

阿尔使他的躁狂症发作了吗?或者说,阿尔是他的躁狂症始发地、此后接二连三的诱发地?那些街道,那些敌视他的市民,那些奸商与官员,那些受蛊惑的无知小孩儿……触发了他的场景记忆。记忆淹没他。他肯定要去黄房子周围徘徊。当地人又掀起了一轮驱逐他的闹剧吗？他从牧师家取出来的画遭遇了什么？

"文森特在大风中画画，突然就病了。他由看护陪着往回走时，就再也控制不住了。"

"一连五天，他受幻觉和自杀的冲动所控制，甚至吞食毒性很高的管装颜料。"院方为了控制他，动了刑。"他那状态的延长，肯定使用过冷热水疗法。"滚烫或是冰冷的高压水龙头，反复冲击患者头部，一次冲两小时……

慢慢好转了，是因为水疗还是阿尔印象的逐渐淡去？

布鲁塞尔传来好消息，"二十人画派"要举行画展，凡·高将有多幅油画参展，他的作品与塞尚、雷诺阿、劳特累克、毕沙罗的作品一起展出。画家兼美术评论家以撒克松写了评论，热烈赞赏凡·高的画作。二十人画展定于1890年1月18日举行。以撒克松的评论发表在报纸上，迅速引起反响："在色彩和线条方面，谁为我们诠释了强劲的生活——19世纪变得自觉的伟大生活？我认识一个，一个独一无二的先驱：他正在漫漫长夜里独自斗争。他的名字叫文森特·凡·高，注定要流芳百世。"

提奥迅速把报纸寄到圣雷米，并给院方寄了一份。

院方诧异了：他们用高压水龙头残忍折磨的，竟然是一个伟大艺术家？

当病人凡·高拿起画笔的时候，大夫们注意到：这个病人洋溢着生命的活力，眼神是幸福的眼神！

这一细节写在了病历上。后来躁狂症专家们专程到圣雷米研究凡·高病历。

布鲁塞尔的画展很成功。凡·高的《红色葡萄园》卖了四百法郎。赞赏的文章接二连三，"凡·高受此殊荣，引爆新闻界高调激烈的评论"。

却有个叫格鲁的画家攻击凡·高"是无知的人"，劳特累克当场反击。两个画家在展厅互相吼叫，终于吼到了决斗的程度，双方指定了见证人。西涅克宣布：如果劳特累克中弹身亡，他将再来决斗！

格鲁见势不妙，溜走了。画展期间他不再露面。

劳特累克和西涅克为了捍卫凡·高的艺术，不惜拿枪决斗。当时在场的提奥不禁泪流满面。他写信把这件事告诉了哥哥，并在信中说："评论界、新闻界特别注意到塞尚的室外写生、凡·高的交响曲和雷诺阿的作品。"

凡·高的艺术大放光彩的日子，已为期不远。凡·高式的强烈色彩将点燃布鲁塞尔，点燃巴黎，点燃柏林，点燃伦敦……

然而，凡·高鬼使神差又去了一趟阿尔。这是1月底。大夫佩隆写信告知提奥："文森特去了阿尔，回来又犯病了。"

从圣雷米到阿尔只有几十公里，凡·高为什么去？前一次是去取寄放在牧师家的画，这一次是何动机？他是摆脱医院的看护悄悄去的？去见阿尔的某个女人？他要闻一闻久违的女人味。三十六岁的男人穿过野地健步如飞。

阿尔是凡·高的艺术黑洞吗？他逃不出这个黑洞。他的幸福与快乐，系于在阿尔所抵达的色彩的最大张力。黄房子不断出现在圣雷米病院的梦中吗？我们想象他奔向阿尔的样子，双目如炬，红头发在呼啸的北风中，一根根不肯趴下。

一股或几股难以查明的内驱力弹射他。阿尔人欺负他赶走他，可他偏偏要回去。他是谁？他是文森特，他是凡·高。那些个奸商，奸商与奸商……凡·高有愤怒的时刻吗？既然他爱，他就会愤怒。既然他洞察，他就会仇恨。在这一点上，他的生存向度完全有理由背离《圣经》。

野地里的凡·高走着走着跑起来了。

他在阿尔又遭遇了什么？几乎可以肯定：他会再去黄房子附近，贪婪地闻它的油画气味，虽然它已经混合了奸商的烟草味。另外，阿尔人又看见了那个急匆匆的红发鬼，又有了一次集体娱乐的机会。

乌合之众奔走相告，奸商狗官弹冠相庆……

凡·高回到圣雷米发病了，试图吞食颜料。好在这次发病的时间不长。

从巴黎又传来好消息：约翰娜生下一个儿子，取名文森特·威廉。大评论家欧里埃论凡·高艺术的长文发表在《现代艺术》杂志上，巴黎人争相传阅。其中写道："在凡·高的所有作品中，绘制非常激昂，急剧，浓烈。他的素描很疯狂，遒劲有力，往往笨拙，还有点儿粗重，夸大了特征，简化了细节。他的色彩十分奇特，令人炫目。据我所知，画家唯恐觉察出事物的色差，表现出了这种强度，这种金属般的、五光十色的品质。"

三十年来，凡·高孤独的原野漫游何止几万里，孤独的兴奋中，自然激情与事物的色差奏出宏大的交响曲。

欧里埃说："凡·高是一个强者，真正的男子汉，一个敢作敢为的人，又能质朴，细腻。他那穷苦人为穷苦人的艺术梦想，宣告了20世纪天真而原始的特点。"

这位评论家得出结论："凡·高不适合当代市民的思想。"

凡·高笔下的景物、人物，正是要摧毁流行的市民趣味。他是战斗队伍中的一员孤胆悍将。这支队伍几乎遍布了欧洲，半个世纪以来形成不约而同的攻击点：有钱人的审美体系。而且，强势挑战资产阶级的价值观。

艺术大师们反复攻击同一个点，在19世纪末，终于炸出了一个大缺口。这不是简单的标新立异，而是真理的确立：自然乃是强有力的自然；人物乃是各阶层的，尤其是受侮辱与受损害的底层人物。

印象派、后印象派等先锋画家们，征服了巴黎画坛，征服了总统府。独立画家美术展览会将于1890年3月19日在巴黎举行，共和国总统萨迪·卡尔诺将出席开幕式，"这标志官方学院派美术展的衰落，新绘画的浪潮慢慢地，但是稳健地升起来了"。

凡·高的十幅作品将摆在显眼的位置上！

圣雷米精神病院中的凡·高，不断收到提奥夫妇和母亲传来的好消息，大夫佩隆也向他表示祝贺。然而，巴黎的历史性画展尚未开幕，凡·高又去了阿尔。

这次很严重了。《凡·高传》："文森特这次出走无人看护，出了什么事儿呢？他到阿尔再次犯病了。这个可怜的人迷了路，两天后由一辆小推车送了回来。这次发病的时间比历次都长,也更厉害。"

凡·高这次去阿尔做什么?法国作家皮埃尔·马鲁瓦提出一种假设:"不仅仅是取画给提奥寄去,还为了到妓院来一次高更所说的'卫生散步'。"

高更此言是说:生理与心理卫生都需要这种"散步"。

画展开幕了,总统出席了。凡·高却在疯人院严重犯病,急剧消瘦;吞食管装颜料,院方必须马上给他灌最猛烈的催吐药……

"欧里埃的文章打开了大门,全巴黎的画家、作家和艺术家,都想看看这个昨天还不知名的文森特。毕沙罗天天去看画展,给提奥带回消息,文森特的绘画特别吸引观众,取得很大的成功。"

以画荷花驰誉法国的大师、印象派头号人物莫奈甚至说,整个画展中的作品,凡·高最为出色!而凡·高却在圣雷米与病魔搏斗,骇人的状况持续了两个月。

"佩隆大夫写信告诉提奥,文森特去阿尔这几趟都不好,现在该认清这一点了!"从此以后,要阻止他去阿尔,必须马上离开圣雷米。

1890年,保尔·高更在巴黎到处流浪。寄宿朋友家,又尴尬地搬出去。老婆玫蒂日益冷漠。高更写信:"你近来对我的那种沉寂的态度,比没钱更叫我难过。我穷,但是我有自尊心。我更怕被自己的老婆孩子孤立。"

玫蒂不回信。高更接着写:"也许就在最近,我将远赴大洋中的小岛,在热带林中隐居,沉醉于艺术,永远告别欧洲大陆,告别为金钱而挣扎的苦痛。那个小岛国,也许就是塔西提!"

玫蒂回信了,直指他的痛处:"孩子们做衣服需要钱,你有吗?"

高更求助于朋友们,描绘小岛国的美妙生活:"我们可以买个小茅屋,买条牛,养一些鸡,栽一些果树。根本不必花钱就可以过好日子。"

贝尔纳尔和史克夫都拒绝了他的建议。贝尔纳尔正在跟他的资本家父亲作斗争,父亲试图把坚决不扔画笔的儿子软禁起来。

凡·高的油画在巴黎的画展上取得成功,高更表示祝贺。凡·高有弟弟作坚强后盾，这使高更羡慕不已。而学者们指出：高更夸大了他在阿尔期间对凡·高的影响。影响应该是相互的。阿兹奥称："高更认为文森特的成功是多亏了他。"

一颗星在升起，另一颗星在下沉。

高更日思夜想他的塔西提，他向巴黎发出了决绝宣言："你们爱我的作品，它只是种子。我渴望它生长在塔西提原始而肥沃的土壤中。法国的高更就此逝去，你们不会再见到他了！你们应该知道，我是个自我中心的人，但我会带着友人的画像、照片同去。"

高更热烈向往的塔西提岛，将等于凡·高魂牵梦萦的阿尔吗？

阿尔成就了凡·高也毁灭了凡·高，塔西提是否将要上演相似的悲喜剧？

凡·高的病暂时好了，提奥建议他去北部瓦兹河畔的欧韦小镇，远离南方的阿尔和圣雷米。提奥在信中说："我重看你的几幅《橄榄园》，越看越觉得美了。尤其有落日的那一幅，简直美妙极了！"

离开安特卫普后的四年间，凡·高画了数百幅油画。在圣雷米画了一百四十幅，其中，"在病院的几幅自画像，构成了世界绘画的高峰之一"。

凡·高画油画非常之快，几乎无人可比。

1890年5月初，凡·高到巴黎逗留三天。提奥夫妇提前到火车站迎接，提奥兴奋而又紧张。"约翰娜一发现这个念叨得烂熟的大伯子，不禁十分惊讶，她看到的是一个健壮的男子，宽阔的肩膀，笑容满面，一副毅然决然的表情。"

三天充满了无限温馨。"文森特一见面就喜欢上了约翰娜，喜爱她的人品，她的聪慧。约翰娜讲述提奥和小文森特，一起进她的卧室看小文森特，他们出来时都热泪盈眶。"

"文森特走在巴黎，觉得一天很长，很累人。他决定尽快去欧韦小镇，半个月后再回来，给所有人画像。"凡·高太爱他的亲人和朋友了，他将给所有亲人画像，然后再回到欧韦去。

爱与艺术，显然是凡·高康复的极重要的两个途径。否则就要出问题。

行文至此，我们有必要重温德国大师海德格尔的名言："人是人的未来。"

凡·高的未来将在欧韦。色彩明亮的北方小镇欧韦，又逢夏日，向日葵将要盛开的小镇，对画家没有任何敌意的小镇，河流清澈、涟漪动人的小镇。

"文森特抵达欧韦，拜访了提奥介绍的加舍博士，受到热情接待。"

医学博士加舍，收藏了数十件印象派作品，莫奈、马奈、雷诺阿、塞尚……博士先生还养了八只猫，八条狗，很多鸡、兔子、鹅，还有一只漂亮的山羊。

"文森特抵达欧韦的第二天就开始工作，在将近七十天时间里，画了七十幅油画……他对未来的信心，在1888年秋消失殆尽，现在又恢复了。"

凡·高为加舍博士和他的女儿画了肖像画，博士"欣喜若狂"。

6月的一天，提奥的小家庭在欧韦下车，凡·高喜出望外。亲爱的弟弟并未写信告诉他。这是要让惊喜进一步祛除哥哥的病魔。弟弟的心真细。

《鲜花与树丛》等一系列杰作诞生在欧韦。"欧韦绘画透出一种优雅，一种华美，一种潇洒，一种自由。一种能让人捕捉到的文森特再生的构图的精准。"

"其他的所有画家竞相同文森特交换，提议用他们最好的作品，换取文森特的任何一幅画。"其中也包括高更。

凡·高的风景画，大笔大笔地勾勒出来，色彩的震荡，线条的狂放，领先于他的时代，而这种领先，现在被他的同时代艺术家们发现了。

另一座艺术高峰，是凡·高无与伦比的肖像画。这决定了20世纪西方肖像画的方向。凡·高写信对妹妹说："我想要画出的肖像，在一百年后的人看来就像幽灵。因此，我画肖像追求的不是照相的相像，而是我们富有激情的表达方式。"

讲得真好。凡·高开启的这扇窗口，给试图挑战艺术的技术，贴上了永久性封条：此路不通。

风景，肖像，静物，生活场景……艺术对技术，取得压倒性胜利。

眼下吵得沸沸扬扬的人工智能，面对真正的文学艺术永远弱智。

一切都在向好。经验丰富的医学博士加舍，认为凡·高已经痊愈了。博士的话具有某种权威性，他还咨询了几位巴黎神经科医生。大家都认为凡·高几乎不可能再犯病了。爱与绘画洋溢在他的生活中。凡·高住的那家旅馆的老板一家人都十分友好。加舍博士的女儿和儿子敬重这位画家。画家远离阿尔，远离那些整他的人。在欧韦，他每天画一幅大尺寸油画，画笔的潇洒透露出内心的愉悦。

从布鲁塞尔、从巴黎传来振奋人心的消息，总统先生逐一看了他的十幅油画，竖起了大拇指！这个标志性事件表明，先锋画家即将成为主流！虽然巴黎有钱的买主们尚在观望，资产者还在议论、犹豫，学院派画家更是拼命守住他们的市场。然而，大局已定。塞尚一幅画卖了三千法郎，这是信号，也是占领高地的冲锋号。

提奥一家子去荷兰，去小文森特的外公家。可爱的小家伙，大文森特真是爱不够。提奥见哥哥容光焕发，放心地离开了欧韦。在荷兰他接到哥哥的几封信，越发放心了。

1890年6月30日，提奥写了一封信，透露了一些不该透露的情况。

他先说小文森特患病，弄得全家心力交瘁。而凡·高极爱弟弟的小宝贝，一下子紧张了。凡·高家族曾经夭折过一个文森特·威廉。凡·高从童年起就敏感这个。三代人，三个相同的名字，预示着相同的厄运吗？凡·高忧心忡忡。

弟弟信中提到的另一件事，更使哥哥辗转难眠。失眠症先行复发，整夜睡不着。随之而来的是精神高度紧张。弟弟说，由于巴黎画店的两个同行跟他作对，不择手段挤对他，导致他和老板的关系搞得很僵。提奥面临失业的危险。

提奥写信，一向报喜不报忧，却突然来了这么一封信，凡·高陷入惶恐不安。十年来，弟弟每月寄给他一百五十法郎，只会多不会少。如果不是遭到了大麻烦,提奥会写信向哥哥诉苦么?失眠的画家想得很多。"文森特决不会在小文森特的口中夺走面包。"

凡·高如何是好?失去弟弟的资助,他的绘画事业势必中断。这可是要命的。他选择的拉福小公寓,每月也要三法郎租金。画架、画布、颜料至少需要一百法郎……

提奥和约翰娜都写信安慰他,说每月的钱不会少。而凡·高不能忍受弟弟一家落入困境。十年了,弟弟给他寄了两万多法郎!这是一笔巨款。

凡·高回复约翰娜:"我们大家都不约而同地感到,面包难以为继了。我感到伤心不已。并且,继续感到威胁你们的暴风雨也压在我身上。甚至连根受到攻击,我的脚步都变得踉踉跄跄了。"

提奥夫妇在荷兰写信给凡·高,讲了具体办法,挣钱的途径,总之,他们不会穷,小文森特已恢复健康。寄给哥哥的钱将如期汇到欧韦邮局。

然而,这封信迟了。

画家在小公寓疯狂作画,并告诉弟弟:"我又画了三大幅油画,画的是浑浊天空下一望无际的麦田,我放手表现悲伤,极度的孤独……"

这就是那幅著名的《乌鸦乱飞的麦田》吗?学者们有争议。

《麦田》《有麦秸垛的风景》《欧韦街道》《从格雷到沙蓬瓦尔的茅草房》《树根》……多幅大画迅速完成或趋于完成。狂放的节奏一泻千里,这样的节奏是在跟死神较量吗?茅草房的每一根不屈的草,都在呐喊着控诉金钱的逻辑吗?

大尺寸油画《树根》,画布上令人揪心的盘根错节,已成死结。

《凡·高传》:"文森特通过什么途径弄到了一支手枪呢?"

保尔·高更如愿以偿,去了塔西提岛,过上原始人的生活。他要永远告别欧陆文明。他相信自己的画能挣钱,他想把老婆孩子接到岛上去。

一间茅屋就够了。高更写道:"黄昏时我走在长长的沙滩上,坐在海边抽一支烟,西沉的太阳,有一半陷进我右边的小岛后面。光线强烈而清晰的对

高更自画像

比,天空渐渐浓郁的黑,一片静谧。啊!我已领略了塔西提的夜!我想象头顶上那块自由的天空,通往天堂的路和耀眼的繁星。我已远离那些牢房,那些欧洲房子!"

"海岛上的人随心所欲,吃喝,睡觉,男欢女爱。他们从不在意文明世界的繁文缛节,他们从不言谢,因为互助的美德是他们的天性。他们自由歌唱,纵情跳舞,从不偷窃,从不杀人。我的门就从来没有锁过。"

《致亚伦娜的笔记》,是高更写给他最疼爱的女儿亚伦娜的。

"塔西提少女泰瑚拉是高更的灵感源泉之一。"《塔西提女子》《白日梦》等肖像画,均以泰瑚拉为模特。高更和这个女孩儿在茅屋里生活了一周,女孩儿按习俗回娘家,如果三天不归,那就表明她不会回来了。

高更工作之后抽着烟斗,闲坐在柴门前,等他的快活女孩儿。她回来啦,她光着脚奔向她的扔了烟斗的画家。他们希望生下可爱的孩子……

世界名画《死神在凝视》诞生在小茅屋。画面上的泰瑚拉伏床恐惧着。死神是岛上的常客,"向死存在"是土著男女的常态。

"岛上的人相信,鬼魂每天晚上都会出来游荡。"数百年来鬼魂多,部落有个词叫千千鬼。

高更上岛几个月,画了五十多幅油画,数不清的素描以及草图。

次年，他意外得了一笔数千法郎的遗产，回巴黎待了一段时间，巴黎的"绝美女人"安娜，扭着著名的水蛇腰缠上他，挥霍他的钱，趁他不在的时候偷他的画，拿走所有值钱的东西。水蛇腰跑掉了。高更追悔莫及。捶胸顿足有啥用呢？当年股票交易所的那个体面经纪人还潜伏在他身上么？如同梅毒潜伏在他的血液中。

携巴黎大美人儿出现在街头咖啡馆，多有面子，多风光！然而美人席卷一切。凡·高曾经说过，高更的性欲胜过他的雄心。

不仅是性欲。还有残存的面子思想，还有"巴黎情结""咖啡馆情结"。

他的大儿子死了。当年跟他一起，在寒冬贴街头广告挣小钱的大儿子，死于长期营养不良引发的疾病；另一个女儿也患病了。

高更终于痛下决断。他重新回到塔西提岛，开始了八年原始人的生活……

让我们回溯到1890年7月，回到本文的第一传主文森特·凡·高。

7月27日下午，凡·高出门画画，背着他的画架走向田野。在路上他用手枪向自己的胸部开了一枪，倒在了地上。他爬起来往回走，跌倒三次。到了拉福旅舍，他奇怪的身姿引起拉福先生的注意。拉福进了他的房间。

"文森特解开外衣，露出他血染的衬衫，说道：'您瞧，我想要自杀，可是没有得手。'"

拉福叫来村镇医生马兹里。凡·高说："请加舍博士。"

博士来了。两位非外科医生，处理了凡·高的伤口，认为不必取出子弹，出血并不多，否则凡·高撑不了多久。他让加舍博士来，说明他不想死了。

他躺在床上，不知道在想什么。烟斗，皮帽，芦苇笔，铅管工的工作服，弟弟一家三口的照片，父母的肖像，妹妹的照片，邮递员鲁兰的一幅素描草图……凡·高环视这些。目光移向窗外的落日，闻到了田野的芳香。

弟弟从巴黎赶来了。

"文森特对兄弟说：'又失手了。'他看到弟弟哭倒在地，便又补充一句，'不要哭嘛，我这样做是为了大家好。'"

"文森特想要见一见约翰娜和小家伙。"

凡·高斜躺着，静静地抽着烟。

《凡·高传》："必须指出，根据所有见证，文森特片刻也没有给人以发病的印象。一切都表明，他轻生是冷静地遵从自己的意愿。"

凡·高认为自己连累了弟弟。在巴黎的古比尔画店，提奥十年如一日，顶着压力推广印象派作品。他受哥哥影响，认定了这些作品的未来价值。可是眼前利益跟长远的、不确定的审美图景直接冲突，你死我活。同行挤对他，老板要开除他。他另起炉灶又缺少资金。奢华的凡·高家族没有一个人肯出钱。他试过，到处碰壁。他亲爱的哥哥终于知道了这一切，于是开枪自杀。

为了提奥，为了约翰娜，为了小文森特。

7月28日，伤口感染。两个医生慌了神……

"文森特喘不上来气。"

提奥把哥哥的头放在自己的胳膊上。

哥哥说："我就愿意这样死去。"

保尔·高更在塔西提岛完成了巨幅油画《人是谁？人从哪里来？人到哪里去？》。他在原始部落中发出这一追问，回荡至今。文明是什么意思？从单纯走向复杂、走向异化的常态化就是文明吗？野性又是什么意思？质朴的原住民固守自己的生活方式叫作野蛮、叫作不开化吗？

两三百年间，几千万印第安人要被文明人赶尽杀绝。

19世纪末，古老的中国正受到西方列强的巨大威胁。

高更在塔西提写文章，猛烈抨击法国政府的殖民政策，先后用了九个笔名。这使他付出了惨重代价。殖民官员百般刁难他，把他赶出茅屋，砸烂他的画笔和鹅毛笔。土著人帮助他另建了草房，添置了生活用具。"少女泰瑚拉细心照料高更，寸步不离高更。"

高更名画《何时结婚》《胸部与红花》《月亮和大地》，当与泰瑚拉有关。这个纯到极点的小村女子、眼睛比星星还亮的土著姑娘，给大师带来了幸福和灵感。

然而，沉重的打击接二连三。高更的爱女亚伦娜死于肺炎。玫蒂背着他搞他的作品展，卖了数万法郎，却瞒得滴水不漏。老婆这是报复他吗？却未免报复太甚。更可怕的是梅毒开始在他体内肆虐，双腿上的疮一个又一个，视力急剧减退：这是梅毒的典型病症。高更撰写回忆录《前前后后》，一旦失明，他什么也干不了。画不了，写不动，走不动，病魔朝夕缠身，活着还有什么意思？

人从哪里来？人到哪里去？

再过千百年，人类还是要这么发问。托尔斯泰说："生活的意义问题，任何技术也解决不了。"20世纪德国大哲学家胡塞尔首创"生活世界现象学"，就是针对科技造成的"乏味单调的生活模式"……

高更在黄昏时分拖着病腿上山，吞下砒霜自尽。由于药量不足，第二天早晨他又醒来了，爬回他的草房，卧病两个多月。岛上善良的人们恳求他无论如何要活下去。

高更挣扎着，跟死神赛跑，在双目完全失明之前又画了近二十幅油画。他继续写文章抨击殖民者。"法国人在小岛上横行霸道，有一群土著姑娘在海边沐浴，军方以有伤风化为由将她们逮捕，其中一个女子却遭到军人强奸，她告到法庭，不料又被法官强奸……法军霸占民物、欺压良民，简直不胜枚举。高更一桩又一桩记录下来，寄给政府当局和报刊，却石沉大海。白人把持的当局对高更群起而攻之。"

所谓言论自由，向来只对殖民者、侵略者有效。

梅毒沿着血管侵入高更的全身。死神徘徊在他的茅屋。土著人只能悄悄来看望他，否则当局要严厉惩罚。风雨飘摇的茅屋到处都是油画。

大师最后的命运如何？那些作品的命运如何？

让我们再次回溯到凡·高。奄奄一息的凡·高对弟弟说了最后一句话："弟弟，我想回来。"可是哥哥已经回不来了。哥哥也见不到远在荷兰的约翰娜和小家伙了，哥哥见不到白发苍苍的母亲了，哥哥见不到一直疼爱的他的妹妹了。

1890年7月29日凌晨，大师在欧韦小镇去世，年仅三十七岁。

如果用生存的密度来衡量文森特·凡·高的一生，那么，堪比数百年。

凡·高的衣兜里有一封没有掏出来的信，信中说："我希望你重新得到那些先生们对你的好态度。"这表明，提奥在巴黎的糟糕处境使凡·高不安。

凡·高写道："你不同于那些人贩子，我认为，你能下定决心，切切实实同人类一起行动。"压榨别人的人都是人贩子。压迫者早已结成了利益联盟，所以需要人类一起行动。艺术也是行动。色彩、线条与构图形成冲击波……

愚公移山。"海沙变成石，鱼沫吹秦桥。"（李贺）长安秦桥的坚固号称天下无双，而鱼吐的泡沫一点点推垮它。人类不可能永久受制于金钱强加的法则。

从巴黎赶来的贝尔纳尔参加了凡·高的葬礼，他写道："下午三点钟，抬起他的遗体，送殡的人群中有几个人在哭泣。提奥崇拜他哥哥，始终支持他为艺术和独立而斗争。提奥不停地痛苦抽泣。外面烈日炎炎，我们登上欧韦的坡道，一路谈论他给予艺术的大胆的推动，他对我们每个人的好处……加舍大夫想要讲几句话，称颂凡·高的一生，但是他也在哭泣，哽噎得厉害，只能声音含混地向文森特告别。他说道：'凡·高是个始终诚实的人，是伟大的艺术家，他一生只有两个目的：人类和艺术。'"

阿尔小城、欧韦小镇，凡·高通过强有力的色彩表达，赢得实实在在的人类高度。

参加葬礼的人们把大束的向日葵放在凡·高墓前。

《凡·高传》："大家回到拉福家，提奥建议在场的每个人拿文森特的一两幅画，留作纪念……这些特殊的绘画作品，现在全部陈列在巴黎的奥塞博物馆。"

保尔·高更在小岛上受病魔、贫穷和殖民者的三重压迫，他写道："我被他们击倒，但没有被他们征服。那些饱受折磨的印第安人在严刑下微笑，他们被征服了么？殖民当局说我不该自称野蛮人，错了！我就是野蛮人！"

高更说："近来，艺术被各种科学带上了歧路。画家们失去原始的感性，失去灵性，失去想象和幻想的能力。"

感性，灵性，想象，幻想，这些生命中的核心元素如果持续减弱，那生命的意思就不大了。失掉灵动的身心有意思吗？夫复何言……

1903年，高更双目失明。5月8日，大师长眠于小岛。

土著人为他终日号哭。白人官吏感到遗憾：一个疯子画家死了，大家的娱乐对象消失了。

白人拍卖高更的遗物，"拍卖时气氛轻松，尤其主卖人拿出高更的最后一幅作品时，引起一阵哗然，笑声不断。这幅《尼加拉瀑布》只卖了八法郎。房子被一个美国商人买去，数日后面目全新"。

墙上所有的绘画都被商人去掉了。

1890年的秋天，提奥为哥哥的作品奔走于法国、荷兰。提奥不厌其烦地说："如果我哥哥成为一个比得上贝多芬那样的伟大天才，我也不会感到奇怪。"

患有肾病的提奥到处奔跑，请求家族帮助，却一再碰钉子。这个极爱哥哥的弟弟又陷入深深的自责：他不该写那封信；他不该在哥哥康复的紧要关头，带着妻子约翰娜和小文森特去荷兰，他们一家三口应该去欧韦。当时凡·高非常想看到小家伙……

奔波，愤慨，内疚，提奥病倒了。哥哥去世仅半年，弟弟也走了，年仅三十五岁。

"约翰娜成了孀妇，带着一个刚满一岁的孩子，没有收入，生活完全毁了。只守着文森特的数百幅油画，同等数量的素描，以及大约六百五十封信。她哥哥劝她扔掉这一大堆没有价值的破烂。幸好约翰娜很有品格，见识远在哥哥之上。"

约翰娜深爱丈夫,她逐字阅读那些信件,看到了文森特的伟大。"她的生活选定了方向:要让世人了解,要把这些作品交给世界。"

1941年,约翰娜把丈夫留下来的凡·高的全部作品运往欧韦,靠近凡·高墓。

文森特·凡·高的绘画"向所有人大放光芒"。

主要参考文献

1.［德］马丁·海德格尔:《存在与时间》,陈嘉映、王庆节译,生活·读书·新知三联书店2000年版。

2. 张汝伦:《〈存在与时间〉释义》,上海人民出版社2012年版。

3.［苏］格·别尔德尼科夫:《契诃夫传》,陈玉增、邢淑华、傅韵秋译,黑龙江人民出版社1988年版

4.［法］莫洛阿:《雨果传》,沈宝基、筱明、廖星桥译,湖南人民出版社1983年版。

5.［法］大卫·阿兹奥:《凡·高传》,李玉民译,人民文学出版社2011年版。

6.［美］欧文·斯通:《凡·高传》,常涛译,北京出版社1983年版。

7.［英］翰森夫妇:《超越自然·高更传》,赵国梅译,中国文联出版公司1987年版。

8.［法］维克多·雨果:《莎士比亚评传》,熊丽泓、张草霞编译,中华工商联合出版社2018年版。

9.［英］安东尼·伯吉斯:《莎士比亚传》,刘国云译,北京出版社1987年版。

10. 杨周翰等:《欧洲文学史》,人民文学出版社1980年版。

11.［苏］布罗茨基:《俄国文学史》,蒋路、孙玮译,作家出版社1957年版。

12.［俄］亚历山大等:《淡淡的幽默:回忆契诃夫》,倪亮、杨骅、严梅珍译,上海译文出版社1991年版。

后记

写完《品西方文人》第2卷时，朋友打来电话，说刚才地震了。我有点感觉，但未能意识到地震，可见从感觉到念头有一段距离。这是现象学的一种思维方法，久而久之养成了习惯。思维在稿笺上，思维在生活中，动态性地越思越细。我住在临江公寓的顶层，三十二楼。

写这个系列的初衷，是两年前在浏阳讲苏东坡与李太白时，有一个高中生希望我写一写外国文人。去年初夏动笔写海明威，在山东旅途中入住张炜老师的"万松蒲书院"，我的房间恰好挂了海明威的照片。巧了。早晨我吃着泡面与鸡蛋，扭头便是人们熟悉的大胡子。那个房间里我写了多少字呢？当时未曾留意。夜里出去闲溜达，海风中沉醉。单是沉醉于松林海风吗？

感觉中回到了2006年，初写《品中国文人》第1、2卷，进入了强行军状态。为期十八个月的强行军，书房里隐隐有气流。"仿佛阳台上也安装了思维弹射器，情绪加热器，信息处理器。"这是当时写在后记中的一句话。此番写《品西方文人》第1、2卷，又是为期十八个月。

写作是什么？写作是燃烧式的生命享受。乡贤苏东坡有过类似的表达。

现在说一点什么呢？

三十余年读、写、思，未尝一日中断，生病也想写。想得很。每天早起干活，中午收工，写下千余字，横竖写不快的，再是呼呼气流也这样，再是闹市喧嚣也无闻。那位来到汉语中的德国大师总是耳提面命："少一些文学，多一些文字的保养。"

记得念初中的时候第一次接触《外国文学作品选》，入魔了，上学放学捧着看。看完伏尼契的长篇小说《牛虻》，双颊像着了火。我用三颗爬树摘来的柚子换得半部《安娜·卡列尼娜》，至今认为很划算。我把托翁的书带到野地去读，列文，吉蒂，这两个名字简直像太阳和月亮。列文在他的庄园和农民们一起割草，他累了，在草垛上睡着了，一觉醒来已是早晨，大雾中有一辆马车驶过，车上坐着他朝思暮想的吉蒂……那个小说场景简直逼入了我的灵魂。不错，就是那个点，日后爆炸开来，经由一个个经典作家，把广袤的俄罗斯带到我身边。契诃夫的《草原》啊，哪里是小说，契诃夫的文字就是草原本身。海明威的《老人与海》啊，直接是大海的宁静与波涛掀天。我终于知道了，有什么东西比影像更逼真。

法兰西来了，德意志来了，英国，美国，丹麦，日本……我的枕边书几乎被西方作家垄断。日本是学习西方文化比较成功的国家，无论人文还是科学。

由文学延伸到音乐、绘画。我看画二十年，如今尝试着写几个西方画家。

哲学家们一直是我的主攻方向，由艾思奇《辩证唯物主义与历史唯物主义》做了开端，此后一发不可收。当时我刚进本地的印刷厂，开着方厢机、烫金机，读着我的哲学家们，以至我怀疑：哲思散发着油墨与纸张的香味儿吗？尼采、罗素、胡塞尔、海德格尔……那些巍峨的山脉我永远不知道高度，但登山至今回望山下，对高度和开阔度是有感觉的。

我知道了，艺术家的生存乃是加强型生存。

没有哲思就没有艺术。

思想所到之处，生活扑面而来。

《品西方文人》1、2卷，查阅的资料都是可信度高的老书。如同写五卷本《品中国文人》，大约一百五十万字，不曾百度过一次。严防互联网的平均化解读，坚决摒弃温吞水式的、稀释经典的、瞬间繁殖的速成之物。

一切经典作品都是慢的产物，古今中外的经典拒绝一切轻佻的靠近，犹如空谷佳人。我们不可单单关注光速之快，而忽视宇宙生成之慢。若如是，就愚不可及了。

俄罗斯、法国、德国、美国的传记文学很发达，百余年来名家如云，例如欧文·斯通的传记作品发行量，很长时间超过了海明威的小说。而我们尚须努力。

写人物的重中之重，是捕捉变化中的生命张力，其他皆次要。

书要写得好看，更要写得耐看。本书传主们的生命张力早已是举世公认，如果能够捕获一些能量，那么，耐看庶几不难。

好了，打住吧。接下来要去对付床头堆得很高的尼采、托尔斯泰、弗洛伊德……

感谢天地出版社的副社长胡焰女士，感谢杨露、孙学良两位责任编辑，感谢眉山替我严格把关的亲友们！

刘小川

2019年12月19日于忘言斋